U0471822

公共治理与公共政策丛书

◎ 吉林大学“国家治理协同创新中心”成果

◎“吉林大学哲学社会科学青年学术领袖培育计划项目”成果

政府执行力

A Study on Government Executive Ability

麻宝斌 ◎著

总　序

在全球化背景下，世界范围内各级政府所面对的内外部行政环境发生了深刻的变化，传统的地方性公共事务也变得日趋复杂，需要通过建立多种治理主体的合作机制加以处理。同时，公共事务的管理过程通常表现为一个动态的政策制定与实施过程。如何通过体制创新与政策创新来解决不断涌现出来的公共服务与社会管理难题，是今后相当长一段时期内各国亟待加强研究的问题。

与此相应，中国也悄然进入了“治理时代”，并面临着前所未有的管理创新与政策变革。随着改革策略从“效率至上”向“公平至上”的转变，我国在处理地方公共事务过程中，将以公平正义为政策导向，进而谋求促进地区经济、社会协调和可持续发展；随着市场经济体制的完善和市民社会的不断发展，我国将重新界定政府与市场、社会的关系，进一步明确政府的权限，推进行政体制改革；随着社会矛盾的产生和不断激化，我国将不断加强和创新社会管理体制，完善社会政策的制定和执行；随着公民需求日益的复杂化和多样化，我国公共服务将由“政府单一供给”向“多元主体合作供给”转变；等等。可以说，治理之变革适应了全球化时代我国地方政府发展的需要，也符合我国社会转型和现代化建设的要求，对于提高执政党和政府的执政能力具有重要的现实意义。

与此同时，我国以公共治理为主题的相关论著日益增多，已经形成了一个方兴未艾的新兴研究领域。然而，公共治理理论是一个“舶来品”，其在具有中国特色的政治社会环境中需要一个本土化的过程。根据本土化程度的不同，我国关于公共治理的研究可以分为三种倾向：公共治理理论的引介，公共治理理论的解析和公共治理理论的中国应用。其中，公共治理理论的中国应用部分，学者们主要进行了公共治理理论的中国适用性研究，适合中国语境的公共治理理念和思路研究，中国公共服务供给、公共危机管理等领域的应用研究，等等。比较而言，对公共管理理论的引介比较多，对公共治理理论中国适用性的研究比较少；对公共治理理论的解析比较多，对适合中国语境的公共治理理念和思路研究比较少，特别是创新性理论少之又少；关于公共治理理论在不同领域应用的研究中，现状宏观概括的比较多，提出规范性建议的比较多，将公共治理理论与中国现行法规政策、事实过程相结合，并进行深入分析的比较少。因此，有必要在充分理解和创新公共治理理论的基础上，立足中国公共治理事实，努力完成公共治理理论本土化的过程。

本丛书是吉林大学行政学院行政管理专业全体同仁共同努力的结晶。早在 1987 年，吉林大学就开始招收行政管理专业本科生，是我国首批开设该专业的三所高校之一。1993 年 12 月，学校正式成立行政管理系；1997 年开始招收行政管理专业硕士研究生。2000 年吉林大学行政学院成为全国首批 24 所公共管理硕士（MPA）教学试点单位，2002 年获得行政管理博士授予权，2003 年开始招收行政管理专业博士研究生，2005 年获得公共管理一级学科博士授予权。2006 年被批准成为吉林省十一五期间省级重点学科。2008 年，在原有行政管理博士点之外，又增设公共治理与公共政策博士点。2009 年 9 月，国家人力资源与社会保障部组织开展了第七批博士后科研流动站的申报工作，经全国博士后管委会专家组评审，国家人力资源与社会保障部、全国博士后管委会批准，吉林大学公共管理一级学科获准设立博士后科研流动站。至此，吉林大学公共管理学科形成了本科生、硕士研究生、博士研究生、博士后齐全的人才培养层次。经过不断的努力，公共管理学科已经确立了以社会公正为价值取向，规范研究和实证研究相结合，以东北地区地方治理为重点的研究方向和特色，在此基础上构建了结构合理的教学与学术研究团队，注重理论研究与公共管理实践的有机结合，科学研究水平显著提高，人才培养能力进一步提高，同时在为各级政府提供决策咨询、干部培训、学位教育、合作研究等方面也发挥着越来越大的作用。

我们的研究团队选择在地方公共事务治理这一中观研究层次，着力于公共治理体制建构和区域发展政策创新，谋求公共利益的促进和区域协调发展。经过多年的积累，在原有行政管理的研究基础上不断拓宽空间，加强研究力量，形成了一批有特色的研究成果，也为今后更为深入的研究奠定了坚实基础。本丛书的特点在于：（1）在结构安排上，本丛书主要围绕公共治理与公共政策领域的重点内容展开，各项研究成果各有侧重，相互联系，形成了一个比较完整的学科体系。（2）在研究取向上，本丛书遵循“全球视野、本土问题、现实取向、合作研究”的原则，在深化基础理论研究的基础上，追踪我国实践中的热点和难点问题，努力回应地方政府管理和科学决策的现实需要。（3）在研究的方法上，每部著作都坚持规范研究与实证研究相结合，宏观研究与微观研究相结合，综合研究与个案研究相结合，理论研究与对策研究相结合，尤其注重调查研究和实证分析。（4）在写作风格和文字表述上，每部著作都尽量做到准确、简明、生动、通俗易懂，具有较强的可读性。

这套丛书不仅适合作为公共管理专业的本科生和硕士生教学用书，也适合于从事公共管理实务的各级领导干部和公务员阅读。随着公共治理与公共政策实践的不断发展，会有越来越多的热点、焦点和难点问题涌现，公共治理与公共政策的学术研究会日益深入，公共治理与公共政策的学科体系会不断发展和完善，本丛书也会根据现实需要和理论的新近发展增加新的内容，希望能够通过所有关心公共事务的同行和朋友的共同努力，促进理论界与实务界的良性互动，早日迎来中国的“善治”时代。

目录
CONTENTS

导　言

本书的研究内容紧紧围绕核心概念“政府执行力”展开。笔者认为，政府执行力是指政府在贯彻执行法律法规、制度纪律、政策决策和组织战略中实现目标与完成任务的实际程度。为此，我们提出两个基本命题：一是从内在机制看，政府执行力取决于责权利三者的有机统一，“责”对应结构，“权”对应能力，“利”对应动机，只有实现动机、能力与结构的有机结合，方能从根本上提升政府执行力。二是从外在机制看，政府执行力取决于执行主体、执行对象和执行环境的相互契合，三者有机结合才能保证执行到位。为了深入阐述所提出的理论论点，我们从多种角度和途径分析政府执行力问题。从执行对象角度，我们把政府执行力区分为制度执行力和政策执行力；从执行主体角度，我们将政府执行力区分为个人执行力和组织执行力；四种政府执行力的不同组合又可区分为法学、政治学、行政学和管理学等不同研究途径。探求提升政府执行力的路径，需要从个人、组织、政策和制度四个层面着手，核心在于责权利的统一，宏观与微观的结合，“软件”与“硬件”建设的良性互动。

全书有九章内容为规范性研究。在第一章中，我们首先明确了政府执行力的研究体系及工具，主要包括研究背景及意义、研究对象及主题、研究内容及体系、研究维度及方法。第二章，我们从政府执行力的内在机制即责权利角度对政府执行力进行了分析，指出了理想政府执行力的表现就是责权利的统一，责权利脱节必然会导致执行不力，强调了关键点即落实责任是增强政府执行力的必由之路。第三章提出并探讨了政府执行力的类型与层次问题，立足目标和手段两个维度，政府执行力可划分为四类：基于权治的执行力、基于德治的执行力、基于法治的执行力以及基于心治的执行力。随着民众文化素质的普遍提升和精神需求的增长，政府执行力应按照由基于政府本位、关注事务本身、强制落实的层次向基于政策本位、关注精神价值、自觉行动的层次发展。为此，应从价值取向、目标设定、手段选择和共同参与等方面着手提升政府执行力的层次和水平。在第四章中，我们分析阐述了软执行力的地位和作用，对政府软执行力的内涵与作用领域、理论价值与社会功能、提升路径与方法做了较为深刻的探讨。第五章，我们从政府执行力的外在机制角度构建了政府执行力的四维分析框架，通过整合“制度－个人”的法学研究途径、“政策－组织”的行政学研究途径、“制度－政策”的政治学研究途径、“个人－组织”的管理学研究途径，归纳、衍生出个人执行力、组织执行力、政策执行力及制度执行力四个具体的研究方向。后面的第六章、第七章、第八章和十一章则分别对个人执行力、组织执行力、政策执行力和制度执行力进行了具体的规范性分析和阐述。

在实证研究方面，我们围绕前面设定的研究框架和路径进行了有针对性的实地调研和走访。在背景资料的搜集和访谈流程方面我们做了比较充分的准备工作，主要是广泛采集并梳理图书馆及网络资源；在数据收集方面，我们通过对政府的实地调研和访谈，获得了第一手资料和数据；通过对调研数据和资料的梳理和总结，我们验证了前期构建的理论框架，并分析指出了目前中国政府执行力不足的深层原因，进而提出了一系列改进建议。本书的实证研究主要包括三章，分别是：第九章，立足浙江和吉林两省“十一五”期间节能减排政策执行情况的调研，着力分析了当前中国政策执行力不足的主要表现、问题原因及改善对策；第十章是对吉林省保障性住房政策执行力状况的个案研究，再次探讨了政策执行力问题；第十二章，我们以吉林省为研究对象，以纠风工作为切入点，深入分析制度执行力问题。在我们看来，长期存在的行业和部门不正之风，正是制度执行不力的基本表现。从某种意义上讲，研究纠风工作模式的创新问题，也就是要解决长期以来中国广泛存在的制度执行不力问题。

整体来说，我们研究工作的总体思路是通过规范研究做铺垫，进而将规范研究和实证研究相结合，最后以实证研究做收尾。首先从概念的界定和系统分析展开，对所要研究的概念、背景、问题及所用方法进行严格界定；其次从政府执行力的内部机制入手，分别从责权利角度和软执行力角度对政府执行力进行分析，也论证了政府执行力的类型与层次问题；再次是在前者基础上，通过对政府执行力的外部机制的分析，构建了政府执行力的四维分析框架；最后是规范研究与实证研究的结合，我们通过大量的实证调研来验证我们的理论假设，通过规范研究和实证研究的结合，使得政府执行力多维度分析的每个具体研究路径都能够饱满而有张力，但每个具体路径的研究也会因其特点而有所侧重。例如政府执行对象包括法律制度和公共政策，针对政策执行力和制度执行力的分析，更多的是需要政策或制度实际执行效果来验证，因此我们偏重于通过具体实地调研的案例加以验证阐述；而个人和组织作为政府执行主体，更多的是侧重理论分析，辅以案例论证，因而这二者的分析则是由理论分析结合大量的不同案例来进行研究梳理。

提高政府执行力是中国政治领域的重大现实课题，也是公共行政学界研究讨论的热点问题。本书以近年来国内研究文献为基础，以实证研究所得资料数据为论据，以架构基本的政府执行力理论体系为铺垫，展开政府执行力内部机制及外部机制两大维度的探讨：通过责权利视角、软执行力视角及构建政府执行力的四维分析框架，对政府执行力进行了多角度、深层次的分析和阐述；通过理论和实证相结合，对所构建的理论进行了论证和充实，同时对现实问题进行了解读并提出了一系列政策建议。下一阶段的政府执行力研究，应更加重视政府执行力研究背景的转换，明确政府执行力的内涵和外延，扩展政府执行力的研究内容和创新政府执行力的研究方法。除了在理论上进一步更新之外，需要更多的实证研究来和规范研究相互呼应和补充，从而切实提高政府执行力研究水平，真正能够服务于社会及公共利益，适应政府自身改革和提升治理能力的需求。

第一章　政府执行力研究体系及完善*

政府执行力是政府工作的生命力，是影响政府合法性的重要因素。自2006年温家宝总理在政府工作报告中首次提出“政府执行力”概念以来，政府执行力便成为学术界讨论的热点和焦点。然而，政府执行是一个涉及众多参量和因素的复杂过程，当前中国学术界对政府执行力的研究还处于起步阶段，其研究体系亟待完善。扩展研究的广度、增加研究的维度、挖掘研究的深度和提升研究的高度是现阶段中国政府执行力研究的重要任务和主要内容。

第一节　政府执行力的研究背景及意义

政府执行力与服务型政府概念一样，是在中国特定背景和语境下提出的。中国政府执行力的提升没有现成的国际经验可以借鉴，也没有现成的理论可以指导，中国理论研究者与实务工作者只能立足国情，在摸索中前进，在实践中反思。

---

* 本章原题为《政府执行力的研究体系及完善——近年国内政府执行力研究述评》（与董晓倩合作），载《学习论坛》2011年第9期，略有修改。

一　政府执行不力与政府执行力的提出

政府执行力是针对中国较为普遍存在的地方政府执行不力的问题提出的。从实际情况来看，不同层级的政府都存在执行不力的问题：国家路线方针执行不力，如改革开放政策的执行，广东省从一开始就把不折不扣地执行中央政策和从实际情况出发、发挥创造性灵活性结合起来，一跃成为全国改革开放和经济发展的排头兵，其他一些原来与广东的经济、社会情况基本相同的省区市，却被远远地抛在了后面；具体公共政策执行不力，如治理公路“三乱”政策的执行，一些地方收到了较好的效果，而一些地方则因为执行不力，公路“三乱”收费屡禁不止，甚至有过之而无不及；日常决策和公共事务执行不力，如几年前的济南交警，就因为为民着想、执行果断迅速、效率高而广受赞许，其他一些地方的交警部门，却因为办事不力或执行迟缓而备受批评；等等。①

地方政府执行不力的问题首先引起了地方领导的重视。2004年2月26日，时任海南省省长卫留成在海南省三届人大二次会议上提出了重视政府执行力建设的要求。同年，时任四川省省委书记张学忠针对该省高县退耕还林政策执行不力的情况指出：各市州、各厅局的工作之所以有差距，往往不是战略问题、思路问题，而是工作中执行力强弱的问题。随后，全国部分省区市制定了提高本地政府执行力的规定，《中共成都市委关于弘扬求真务实精神提高执行力的八项规定》《中共深圳市委深圳市人民政府关于在全市掀起“责任风暴”实施“治庸计划”加强执行力建设的决定》

① 莫勇波：《政府执行力：当前公共行政研究的新课题》，《中山大学学报》（社会科学版）2005年第1期。

《中共焦作市委焦作市人民政府关于加强执行力建设深化“效能革命”的意见》等相继出台。正是由于认识到政府执行力的重要性，2006年3月5日，温家宝总理在十届全国人大四次会议《政府工作报告》中明确提出“建立健全行政问责制，提高政府执行力和公信力”，这是“政府执行力”概念第一次被写进中国官方文件，标志着政府执行力建设被正式纳入国家治理范畴。[①]

二　历史视野下的政府执行力研究

政府执行力的概念提出后，有的学者从强烈的现实关怀出发，将政府执行力置于历史的视野中进行理性的反思。

孙增武等人以改革开放为时间界限，将政府执行力划分为两种模式。一是新中国成立初期到改革开放前的“影响力推动”模式，在这种模式下，政府基于自己的影响力，以国家利益、民族利益、人民利益等为导向，通过政治动员和群众路线调动民众对政府的认同、支持和配合来推动政府执行力的实现。二是改革开放后到20世纪90年代末的“决策力推动模式”，在这种模式下，政府重视并致力于决策事项与自身决策力的提高，并基于自己的决策力，以公共决策的科学性和预期效益为引导，以期通过决策与执行的高度关联推进政府执行力的实现。他们认为，新中国成立以来中国政府执行力在相当长的时间是很强的，但随着改革开放的不断深入，政府执行力却陷入了困境。[②]

曹堂哲根据当代中国发展理念和发展模式的阶段性差异，将中国政府的执行难题分为三个阶段。第一阶段（1949年新中国

---

① 莫勇波：《公共政策执行中的政府执行力问题研究》，中国社会科学出版社，2007，第3~4页。

② 孙增武、刘大中、高艳：《我国政府执行力的模式分析与途径选择》，《国家行政学院学报》2006年第4期。

成立至1978年十一届三中全会召开)：分权化改革所引发的执行难题。新中国成立后，通过分权化改革来激活中央和地方两个积极性。然而，在计划经济体制下，行政分权导致了混乱，陷入了“一放就乱，一收就死”的执行困境。第二阶段（1978年十一届三中全会召开至2001年中国加入世界贸易组织)：转型发展所引发的执行难题。改革开放以来，中国从国际和国内两个层面基本完成了从计划经济体制向市场经济体制的转轨。转轨中政府执行的问题具有如下特点：一是从政府与市场之间的关系来看，计划和市场的力量由于缺少稳定的制度规范，政策执行过程中的权力和市场相互转化，权力的资本化和资本的权力化大大削弱了政府执行的有效性。二是从执行的纵向层级来说，在地方利益和GDP至上的政绩观的驱动下，出现了地方与中央利益的博弈，地方政府在执行中央政府的政策中不能尽其功，甚至反其道而行之的现象比比皆是。三是从政策执行的相关体制和制度来看，“放权让利”与“国家制度建设”之间的不均衡仍旧客观存在，如何在转型发展的条件下，通过制度创新，化解“放权让利”产生的体制性问题，设计有效执行的制度体系成为有待研究的议题。第三阶段（2002年十六大召开至今)：科学发展阶段的执行难题尤为突出。党的十六大以来，中国的发展理念、发展目标、发展战略、发展方式等都发生了深刻变化，科学发展观成为中国经济社会发展的重要指导方针。在第二阶段转型发展所引发的执行难题的基础上，新的理念与旧的执行体制和执行方式之间的矛盾显得更为突出，比如矿难频发、土地违法、食品安全事件频发、房产新政受挫等。①

---

① 曹堂哲：《公共行政执行的中层理论——政府执行力研究》，光明日报出版社，2010，第5~8页。

三　新形势下的政府执行力研究

党的十六大以来，中国的发展理念、发展目标、发展战略、发展方式等都发生了深刻变化，科学发展观成为中国经济社会发展的重要指导方针，提高政府执行力是实践和落实科学发展观的重要保证。有的学者着重对新形势下政府执行力问题进行了研究。

易正春认为，从时代发展的角度看，研究政府执行力是全球化对当代政府的能力要求，全球化的迅猛发展对中国政府执行系统自身结构的调整和能力的提高提出了更高的要求；从适应国情的角度看，研究政府执行力是转型期社会发展的要求，是实现民众诉求的途径，是行政改革的需要；从现实需要的角度看，研究政府执行力是解决当前中国公共政策执行不力的必然要求，如执行主体失败、执行资源匮乏、执行组织混乱、执行过程不完整等。[①]

李燕在《和谐社会与政府执行力》一文中指出，应了解和谐社会与政府执行力的内在逻辑，赋予其时代内涵。和谐社会的民主法治、公平正义、诚信友爱、充满活力、安定有序以及人与自然和谐相处的六个基本要素与政府执行力的执行文化、执行环境、执行资源等要素紧密联系，两者是辩证的关系。[②]

张创新和韩艳丽在《服务型政府视阈下政府执行力提升新探》一文中强调，作为一种全新的治理模式，服务型政府倡导以公民为本位、以服务为核心的价值理念。然而，理念只是一种抽象的目标导向，它需要通过合理而有效的执行行为来体现和落

① 易正春：《浅论政府执行力研究的意义》，《学校党建与思想教育》2007 年第 4 期。

② 李燕：《和谐社会与政府执行力》，《党政干部论坛》2007 年第 S1 期。

实，不断提升政府执行力是提高中国政府执行行为合理性和有效性的关键。[①]

现有研究已经开始重视政府执行力的社会背景，但仍停留在阶段划分和概况描述层面，尚不够系统、深入，特别是对现阶段中国社会发展的新趋势重视不足。例如，在中国社会管理领域，以往在管制型政府模式下，社会管理即管理社会，强调政府对民众的管制；现阶段中国已经进入了从生存型社会到发展型社会转变的重要时期，服务型政府模式下社会管理强调公民参与，共同管理社会，而不是政府单向度的管理。在这种社会背景下，政府执行中不仅要增强民众对政府的认同，还要通过倡导公民参与来促进执行，进而实现合作治理和协同管理。可见，实现研究背景的转换，在经济发展方式转变与收入分配方式转变中研究政府执行力问题是时代提出的新命题。

第二节　政府执行力的研究对象及主题

明确政府执行力的内涵和外延是学术交流与对话的基础，然而，现阶段学界对政府执行力概念的理解仍有较大分歧，往往是从不同学科背景出发赋予政府执行力不同的含义。从法学角度来看，政府执行力是政府对行政行为的内容自行执行或强制实现的法律效力，是实现政府行为所设定的权利义务的效力。[②] 从经济学角度来看，政府执行力代表政府行政效率的高低和效益的多少，李杰、陈伟国等人认为，政府与企业、市场都存在交易成本，交易效率对政府执行力有着重要影响，交易效率越高，政府

① 张创新、韩艳丽：《服务型政府视阈下政府执行力提升新探》，《中国行政管理》2010 年第 10 期。

② 沈瞿和：《政府执行力的法律标准》，《开放潮》2006 年第 3 期。

执行力就越高。[①] 从管理学角度来看，政府执行力是指政府部门执行法律法规、方针政策的能力，是政府通过战略流程、人员流程和运行流程进行工作目标落实的系统化过程。[②] 从行政学的角度理解政府执行力，学者们的观点也不尽一致。从词语构成来看，有的学者认为“政府执行力 = 政府 + 执行力”，有的学者认为“政府执行力 = 政府执行 + 力”。对于前者，主要是从组织执行力的视角，将企业执行力的相关知识移植到政府执行力的研究中来。对于后者，由于对“力”可以有“能力”和“效力”的不同理解，因此导致人们对政府执行力的认识存在差别。

一　对“政府执行”的共性认识

执行是一种行动，它贯穿于组织管理的始终。任何组织所制定的规划战略、所确定的目标和任务，都需要有效的执行，离开了执行，组织将寸步难行。在形成决策、确定具体计划以后，达成目标的具体行为就是执行。有人说，执行就是把事情做完。也有人说，执行是与构想或规划相对的，是实践我们的目标。还有人说，执行应该成为一家公司的战略和目标的重要组成部分，它是目标和结果之间“不可缺失的一环”。不论具体表述方式有多么不同，学界对执行的认识基本是一致的，都是把执行看作组织管理的一项职能，介于决策与结果之间；执行就是把目标、规划和决策落到实处，变成结果的行为过程；执行是一个系统，是一种发现现实问题并根据现实情况采取行动的系统化流程。

政府执行即政府组织的执行行为。由于政府有广义和狭义之分，相应的，政府执行也有广义和狭义之分。狭义的政府执行，

---

① 李杰、陈伟国：《政府执行力的经济学分析》，《西南民族大学学报》（人文社科版）2007 年第 2 期。

② 董田甜：《服务型政府建设的关键：政府执行力》，《唯实》2007 年第 12 期。

就是国家行政机关及其公务人员依据宪法、法律、法规、规章，充分调动政府资源，通过一定运作机制，逐级贯彻国家权力机关和上级的政策、决策，推行国家政务和执行行政决定，落实公共事务管理和公共服务诸任务的全部活动过程，一般也称为行政执行。张国庆认为，行政执行是指以国家行政机关为主体的多元社会组织，为了落实和实施国家意志、国家目标，依法贯彻法律、法规、公共政策诸活动的总称。[①] 陈瑞莲和刘亚平认为，行政执行是指国家行政机关及其公务人员在决策完成之后，将决策目标变为现实的过程，是为实现决策目标而重新调整行为模式的动态过程。[②] 夏洪胜和张世贤认为，行政执行是指行政机关及其工作人员依照国家法律法规，贯彻落实国家权力机关的重大决策和党的路线、方针、政策，推行国家政务和实行行政决定，以达到预期行政管理目标的全部活动过程。[③] 曹堂哲认为，行政执行是指行政机关为了落实和实施国家意志、国家目标，依法贯彻法律、法规和公共政策的诸活动的总称。[④] 可见，不同学者对行政执行内涵的理解基本是一致的：第一，行政执行的主要主体是国家行政机关及其工作人员；第二，行政执行的内容包括政策、法律法规等；第三，行政执行是一个动态的过程。

二 对“政府执行力”的不同理解

与对政府执行的理解有高度共识不同，学者们对政府执行力内涵的认识却有高度分歧。而认识上的分歧首先体现在对“政府执行力”概念内涵范围的不同把握上，通常是把政府执行力

---

① 张国庆主编《公共行政学》（第3版），北京大学出版社，2007，第263页。
② 陈瑞莲、刘亚平主编《行政管理学导论》，高等教育出版社，2011，第257页。
③ 夏洪胜、张世贤主编《行政管理学》，经济管理出版社，2014，第146页。
④ 曹堂哲：《公共行政执行的中层理论——政府执行力研究》，第31页。

分为广义和狭义两类。徐珂认为，广义的政府执行力是指政府为达到既定目标，通过贯彻实施党的路线方针政策、法律法规、决策、战略计划等行为，对各种资源进行使用、调度和控制，有效处理政府日常事务所表现出来的政府内在的能力和效力；狭义的政府执行力是指各级政府决策、执行决策、监督决策执行所表现出来的行动、操作和实现能力及效力。[①] 莫勇波认为，广义的政府执行力是指政府执行各项公共事务上的执行力，包括政府履行例行性公共任务、执行日常性事务，以及对政策、决策、路线方针的执行，在此过程中表现出来的执行力；狭义的政府执行力是指政府在对政策、决策、路线、方针的执行过程中表现出来的执行力。[②] 陈奇星、赵勇认为，政府执行力可以从两个层面来考量：一是宏观层面，考量各级政府及其部门在执行路线、方针、政策、决策时所表现出的执行力；二是微观层面，从政府执行日常事务的层面出发，考量各级政府及其部门在履行例行性职能、处理日常性事务过程中所表现出来的执行力。[③]

我们认为，学界对政府执行力认识上的根本分歧，并不在于政府执行力概念所涉及的范围，而在于对“执行力”内涵的不同理解。目前大体上形成了三种主要观点：一是把执行力理解为“执行能力”，即确保执行完成的能力和手段，关注的依然是执行过程；二是把执行力理解为“执行效力”，即达成目标与任务的实际程度，关注的是执行结果；三是把执行力看作“执行能力”和“执行效力”的综合，也就是同时关注过程和结果，强调能力与效力的紧密联系。不同的理解思路就决定了后续研究取

① 徐珂：《政府执行力》，新华出版社，2007，第 48 页。

② 莫勇波：《政府执行力：当前公共行政研究的新课题》，《中山大学学报》（社会科学版）2005 年第 1 期。

③ 陈奇星、赵勇：《技术因素：提升政府执行力的重要环节》，《中国行政管理》2008 年第 7 期。

向和关注重点的差异。总的来说，执行能力说是当前行政学界的主流观点。

比如，蔺全录认为，政府执行力就是把社会经济发展目标变成现实的能力。主要包括三个方面的内容：一是政治思想方面，即国家公务员的政治信念、精神风貌、意志与道德品质；二是制度安排方面，即行政体制；三是能力方面，表现为公务员的创造力。[①] 陈奇星、赵勇认为，政府执行力就是政府执行公共政策和领导决策时所表现出的能力和能量。[②] 唐铁汉将行政执行力等同于政府执行力，认为其要素分为组织协调、干部领导、政策营销和检查监督四种基本能力。[③] 徐珂则认为，政府执行力贯穿于政府执行活动的始终，有着各种外显的表现形式。在政府执行活动前期，主要表现为领会力、预测力、计划力等；在执行活动过程中，主要表现为组织力、控制力、决断力、应变力、指挥力、沟通协调力等；在执行活动后期，主要表现为评估力、调整力、问责力等。[④] 陈朝宗认为，政府执行力指政府职能部门贯彻实施政府政策、计划、命令的能力，包括领悟能力、计划能力、指挥能力、控制能力、协调能力、判断能力、创新能力，等等。[⑤]

还有少部分学者持“执行效力”或“执行合力”的观点，但似乎也都没有完全摆脱“执行能力说”的影响。比如，谢庆奎、陶庆认为，政府执行力是政府执行的能力和效能，是政府贯彻执政党和国家的路线方针政策以实现既定目标的实践能力。[⑥]

---

① 蔺全录：《关于提高政府执行力的一些思考》，《中国行政管理》2006 年第 8 期。

② 陈奇星、赵勇：《技术因素：提升政府执行力的重要环节》，《中国行政管理》2008 年第 7 期。

③ 唐铁汉：《努力提高行政执行力》，《中国行政管理》2007 年第 10 期。

④ 徐珂：《政府执行力》，第 49 页。

⑤ 陈朝宗：《关于提升政府执行力的思考》，《东南学术》2006 年第 6 期。

⑥ 谢庆奎、陶庆：《政府执行力探索》，《中国行政管理》2007 年第 11 期。

又如，莫勇波认为，政府执行力是政府内部推动各项任务完成的“能力”“力量”“效力”，以及“功能”和“功力”。它是各种不同的力的综合体，是政府内执行人员、机制、资源综合发生效应的综合力。①

另外，在“政府执行力”概念勃兴的同时，相继出现了“公共政策执行力”“政府政策执行力”“公共政策执行中的政府执行力”等学术概念，这些概念之间既有重合又有不同。周国雄认为，公共政策执行力就是公共政策执行主体为达致政策目标，通过对各种政策资源的调度、控制和使用，有效地执行公共政策的能力和效力。公共政策执行力的承载主体是各级政府组织；任何具体的公共政策都与其他政策之间有着一定的总分、启承等逻辑关系，相互关联而成为一个有机整体；政策执行的对象是特定的社会组织和公众；政府处在整个社会体系的权力中心和利益中心，但终究是社会大系统中的一员。② 王学杰认为，政策执行力的内涵远比政策执行的能力和效力的内容丰富，实际上政策执行力是一种由内在品质决定的向外张力：内核是决定政府行动是否集中统一的意志力，内核之外是在政府意志统一基础上产生的规划力、组织力、文化力和昭示政府行动正义性和可信度的公信力。也就是说，政策执行力是从内在意志到外在行动、由自身行为到公众形象所构成的政府张力系统。③

总体上看，学者们对政府执行力内涵的认识分歧主要有四点：一是政府执行的主体是泛指政府，还是中央政府、地方政府或地方政府中的某一级；二是政府执行的对象是总政策、基本政策还是具体政策；三是政府执行中执行的内容是否包括决策和监

---

① 莫勇波：《公共政策执行中的政府执行力问题研究》，第 27 ~ 28 页。

② 周国雄：《论公共政策执行力》，《探索与争鸣》2007 年第 6 期。

③ 王学杰：《对政策执行力涵义的再思考》，《学习论坛》2010 年第 8 期。

督；四是政府执行力到底强调的是政府组织的能力、政府执行的效果，还是政府执行过程中多种因素相互作用的合力。另外，关于政府执行力与政策执行力关系的系统研究比较少。因此，厘清政府执行力的内涵和外延是研究政府执行力的前提性工作，还需要进一步研究。

第三节　政府执行力的研究内容及体系

从政府执行力的研究内容来看，学者们除了对政府执行力内涵的探讨之外，还对政府执行力的影响因素、现状分析和提升路径等内容进行了重点分析。

一　政府执行力的影响因素

从行政过程看，执行处于管理的末端，是公共管理众多环节和因素复合作用的结果，因而，影响政府执行力建设的因素必然是多层次也是深层次的，其中既有“软件”因素也有“硬件”因素，既有内部因素也有外部因素。[①] 政府执行力可以从工具理性的意义上来把握，把制度、体制、机制、方法、技术等作为提高政府执行力的着力点，但从行政意识、行政文化等价值理性的视角来审视政府执行力问题也很重要。[②]

（一）政府执行力影响因素的工具理性分析

行政体制因素与政府执行力。政府执行力“整合力”的特性决定了行政体制在政府执行力形成过程中的重要作用。一是政府纵向权力收放的难题：集权与分权的悖论。二是政府横向职能

---

① 顾杰：《论政府执行力建设的深层影响因素》，《中国行政管理》2008 年第 11 期。

② 王春福：《公共精神与政府执行力》，《理论探讨》2007 年第 1 期。

设置的难题："科层化溢出效应"日渐显现。三是政府监控机制的难题："汉密尔顿命题"果真成立？四是政府利益整合机制的难题："政府人"是"经济人"还是"公共人"？①

行政机制因素与政府执行力。政府缺乏与执行制度配套的执行监控机制，这包括决策（执行）听证制度、执行监督体系、绩效考评体系、问责制度等，致使政策的执行主观随意，暗箱操作，丧失了政策执行的公平性，滋长了政策执行中权力的腐败。②

技术因素与政府执行力。技术因素的状况直接决定了政府执行力的水平，是影响政府执行力的重要环节。影响政府执行力提升的技术因素主要有战略因素、策略和运营因素、人员和结构因素。战略因素决定了政府执行力提升的方向和政府组织发展的目标，是政府执行力提升的前提；策略和运营因素是政府执行力提升的基础；人员和结构因素是政府执行力提升的关键。③

（二）政府执行力影响因素的价值理性分析

行政意识与政府执行力。行政意识是对行政环境和行政管理实践活动的反映，是支配、制约政府及其人员行政行为包括他们的执行行为的精神要素，它是行政主体在行政过程中所遵循的理论信仰、观念认识、思维方式、价值取向、道德规范等。④ 王学杰认为，执行主体是提高政府执行力的决定性因素，而官员能否忠实地执行国家意志则是最后的决定性因素。⑤ 杨淑霞认为，公

---

① 莫勇波：《行政体制与政府执行力：逻辑、难题与求解》，《探索》2008 年第 5 期。

② 陈朝宗：《关于提升政府执行力的思考》，《东南学术》2006 年第 6 期。

③ 陈奇星、赵勇：《技术因素：提升政府执行力的重要环节》，《中国行政管理》2008 年第 7 期。

④ 顾杰：《论政府执行力建设的深层影响因素》，《中国行政管理》2008 年第 11 期。

⑤ 王学杰：《政治忠诚：政府执行力研究的一个视角》，《学习论坛》2007 年第 10 期。

务员精神是通过工作人员的思想、情感、态度、认知等，无所不在地、深刻地、潜移默化地规范、激励和约束公务员的行政行为、举止态度、操守，从而直接影响政府的执行力。具体体现在通过目标认同形成感召力，通过价值认同形成原动力，通过情感认同形成凝聚力，通过规范认同形成约束力。[1] 王春福认为，执行者的价值取向是影响执行力的关键性因素。公共精神缺失从根本上弱化了政府的执行力，要提高政府的执行力必须大力弘扬公共精神，使政府的行为真正以公平正义为宗旨，以公共利益为取向，以公共责任为依托，以公民参与为支撑。公民社会的发育、公共领域的发展和完善可以从根本上解决政府公共精神缺失问题，提高政府的执行力。[2]

行政文化与政府执行力。张宝凤指出，行政文化影响政府组织结构及执行功能，行政文化影响政府执行态度，行政文化影响行政执行效能，行政文化影响政府执行方式。[3] 尹华、常蕾则进一步分析指出几种主要影响因素：阻碍政府执行力提升的个人主义行政文化，导致行政思维弱化的僵化保守型行政文化，影响政府执行力提升的全能管制型行政文化，片面追求效率的行政文化。[4] 颜佳华、王升平认为，负面行政文化对政府执行力的提升有不可忽视的负面效应，是阻碍政府执行力提升的重要因素。从作用机制上看，负面行政文化对政府执行力提升的作用发挥以执行者个人为载体、以个体对负面行政文化的内化为前提，同时，负面行政文化扩散的程度决定其影响的广度。消解负面行政文化对政府执行力提升的负面效应，可采取完善行政制度、加

---

① 杨淑霞：《浅谈公务员精神与政府执行力》，《科技信息》2007 年第 33 期。

② 王春福：《公共精神与政府执行力》，《理论探讨》2007 年第 1 期。

③ 张宝凤：《行政文化对政府执行力的制约》，《中共山西省直机关党校学报》2008 年第 2 期。

④ 尹华、常蕾：《谈行政文化视域下政府执行力的提升》，《行政与法》2010 年第6 期。

强教育培训、把政治文化和行政文化纳入统一的体系来构建等策略。[①]

二　政府执行力的现状分析

从现有研究来看，学术界的看法基本一致，认为目前中国政府执行不力问题比较严重，表现形式多样。唐铁汉将其概括为滥用权力，不作为或乱作为，有法不依，效率低下等方面。[②] 徐珂归纳了政府执行不力的多种表现：抗令不行、有禁不止、逃避执行、歪曲执行、附加执行、盲目执行、选择执行、机械执行、被动执行、越位执行、虚假执行和错误执行等。[③] 唐仕军则认为主要问题在于：一是政府执行人员中普遍存在执行责任心不强、执行意识淡薄现象；二是政府人员执行任务的方法简单机械，缺乏灵活性和创造性；三是政府人员在执行政策任务过程中缺乏沟通协调；四是执行成本高，执行效益低下；五是政府执行政策的偏差。[④] 还有学者对不同层级、不同区域的政府执行力做了进一步的分析。

（一）政府层级视角下的政府执行力现状分析

在《公共政策执行中的政府执行力问题研究》一书中，莫勇波在以广西县级政府为例对县级政府执行力进行现状评估的过程中指出，广西各县级政府的执行力在一定程度上得到了提升，主要表现为县级政府的执行意识总体上逐渐加强，县级政府执行行为规范化建设初步加强，县级政府执行条件有所改善，县级政府人员的能力素质有一定程度的提升。然而，广西一些县级政府在执行刚度、执

① 颜佳华、王升平：《影响政府执行力提升的负面行政文化分析》，《学习论坛》2007年第11期。

② 唐铁汉：《努力提高行政执行力》，《中国行政管理》2007年第10期。

③ 徐珂：《政府执行力》，第49页。

④ 唐仕军：《政府执行力微探》，《中国行政管理》2007年第7期。

行力度、执行高度、执行速度和执行效度上还存在诸多问题。[①]

程守艳等人对贵州乡镇级政府执行力现状进行了分析，认为政府执行不力的主要表现在于：一是执行主体认识上有差距，素质有待提高。主要表现为思想上的形式主义，执行不积极；执行不当行为普遍，导致乡镇政府威望和形象受损；“唯利是行”的选择性行政事务处理态度。二是执行行为不够规范。主要表现为执行上存在偏差；执法行为随意、执法手段简单、执法程序不规范；上级决策方案不科学导致错误执行。三是执行无效、低效和负效现象严重。[②]

许才明则以民族乡政府为对象，研究指出，民族乡政府在执行公共政策上存在无力执行、不力执行、过力执行和费力执行等执行不力问题。[③]

（二）城乡差异视角下的政府执行力现状分析

韩艳丽分析了新农村建设视域下基层政府执行力的现状，一是从执行主体来看，存在执行主体不利心态、自利心态和能力不足的问题；二是从执行资源来看，存在经济资源、信息资源和社会资源不足的问题；三是从执行流程来看，执行流程本身缺乏正规性和完整性，执行过程中有效监督不足；四是从执行环境来看，在宏观、微观不同层面上依然存在诸多不利因素。[④]

尚秋谨在其博士学位论文《我国都市圈发展中的城市政府执行力研究》中分析了长江三角洲都市圈、珠江三角洲都市圈、

① 莫勇波：《公共政策执行中的政府执行力问题研究》，第 81 ~ 91 页。

② 程守艳、兰定松、唐明永：《贵州乡镇政府执行力提升的战略研究》，《贵州大学学报》（社会科学版）2009 年第 5 期。

③ 许才明：《民族乡政府执行力的意蕴与纠偏》，《行政论坛》2010 年第 5 期。

④ 韩艳丽：《新农村建设视阈下基层政府执行力提升研究》，《湖北社会科学》2010 年第 7 期。

京津冀都市圈城市政府执行力的现状，认为主要存在执行中力道失度、效度失灵和伦理失范等问题。

三　政府执行力的提升路径

目前，国内对政府执行力提升路径的研究较丰富。但由于对政府执行力内涵理解不同，政府执行力的影响因素众多且复杂，很多学者又是从不同层面对政府执行力现状进行分析，所以，学者们在探讨政府执行力提升路径时涉及的内容比较广泛。韩兆柱将学者们的建议归纳为四个方面：一是建设服务型政府，重塑执行理念，培育执行文化；二是建设效能政府，提高执行力效率；三是建设法治型政府，增加执行力透明度；四是建设责任政府，加强执行力监督力度。[①] 在整理相关文献后笔者发现，学者们在以下几个方面的意见比较集中。

（一）通过培养文化与理念来提升政府执行力

提升政府部门的执行力，首要的任务是转变观念，努力培育执行力文化。[②] 从国家层面而言，培养政府执行力文化要从本国、本地区的特点与实际出发，确定具有中国特色的内容。此外，要不断推动行政文化建设的健康发展，使之具有高度的凝聚力和外张力，对社会文化不断发挥积极的示范效应。[③] 从组织层面而言，政府要实现由“官本位”到“民本位”，由“政府本位”到“社会本位”，由“管理”到“服务”理念的转变。[④] 从

① 韩兆柱：《我国政府执行力理论研究述评》，《燕山大学学报》（哲学社会科学版）2009 年第 4 期。

② 刘智勇、黄鹏：《我国地方政府部门执行力提升研究》，《中国行政管理》2007 年第 12 期。

③ 蔺全录：《关于提高政府执行力的一些思考》，《中国行政管理》2006 年第 8 期。

④ 贾凌民：《深化行政体制改革，提高政府执行力》，转引自韩兆柱《我国政府执行力理论研究述评》，《燕山大学学报》（哲学社会科学版）2009 年第 4 期。

个人层面而言，要提高政府执行人员的思想意识，树立积极向上的执行力观念，要努力培养执行人员的敬业精神、求真务实精神，力戒形式主义、官僚主义、文牍主义。①

（二）通过重塑制度与规则来提升政府执行力

保证和提升政府的执行力，制度是关键。要将一系列重大的战略决策、大政方针转化成政府相关职能部门具体的执行内容、标准和要求，做到战略决策、大政方针策略化、规范化、程序化。为此，必须建立和完善民主科学的决策机制、协调合理的权力运行机制、高效灵敏的指挥协调机制、科学有效的资源配置机制、公平合理的绩效管理机制、严格有效的责任追究机制等，形成结构合理、制约有效的政府管理运行机制。其中，多位学者认为建立行政问责制是提升政府执行力的有效路径。高小平认为，一是要明确政府职能和责任，解决问责制的逻辑起点问题；二是要健全行政问责体系，探究问责制的内在规律；三是要规范行政问责的规则和程序，增强问责制的可操作性和实效。②

（三）通过完善操作和措施来提升政府执行力

从完善操作和具体措施层面来看，政府的执行资源、执行工具和执行策略都是重要的执行要素。一是要大力发展经济，为政府提供充足的执行资源，能够及时划拨齐全适用的执行物资，不断更新政府机关的执行设备，特别是要配备先进的电子及网络设备，使政府人员能及时掌握最新最全面的信息资源，便于更好地开展执行活动。二是政府人员使自身的执行能力、

---

① 刘智勇、黄鹏：《我国地方政府部门执行力提升研究》，《中国行政管理》2007年第12期。

② 高小平：《深入研究行政问责制　切实提高政府执行力》，《中国行政管理》2007年第8期。

执行任务优质高效，必须学习先进的执行艺术，制定正确的执行策略和执行计划，使执行活动有条不紊地进行，切实提高执行效率。[①]

学者们对政府执行力的影响因素、现状分析和提升路径做了大量研究，但现有研究内容仍有较大的扩展空间。一是关于政府执行力的分类及不同类型政府执行力的作用领域的研究比较少。二是关于政府执行不力的表现研究较多，对政府执行力现状笼统描述多，关于政府执行力评价体系的构建和测量探讨的比较少。三是关于政府执行力影响因素和提升路径的研究涉及的内容繁杂，亟须将现有研究条理化和系统化。

第四节　政府执行力的研究维度及方法

吕成提出了“中国式管理”领域中存在的四类研究维度：基于西方管理科学的维度、基于现实实践的维度、基于文本文献的维度以及基于哲学思辨的维度，并基于这四类研究维度，对当前该领域的研究方法体系进行了划分。[②]

一　基于西方管理科学的维度

基于西方管理科学的维度是将中国视为检验西方已有管理理论是否有效的试验田，其研究客体仍为西方已有的管理理论，而并未生发出新型的组织、管理理论。从这一维度来看，很多学者是以西方相关理论为依据来研究政府执行力问题。例如，莫勇波对政府执行力的研究是以西方“委托－代理理论”为依据，张

① 唐仕军：《政府执行力探微》，《中国行政管理》2007 年第 7 期。

② 吕成：《“中国式管理”研究领域的四类研究方法——基于研究维度的分析》，《东方企业文化》2010 年第 8 期。

菊梅对政府执行力的研究是以西方“公共选择理论”为依据，李杰、陈伟国等人对政府执行力的研究是以西方“交易成本理论”为依据，等等。

二 基于现实实践的维度

基于现实实践的维度是基于中国特有社会环境所提出的不同于西方已有管理理论的新型组织、管理理论。从这一维度来看，部分学者将政府执行力问题置入中国特有的“现实情景”中，而不是置入中国特有的“语言情景”中进行研究。例如，程守艳等人以贵州乡镇政府为个案，从执行主体、执行行为和执行效果三个方面探讨了贵州乡镇政府执行力现状；莫勇波通过问卷调查对广西县级政府执行力进行了考察，以具体的数据为论据使现实的政府执行力问题生动再现。

三 基于文本文献的维度

基于文本文献的维度，将中国古代传统思想，抑或中国古代先哲智慧视为其重要的理论来源。从现有研究来看，学者们从这一维度对政府执行力进行研究的比较少。毛劲歌等人将毛泽东思想作为提升政府执行力的理论依据，认为实现人民群众的根本利益是政策执行的价值取向；干部是政策执行的决定性要素；将“从群众中来，到群众中去”作为政策执行的路径选择。①

四 基于哲学思辨的维度

基于哲学思辨的维度是依赖于哲学思辨进行体系化的建构。

---

① 毛劲歌、彭国甫、潘信林：《毛泽东政策执行思想对提高政府执行力的启示》，《当代世界与社会主义》2009 年第 3 期。

从现有研究来看，对政府执行力多是在这一维度下进行研究的。例如，谢庆奎等人对政府执行力内涵的探讨，王春福等人对政府执行力影响因素的探讨等。

总体上看，现有研究成果还没有形成理论体系；多偏重于概念、理念的介绍，而在具体方法和操作层面的研究较少，实证研究依然不足，特别是个案研究明显不足；基于哲学思辨的维度的研究多，基于文本文献的维度的研究少，将中国古代传统思想，抑或中国古代先哲智慧作为政府执行力的理论来源将打开政府执行力研究的另一扇“窗户”。所以，不断拓宽研究视野，从多维视角审视政府执行力、创新政府执行力研究方法乃是深化政府执行力研究的重要途径。

第二章　从责权利关系视角解读政府执行力*

政府执行力是政府在公共精神的指导下，按照公共政策实现公共利益、提供公共产品和公共服务的能力。[①] 也就是说，政府执行力是在公共行政目标转化为公共行政结果或公共效益的过程中，政府利用公共权力，承担公共责任并促进公共利益实现所应具备的能力、水平和效力。政府执行行为及执行效果背后隐含着责任、权力和利益三者之间的结构关系。因此，从责权利的视角解读政府执行力，既可以管窥到政府执行不力的原因，也为分析和提高政府执行力开辟了一条新的途径。

第一节　理想状态的政府执行力表现为责权利的统一

“执行”与“执行力”的差别在于“力”。对“力”的研究属于物理学的范畴，在此范畴内，“力”可分为矢量意义上的力和标量意义上的力，是否具有方向性是二者的差异所在，前者既

---

* 本章原题为《从责权利关系视角解读政府执行力》（与郭蕊合作），发表于《学习论坛》2010 年第 11 期，略有修改。

① 竹立家：《政府改革步入强化执行力阶段》，《中国改革》2006 年第 10 期。

有大小又有方向，后者则只有大小没有方向。我们可以借用这一理论来研究政府执行力问题。一方面，公共行政领域的方向应为公共利益，保障公共利益是公共行政的核心价值；另一方面，从政府执行水平、能力及收到的效果可判断执行力的高低。若政府能够主动承担积极责任，从促进社会和谐发展、推动人类文明进步、着力实现公平正义的角度出发制定公共决策，表现出较高的水平、能力并收到了预期效果，形成了强大的公共权威，就是矢量意义上的政府执行力。若政府虽不能够主动、开创性地承担积极责任，但是也不会出现违反责任规定的行为，或是在出现违反责任规定的行为时能够主动接受问责并承担相应的消极责任；在权力行使方面，虽不能依靠自身权威获得广泛认同，但依然可以凭借强制性权力发挥资源整合及动员能力；虽然可能不是以实现公共利益为行动宗旨，但具有执行政策所必需的内在利益和激励机制，这种政府执行力就是标量意义上的政府执行力。两种状态下，政府都在为承担起公共责任而运用公共权力，体现出责权利统一的理想状态，当然，这又是两种不同层次的理想状态。

首先，在现代民主制中，政府执行力达到理想状态时，必然表现为责任型政府。责任型政府既是将维护和实现公共利益作为其核心价值使命，将管理公共事务、促进社会公平、推动社会进步等作为其基本公共责任的政府，又是能够对政府承担责任情况进行监督并对未承担责任的行为进行追究的政府，即积极责任（responsibility）和消极责任（accountability）相统一的政府。政府积极责任的意义在于阐释政府存在的正当性理由，是对政府应该做什么的描述，由此确立了政府的基本职责以及政府行为的边界。政府的消极责任是为了防止公共权力被滥用，必须对公共权力附以强制性的规定，当政府未能按照责任要求施以执行行为，或执行行为不符合积极责任的规定时，而对这种行为进行的问责。可见，政府执行力包含两个层面的要求：既承担起积极责任，又要在执行不力时被追究消极责任。

其次，权力的本质在于拥有对权力对象的支配力量并获得权力对象的服从，它既可以体现为以强制性为基础的控制、决定、处置的权力（power），又可以体现为以正当性为基础的行动权威（authority）。政府执行力是政府公共权力运用的具体表征，政府执行力的强弱既是政府运用公共权力效度的体现，又反映了公众对公共权力的信度。效度体现公共权力的强制性，反映了政府推动政策执行的能力水平；信度体现公共权力的正当性，反映行政相对人对公共权威的认同和自觉服从程度，是衡量执行力水平高低的重要标尺，获得认同和服从的重要途径在于公共权力具有合法性并获得正当性的认同，形成执行权威，政府具有必要的权威，可以有效提升执行效果。

最后，尽管对“公共利益”的内涵存在诸多理论纷争，但它依然像一只“无形的手”在引导和批判着政府行为，成为公共行政的核心价值准则。政府的合法性就在于它是被公众创造出来保护公共利益、调解纠纷的社会仲裁者，因此，实现公共利益应该成为政府执行行为的唯一动因。人们要求政府履行公共责任并规范使用公共权力，提高政府执行力的出发点和落脚点都在于使政府承担起维护和实现公共利益的使命，是否维护和实现公共利益是判断政府执行力是否坚持正确方向的重要参照系，“如果没有公共利益这个参照系，就很难在理论上说明政府行为的正确方向，也很难判别现实中的政府行为距离社会利益最大化有多远”①。

可见，责任、权力、利益是影响政府执行力的三个重要因

① 麻宝斌：《公共利益与政府职能》，吉林人民出版社，2003，第92页。

素，责权利的统一是提高政府执行力的基础性环节。当然，由于责任、权力、利益三者都具有各自的层次性，责权利的统一程度也就有所不同。另外，理想状态下的政府执行力体现在矢量和标量两个层面上，前者是从价值理性的角度赋予了政府执行力政治性内涵，是对政府执行力的实质性考察；后者则从工具理性的角度诠释了公共行政“重在执行”的行政性要求，是对政府执行力的形式性考察。在实践中，不能片面强调标量意义上的政府执行力，即只在技术层面上强化和提高政府执行力，因为如果失去了基本的价值导向，政府执行力越高，越是会收到南辕北辙的实际效果。

第二节　责权利脱节必然导致执行不力

在中国行政实践中，一些体现公共利益的政策如国家助学贷款政策、扶贫开发政策、粮食流通政策等往往在执行中背离政策初衷，执行力度大打折扣，无法收到预期效果，以致根本无法体现矢量意义上的政府执行力，甚至连标量意义上的政府执行力也常常沦为“镜花水月”。其深层次的原因就在于责权利三者关系出现了脱节，表现为执行者争权夺利、推卸责任。责权利关系脱节往往由特殊利益挤压公共利益所致，特殊利益成为鼓惑人们扩张权力、逃避责任的内在驱动力。为此，可以从责任与利益、权力与利益关系两个方面来分析政府执行不力的表现与原因。

一　责任落空使谋取私利的行为失去必要的制约

一般意义上的责任是人们受制于自然规律的客观选择的结果。然而，责任的这种客观性并不意味着人们都愿意主动去承担责任，因为责任对于个人来说还意味着对不确定性承担一定的风险及承受因此产生的压力。在行政实践中，责任是对权力的制约和对特殊利益的约束，在一定程度上，是对权力和利益的削减。出于趋利避害的本性，人们倾向于选择和创造机会虚置责任规定或规避责任惩罚。其具体表现可概括为以下几个方面。

第一，在认识中简化责任。在金字塔式的官僚组织体系中，权力自上而下运行，上级利用职权控制下级，从而贯彻其决定。但因为实际的政策必然包含多重的、具体的工作目标，下级会对多重目标进行价值排序，即对工作做出轻重缓急的区分。区分依据是实现目标对自身利益的影响程度、目标的可实现程度与实现目标需要付出的成本大小，以及预期结果对自身的效用等。一般来说，越有利于自身利益（这里的自身利益可能是与公共利益相一致的，也可能仅仅有利于自身利益而无视甚至侵犯公共利益的）并且实现的速度越快、成本越小的目标，就越会成为权力主体的优先选择。另外，在面临政策目标模糊不清甚至相互冲突时，下级倾向于将精力放在容易出成绩、收效显著或者是容易量化的工作上，而对那些难以量化、收效慢或难度高甚至是有争议的工作则采取拖延时间、消极应付甚至阳奉阴违的办法，有选择性地执行。这种在执行中简化应承担的责任，或用易于实现、获利更多的工作替代应尽的职责是“格雷欣法则”的典型体现。它从一个侧面解释了为什么会有那么多政绩工程存在。因为与改善空气质量、保护生态平衡相比起来，拆民宅、搞绿化、征农地、建工厂的经济效益要来得更直接，见效更快，更容易引起人们特别是上级部门的重视，所以许多官员和政府部门都会对此投入大量的精力和资源。

第二，在授权中转移责任。在官僚组织中，上级支配和命令下级，下级要服从上级并对上级负责，上级具有的权力与责任通常大于下级的权力与责任，并形成对下级的权力优势。这种优势既可以成为促进执行力提高的因素，也可能成为执行力提高的阻碍。如果上级利用对下级的权力优势，形成对下级较强的控制力，能够监测到下级的执行情况，并对执行情况给予必要的重视，如给予财政、技术等方面的保障等，一般会减少执行阻碍，增强执行力，即“领导重视好办事”。相反，如果上级利用权力优势将本应自己承担的责任推给下级，形成对下级的“责任优势”，则会阻碍执行力的提高，因为上级不仅具有创制政策的权力，还应承担起对政策执行中需要的配套政策、资源等给予必要支持的责任，如果上级只顾制定政策，将自己应承担的责任推给下级，即在授权中转移责任（shift responsibility），那么任凭下级具有再大的执行决心，也是“巧妇难为无米之炊”，无法达到执行效果。

第三，在执行中虚化责任。从执行行为的连续性上说，执行中的虚化责任部分源于上级在授权中转移责任。由于上级将本应自己承担的责任推给了下级，造成下级的疲于应付，只能采取虚化责任的办法规避掉上级的责任。进一步说，造成责任虚化的原因主要是基于层级间权责关系的双向依赖性。下级同样是掌握着权威的战略行动主体（只是不同于上级的权威），并具有排斥上级权力控制、推卸责任的手段。特别是在面对资源匮乏，缺乏执行条件，“有事权没财权”等情况时，上级具有的政策创制权就会遭到下级利用技术专长、信息不对称等方式进行的修正、延缓或阻碍，造成上级对下属的控制能力减弱。例如，当信息在层级节制的官僚组织中传递时，理性的行政人员倾向于夸大对其有利的信息并极力掩盖对其不利的信息。随着组织层级的增加，“累积性信息歪曲”的程度会越来越高，这恰恰印证了“塔洛克的等级歪曲模式”中关于“在信息的垂直流动中，每个信息的平均歪曲程度，要比在水平传播中的歪曲程度大得多”的论述。[①]这种“欺上瞒下”的歪曲信息是滥用权力谋取特殊利益最大化的不负责任行为。

第四，在合作中推脱责任。政府执行力不仅取决于官僚体系内上下级之间的配合，还取决于基于职能分工而形成的横向部门之间的合作，不同职能部门之间的密切配合是确保公共政策顺利执行的重要途径。然而，每个部门都倾向于增加内部层级和人员数量以达到扩张部门权力的目的，机构设置重复必然导致政出多门，造成“上面千条线，下面一根针”，弱化执行效果。并且，狭隘的部门利益和专业化思维会限制横向部门从组织全局思考和解决问题；维持部门权限并避免其他部门“侵袭”的狭隘竞争观也会使部门之间失去合作的动力。特别是随着公共事务日益复杂化，不同职能部门之间关联程度越来越高，如果每个部门都希望扩张自身权力范围，势必造成部门之间的割裂程度越来越大。“权力部门化”使各职能部门的通力合作变得异常艰难，形成卡蓝默所说的“镜子效应”：“各种机构总是依据自身来选择行动的类型和对话者的类型”[②]，本应在多个部门间形成协同效应的执行力畸变为分散的、弱化的执行力。

第五，在守规中规避责任。官僚组织依靠既定的规则和制度来保证执行效力，防止个人专断、自由意志等非理性因素的影响。但规则本身也可能成为执行者逃避责任的工具，主要表现为利用“规则霸权”调整责任规定，维护特殊利益。具体包括两个方面：一方面，“规则的官僚”可能将维护和扩张特殊利益的

---

① 〔美〕安东尼·唐斯：《官僚制内幕》，郭小聪等译，中国人民大学出版社，2006，第120～131页。

② 〔法〕皮埃尔·卡蓝默：《破碎的民主——试论治理的革命》，高凌瀚译，三联书店，2005，第21页。

意图掩盖于责任规定背后，即组织规则可能成为阻碍执行力提升的羁绊，“公章旅行”的繁文缛节会遮蔽对问题实质的考量，并且，具有自我复制性的官僚组织规则在增加组织结构的复杂性的同时，反过来又增强了规则制定的惯性，循环往复的结果使官僚组织愈加趋于僵化保守，失去创新动力，助长了官僚主义作风。另一方面，“官僚的规则”则通过变通规则的形式维护和扩张特殊利益，即官僚组织凭借自身在资源、信息等方面与外界的不对称性及在动员和整合能力上的优势，使官僚组织的规则反映自己的偏好并实现特殊利益最大化，其实质是以“按程序办事”为借口，漠视公共利益及民众要求，排斥组织应承担的责任；或者以专业化为借口自我封闭，排斥监督，避免错误、逃避工作、推卸责任、消极应付，将具有形式合理性的规则作为组织及行政人员行为的唯一准绳，假借形式正义侵吞实质正义。

第六，在拖延中淡化责任。当面对一些新问题、新情况时，僵化保守、缺乏创新的规则规定成为贻误时机、阻碍发展的重要障碍。在现实的行政实践中，繁杂的行政审批程序、僵化的行政审批时限、拖延的行政审批作风不仅损害了政府形象，浪费了行政资源，更“钝化”了政府执行力，错过了难得的发展机遇期。这种不作为或“慢执行”其实是利用责任规定的“挡箭牌”避免因做出错误决策而被追究责任，或利用责任规定扩大特殊利益空间。

二 权力扩张助长了谋取私利的行为

罗素曾指出，权力的扩张性来源于掌权者具有强烈的“权力嗜好”，“在人类无限的欲望中，居首位的是权力欲和荣誉欲”。[①] 然

① 〔英〕伯特兰·罗素：《权力论——一个新的社会分析》，靳建国译，东方出版社，1988，第3页。

而，中国著名学者费孝通则透过人对“权力的饥饿”看到了人们对权力所能够带来的利益的渴望，“人们喜欢的是从权力得到的利益。如果握在手上的权力并不能得到利益，或是利益可以不必握有权力也能得到的话，权力引诱也就不会太强烈”①。人们扩张权力的目的在于谋取利益，权力是谋取利益的工具，也是调整利益分配的重要手段，权力与利益之间是相互作用并不断放大的关系，具有内生性和自增性。进一步说，以权谋利是植根于人性之中的特质。鉴于此，丹尼斯·朗得出结论：“每个人都在谋求对他人的控制权，即力图获得对他人行动和态度产生预期效果的能力。强迫或诱导他人为满足自己需要而从事必要的努力，肯定是保证满足，甚至接近于立即得到满足的最有效的方法。”②正是权力与利益的紧密关联导致人们对权力的追逐很容易超出正当性范畴，就像德国历史学家弗里德里希·迈内克指出的，“一个被授予权力的人，总是面临着滥用权力的诱惑、面临着逾越正义与道德界线的诱惑。人们可以将它比作附在权力上的一种咒语——它是不可抵抗的”③。在行政实践中，由于政府某些部门掌握着可以轻易谋取利益的公共权力，因此在行政审批、行政收费、行政处罚、招标采购、土地补偿等执行行为中，就经常会出现谋取私利的情况。

概言之，人的趋利性与官僚组织的固有制度缺陷共同作用，会促使官僚组织成员对不当的特殊利益趋之若鹜，不断追求扩大手中的权力，而对公共责任唯恐避之不及。因为权力具有增加特殊利益的潜在功能，责任则会减损既得利益，由此造成权

① 费孝通：《乡土中国》，北京出版社，2005，第88页。

② 〔美〕丹尼斯·朗：《权力论》，陆震纶、郑明哲译，中国社会科学出版社，2001，第262页。

③ 〔美〕E. 博登海默：《法理学：法律哲学与法律方法》，邓正来译，中国政法大学出版社，1999，第362页。

力与责任在谋取特殊利益上不相融合的矛盾，面对这种结构性冲突，趋利的“理性人”会权衡利害，漠视或规避责任，权力与利益的结合则会像蛀虫一样致使责任落空、执行力瓦解。一句话，争权夺利与推卸责任相伴而生，责任落空必然导致执行不力。

第三节　落实责任是增强政府执行力的必由之路

官僚组织利用公共权力谋取自身利益最大化产生于它维持自身存在的惯性需要，这被安东尼·唐斯称为“官僚组织的神秘性之一”。因此，“几乎没有（组织）会自动解散，正如没有行政官员及其他成员渴望结束能使他们获益的行为一样”[①]，并且，只有尽力扩张组织规模才能获得更多的资金来源，拓展更大的利益空间，“增进他们实质性利益的惟一途径，是组织的扩张，而非组织的效率。因为他们的报酬、权利和声望通常是与组织的规模联系在一起”[②]。正是追逐利益、扩张权力的组织及个人本性决定了以控制权力扩张和限制利益追逐的方式很难对提高执行力起到实质性的作用，鉴于此，唯有落实责任，做到有权必有责、逐利须尽责才有可能避免执行力弱化的问题。

一　转变观念，建立责任共识

造成执行行为“中梗阻”的重要原因在于决策者忽视决策在实践中的适用性，闭门造车的结果必然造成“出门不合辙”，

① 转引自〔美〕安东尼·唐斯《官僚制内幕》，第10页。

② 〔英〕戴维·毕瑟姆：《官僚制》（第2版），韩志明等译，吉林人民出版社，2005，第23页。

对于由此造成的损失却不会承担责任；执行者由于缺少对决策意图的正确、全面、充分领会，常掺入自己的理解，造成执行走样，却将此责任推给决策制定者。这样，决策的上级与执行的下级之间缺乏沟通、理解就造成责任“两张皮”问题，既阻碍了执行力的提高，又会引发上下级之间“公婆各说理”，互相推卸责任。笔者认为，改变这种情况的切入点在于决策者与执行者之间消除“各自为政”的狭隘观念，将制定与执行政策视为双方的共同责任，将提高决策执行力作为共同的目标，通过充分沟通和互动来消除彼此间的隔阂，从而确保决策的贯彻执行。

二　系统规划，实现责任共担

在资源共享和利益关联性日益增强的网络化执行结构中，没有哪一个部门有足够的能力去独自实现政策目标，决策的贯彻执行越来越依赖于部门间的协调和配合，即部门之间形成责任依赖关系，这是因为，一方面，公共事务复杂化决定了促进政策执行是多个部门的共同责任；另一方面，多元责任主体之间形成的责任网络增强了责任承担的联动性，一个部门对另一个部门承担责任的情况取决于第三方（或更多方）主体承担责任的情况。面对这种局面，必须大处着眼，小处着手，对部门和岗位责任体系加以系统规划，在分工与合作间取得平衡，以实现责任共担，在密切合作与责任共担过程中提高政府执行力。

三　流程再造，确保公开透明

接受外界监督、公开行政组织的运行过程及公布组织的非绝密性信息是政府的基本责任，是打造透明政府、整体性协同型政府以提高政府执行效力的基本要求。对政府执行过程进行公开化、透明化及可测评化的再造，将各部门的资源获取情况、社会听证情况、决策过程、审批过程等政策的制定与执行过程对外界如实公布，提高权力运行体系的开放性。此外，吸收更多的监督主体参与对政府执行过程的监督，约束权力主体的执行行为，压缩暗箱操作的空间，促使其负责任地行动，并且，透明、合法的执行行为还会增强各界对政策执行的认同感和接受、服从程度，提升政府公信力，减少执行阻碍，提高政策执行效度。

四　更新技术，丰富执行手段

如前所述，再严密的规则、制度约束，其功能也是有限的，不会解决所有的执行不力问题。实际上，技术也是强化政府执行力的一条非常有效的途径。应该在制度约束的基础上充分运用现代科学知识，通过先进的技术化手段提高对政府执行过程的监督和控制。国内外实践已经证明，电子监控、电子审批等利用新型技术施行的政府执行行为不仅提高了办事效率，降低了行政成本，还排除了人情关系、利益纠葛等有碍执行力提高的因素，有效遏制了滥用权力、以权谋私、寻租、设租的行为，提高了政府执行力。

五　加强监督，提高问责效用

仅靠道德自觉及责任意识难以避免“道德短板”和“责任失灵”问题，还必须加强和完善问责制以提高问责效用。具体来说，一是要坚持问责的过程化导向，加强对执行过程的程序公正性考量，实现从“有错问责”向“无为问责”的转变，体现问责的前瞻性和防微杜渐的作用；二是要促进问责公开化，避免问责的暗箱操作，这是增强问责信服力的重要步骤；三是要提高问责主体的参与程度，塑造一个公民可考察、可进入的问责环境是保障公民知情权、提升公民对问责结果认同度的重要举措；四是要优化问责的技术手段，应用先进的科技手段对问责进行风险评估，确定风险系数，明确风险等级，对高风险等级的执行行为进行更为严密的跟踪监督，实行“痕迹化管理”，以备在启动问责时“有迹可循”，并构建风险监控网络，利用多元主体联系的紧密性形成有力的防控机制。

六 以人为本，增强责任意识

公共责任问题归根结底是一个考量权力行使者的责任心、服务精神的问题。这是因为，再严密的制度控制也无法解决其与人性化倾向之间的冲突问题，特别是当法治发展到以制度约束也无法框定人的主动性行为的时候，必然要用软性的道德及伦理自觉补充硬性约束的缝隙，只有将外在强行约束的执行行为变成权力主体主观认同的自觉行动，才能减少由于不规范使用权力导致的执行不力问题。也就是说，必须激发出权力行使者的“责任伦理”（Verantwortungsethik）意识，真正发自内心地产生责任感，“不仅要合理地选择达到目的所采用的最有效的手段，同时也必须根据对后果的考虑而合理地权衡确立行为的信念或目的”[①]。并且，只有将政策执行行为转化为对公众的竭诚服务，本着服务精神规范权力行使行为，自觉抵制阻碍执行力提升的不良因素时，政府执行才能获得真实、持久的动力。

---

① 〔德〕施路铸特：《信念与责任——马克斯·韦伯论伦理》，李康译，载李猛编《韦伯：法律与价值》，上海人民出版社，2001，第268页。

第三章　政府执行力的类型与层次*

2006 年 3 月 5 日，温家宝总理在十届全国人大四次会议《政府工作报告》中明确提出“建立健全行政问责制，提高政府执行力和公信力”，这是“政府执行力”概念第一次被写进我国官方文件，标志着政府执行力建设被正式纳入国家治理范畴。[①]党的十八大以来，党和国家领导人多次强调“空谈误国、实干兴邦”，党的方针政策和国家法律法规的落实问题得到了前所未有的关注。在开展群众路线教育实践活动过程中，各地党和政府针对工作落实中存在的作风问题，采取了一系列整治措施，力求克服不良之风，破解弄虚作假、落实不力的顽疾。而在理论探索中，学者们对工作落实、政府执行力的相关问题保持着密切的关注，对政府执行力的深入探讨为剖析政策与制度的落实问题提供了一个恰当的视角。

对政府执行力的研究是一个逐渐深入的过程。在研究探索的初期，学者们更多的是遵循“投入导向”的思维，将政府执行力看作一种“能力”，认为增强政府执行力重在提升其执行能力，只要增加政府的行动效能和给予更多的行动资源，执行力就会自然

* 本章系笔者与陈希聪合作完成，发表于《天津社会科学》2014 年第 1 期。

① 莫勇波：《公共政策执行中的政府执行力问题研究》，第 3 ~ 4 页。

得到提升。但随着实践的发展和理论研究的深入，人们发现，只强调执行力的能力方面，并不能解释诸如一些具有较强能力的政府主体为什么不能有效落实方针政策的问题，进而，学者们开始关注政府执行的“结果”，认为执行的结果，也就是任务完成的程度才是判断政府执行力高低的最终标准，并强调执行能力与执行结果之间存在一套转化机制[①]，要通过设计科学合理的运行机制，将执行能力和资源转化为可供检验的执行结果。但即便围绕结果来考察政府执行力，我们仍会发现，即使不同组织的执行结果大致相同，其影响范围及持续程度仍存在差异，有些执行只注重完成既定任务，而有些执行却深入人们的精神层面，尝试从心理和价值观的层面来引导人们的行为。这些差异提示我们，执行力存在着多种样态，也有着层次上的不同。剖析政府执行力的类型结构和层次系统，是政府执行力研究的一个新的理论课题。

我们对于政府执行力的类型和层次的剖析是建立在对目标和手段这一对关系的把握上。目标与手段，是管理学中的一对基本关系，目标回答“做什么”的问题，而手段，或称方法，回答“怎么做”的问题，如何使用正确的方法去做正确的事，是政府管理的核心原则，也是决定政府执行力水平的核心要求。目标与手段相结合，实质上是要综合考量执行的过程和结果，这样既可避免由于过分注重过程的投入而陷入无视结果的盲目状态，又可防止为达到目标而不择手段的极端现象发生。手段和目标的交互作用，共同决定着政府执行力的变动趋势和发展方向，因此，我们将二者作为划分政府执行力的维度，以此来分析政府执行力的不同类型和层次变化。

---

① 麻宝斌、丁晨:《政府执行力的多维分析》,《学习论坛》2011 年第 4 期。

第一节　任务与使命：政府执行的目标设定

目标是一个组织的行动纲领，明确的组织目标可以为执行者指明行动方向，提供评价标准。政府的目标有根本目标和直接目标之分，前者可称为组织使命，后者可称为组织任务，使命是任务的归宿，任务是使命的具体化。有效的政府执行必须有机统筹这两类目标，才能产生理想的执行效果。

一　目标设定与政府执行力的结果评判

政府执行力的核心不是执行能力，而应该是政府在贯彻执行法律法规、制度纪律、政策决策和组织战略中完成使命与任务的实际程度。因此，应该运用结果导向的思维来看待政府执行力。政府组织目标的设定之所以是影响政府执行力水平高低的一个重要因素，就在于政府执行结果的达成与组织目标的设定高度相关。一方面，组织目标为执行结果提供了评判标准，执行结果的好坏，取决于组织目标的完成情况；另一方面，组织目标约束着政府执行的结果，执行目标的设定如果科学可行，操作性强，则执行结果容易达成，如果目标设定不符合发展规律，其结果必然会不尽如人意。具体来说，政府执行可分为两种类型。一类是对直接目标的落实，也就是我们所说的“任务”；一类是对根本目标的落实，也就是我们所说的“使命”。对于任务与使命的区别，彼得·圣吉称之为“症状解”和“根本解”。“症状解”能快速解决问题症状，但效果只是暂时的；而“根本解”代表较根本的解决方式，但其效果要较长的时间才会显现，然而它可能是唯一持久见效的方式。[①] 德鲁克则将组织目标

① 〔美〕彼得·圣吉：《第五项修炼——学习型组织的艺术与实务》，郭进隆译，上海三联书店，1998，第114～116页。

划分为“目的”与“目标”，认为组织的目的是一种使命，而目标是操作化、具体化了的目的。[①] 因此，我们认为对任务的执行是一些直接目标的集合，一般可以对其进行量化，比如经济增长率的提高、公共服务投入的增加等；而完成使命则意味着追求根本目标，这类方向性目标都比较抽象，难以量化，比如实现公共安全、增进公民幸福感、提升党的执政能力、优化政府公共服务职能等。

二 任务与使命对执行力的不同影响

不同的目标会产生不同的结果，任务与使命必然带来不同的执行力效果。在价值判断上，对使命的执行会更多地考虑人类延续发展的需要、精神层面的需求，关照人们的基本权利和自由意志，这些都属于价值理性层面的考量；而执行任务则更追求秩序的稳定、资源的享有以及执行手段的强化，因此带有较为浓厚的工具理性色彩。在关注的视野上，政府在执行短期任务时，会将注意力放在与执行活动相关的政府人员、财力和资源的计划和安排上，比如扩大农村医疗保险的范围，决策层和执行者都需要考虑到能否有足够的财政资源和医疗资源来承担这些改革，落实这项任务的工作人员是否充分，这都是任务执行首要考虑的问题。而着眼于使命的执行时，政府的视野会更为开阔，更为关注和分析外部环境，重视对执行效果的评估和预判，注重行为的长期效应，制定宏观的战略和对策。在落实机制上，任务的执行一般会对任务指标进行量化分解，比如在保障房建设上，中央政府会确立总的目标，再分解落实至各省份，各省份再将指标分配到各地市，进而落实到基层。另外，政府还会采取一票否决等较为严厉

---

① 〔美〕彼得·德鲁克：《组织的管理》，王伯言等译，上海财经大学出版社，2003，第28～29页。

的约束手段来强力推动任务达成。而对于使命的落实，组织往往会在价值观塑造和制度建设等方面下功夫。比如党的群众路线教育实践活动，就是在组织的价值观层面上来推动使命的落实，还会通过一系列重大制度的建设，比如“三公”经费公开等，逐步为组织使命的达成创造有利条件。在对效果的评价上，对任务落实的评价较为明确且直接，因为任务的完成容易量化，并且效果显现的周期较短，一般对于任务完成情况的考核都较为容易。而对于使命落实情况的考察则复杂而困难：一方面，长期目标的设定较为抽象，目标难以通过量化加以清晰表达；另一方面，达成使命的效果需要一段较长的时间才能显现，并且这种效果显现的长期性会令人们产生观望情绪，难以获得人们的支持。因此，对于使命落实的结果评估既需要一套科学、具有前瞻性的评价方法，也需要有足够的耐心。

三　政府执行中任务与使命的相互背离

在政府执行中，往往会发生任务与使命相背离的情况，这是造成方针政策落实容易走样的重要原因。任务与使命的背离通常包括几种情况：一是任务置换使命，将任务当成使命，也就是本末倒置。比如经济增长指标本来是实现人民生活状况改善的一个重要方面，经济增长应该是任务，而人民生活状况的改善才是使命，但在现实中，出于政绩冲动或片面认识，容易将经济增长的任务当成工作的最终目标，所有工作都围绕促进经济增长展开，甚至会以环境污染、社会贫富差距拉大为代价，反而损害人民群众的生活。二是即便在知道任务的完成难以达成使命的情况下，仍不得已地采用这种短期的手段进行维持，也就是舍本逐末。比如土地财政问题，土地财政并不是地方政府获取财政收入的长久之计，但在政府短期内难以从其他渠道获得财政资源时，只能以这种方式维持财政收入，陷入了恶性循环。三是任务的落实与使命背道而驰，任务的达成与使命毫不相干，也就是本末分离。比如一些政府所建设的面子工程、形象工程等，这些工作的进行违背了公共利益，与使命相脱节，这种情况所导致的后果也最为严重。以上几种情况都揭示了政府执行存在短视的危险，使政府的眼光无法聚焦到长远的战略谋划上，缺乏对于组织使命的坚守。任务和使命的脱节，长此以往势必会侵蚀政府目标，使政府执行难以达到满意的效果。

第二节　硬权力与软权力：政府执行的手段选择

手段是政府完成工作的工具，手段选择的合理与否直接决定执行结果如何，执行手段如若选取不当，会出现“好心办坏事”的结果。一般来说，可以将执行手段划分为硬权力和软权力，硬权力在消极的意义上确保了目标的强制推动，而软权力则是积极地创造条件令执行对象主动配合。硬权力和软权力两种手段的合理搭配，能促进执行成效的提升。

一　手段选择对政府执行效果的影响

如前文所述，结果是衡量政府执行力的最终标准，但以结果导向的思维追求政府执行力，也会产生“为达目的不择手段”的现象，所以，我们常常会发现，各地对相同政策的执行，尽管执行结果相似，但有些地方执行的成本较低，民众的认可度较高，而有的地方执行的成本却很高，且民众还有抵触情绪。这提醒我们，政府执行力尽管要高度关注组织和政策目标，但也不能忽视执行手段的选择。采用不恰当的手段达到的效果可能只是形式上的，“如果我们要追求实质意义上的执行力，就不仅要求用正确的方法（低成本）达到预期效果（事），还要求能达到（让人）满意的效果”[①]。约瑟夫·奈（Joseph Nye）将权力定义为达到自身目的或目标的能力，并且认为要影响他人行为来实现自己的目的，既可以通过惩罚和奖励的手段，又可以通过吸引来达到，前者被归结为“硬权力”（hard power），吸引的力量则被称为“软权力”（soft power）。[②] 尽管约瑟夫·奈对于硬权力和软权力的界定是针对国际政治领域提出的，但政府的执行手段同样有硬权力、软权力之分。在政府执行中，硬权力指的是行政机关及其工作人员通过行政手段和制度工具来达到控制人们行为的目的，包括行政处罚、法律制裁、制度约束等方式。而软权力指的是通过关注执行对象的心理需求，寻求人们的内心认同，力求达到自觉执行的效果，主要包括信息披露、情感沟通、道德劝诫、舆论宣传等方式。

二　硬权力和软权力的功能比较

要科学地使用硬权力和软权力来达到执行目标，就要对二者的优劣有更为清晰的认识，它决定了在何种情况下采用何种手段才能达到最佳效果。硬权力的优点在于其效率较高，见效时间快，约束性强，特别是应对突发事件和政府组织内部的事务，使用硬权力的优势明显。但是因为硬权力是依靠强制性手段来实现目标，并不能取得执行对象的认同，干预的环节也经常是在事情发生以后的补救，因此，执行效果往往不稳定且不长久，容易出

① 麻宝斌、董晓倩：《从法治到心治——政府社会管理中的软执行力》，《天津社会科学》2012 年第 3 期。

② 〔美〕约瑟夫·奈：《硬权力与软权力》，门洪华译，北京大学出版社，2005，第 116 ~ 117 页。

现反复，甚至会出现非预期的结果。软权力的优点在于能关注不同执行对象的群体特征，并且通过社会营销等方式寻求执行对象的心理认同，其往往在执行任务的前期就开始发挥作用，并且取得的效果较为稳固，适用于社会管理等领域。但软权力的使用见效较慢，约束力弱，且软权力效用的发挥需要长久地对目标群体进行价值引导，因此较难把握。特别是在一些突发情境下，比如应对突发的自然灾害或疾病传播，软权力的效用在短期内难以得到发挥。表 3 - 1 中展现了软权力和硬权力各自的优劣对比。总体上，在政府执行的过程中，硬权力和软权力有其各自的特点和适用范围，应该在充分认知的基础上对其加以运用和取舍。

表 3 - 1　政府执行中使用硬权力和软权力的优劣对比

	软权力	硬权力
约束力	弱	强
经济成本	低	高
见效时间	慢	快
执行主体的责任	不明确	明确
干预环节	事前预防	事后救火
不同群体目标的实施效果差异	有	无

资料来源：董晓倩：《论政府软执行力》，博士学位论文，吉林大学公共治理与公共政策专业，2012，第 48 页。

三　政府执行中硬权力和软权力的运用失衡

对于执行手段的使用，政府还未充分意识到运用软权力的必要性，硬权力和软权力的运用在现实中存在失衡的问题，主要表现为三个方面。首先，在主观认知上，政府仍然偏爱强制程度较高、短期效果突出的行政手段，而忽视运用软权力的手段。比如在拆迁工作中，政府会采用下达最后期限、强制拆除等方式来对拆迁户施加压力，执行过程缺乏有效的沟通，不能照顾到拆迁户的感受和情绪，导致拆迁过程中居民出现抵触，甚至发生肢体冲突、暴力抗法等极端情况。这种过于依赖硬权力、忽视软权力的执行方式一直被政府所倚重，造成了诸多不良影响。其次，政府运用软权力的能力还比较欠缺。2013 年 8 月，习近平总书记在全国宣传思想工作会议上强调了意识形态工作的极端重要性，恰也反映了以往宣传工作存在着许多不足，对软权力的运用规律还把握不透，缺乏实际操作经验。如何在社会价值多元化的环境下，有效使用宣传和教育手段，整合价值观念，是政府还比较生疏的领域。特别是在多元参与的治理变革中，更加强调对治理网络的价值观引导和资源整合，这对政府领导多方参与的能力要求更高，对政府加强运用软权力的要求也更为迫切。最后，硬权力和软权力具有不同的适用范围，如果没有充分认识两种手段各自的特点，并根据具体的需要加以使用，会导致软硬失当的情况。一般而言，在政策环境比较复杂、利益相关者众多、政策议题较为敏感的领域，比如城管执法、社会管理等，应该着重于软权力的使用；而针对较为常规性的工作、法律法规有明确规定的、人们容易达成共识的领域，比如打击犯罪、维护公共安全等，可以侧重于硬权力的使用。执行手段的运用要根据具体的情况，既要照顾目标群体的心理感受，也要关注事态的发展变动，避免因使用硬权力不当而引发民众抵触情绪或因使用软权力不当而致使事态恶化等不良后果。

第三节　政府执行力的类型与层次：目标与手段相结合

对政府组织而言，目标是执行的方向，手段是执行的凭仗，利用不同的手段去达成不同的目标，会形成不同类型的执行模式。下面，我们从理论与现实相结合的角度对政府执行力的类型与层次做初步分析。

一 政府执行力类型与层次的理论划分

根据目标和手段这两个维度，我们可以将政府执行力划分为四种类型，分别为基于权治的执行力、基于德治的执行力、基于法治的执行力及基于心治的执行力（见图 3－1）。首先，由“任务－硬权力”构成的第一象限是基于权治的执行力。权治是指“一种依靠权力去开展社会治理的治理方式”[①]，权力在执行力的范畴里主要是指行政权和执法权，基于权治的执行力是指政府运用行政、惩戒等强制手段来对短期任务进行贯彻落实。比如水资源管理的“三条红线”制度、对违反安全生产规定的企业进行取缔、对危害食品安全的生产活动进行严厉打击等都是典型的例子。这种执行方式能快速高效地完成硬性任务，保障社会的运行底线，治安保障、打击犯罪、处理突发公共事件等都属于权治执行力的范围。其次，由“任务－软权力”构成的第二象限是基于德治的执行力。德治是指依靠道德规范来实现社会的治理，基于德治的执行力是指政府通过知识、情感、道德等来影响目标群体的观念和行为，通过教育、宣传的方式对错误行为进行纠偏，从而有效落实某些具体领域的政策。这种执行方式的效果相对于权治的执行力而言更为柔和，能最大限度地促进社会和谐。“调解”执法是这种执行类型的典型例子，另外，它还适用于社会管理等领域，比如解决社区邻里纠纷等问题，都能收到良好的效果。其局限在于只是将思想道德当作一种手段，未能在积极意义

---

① 张康之：《面向后工业社会的德制构想》，《学海》2013 年第 3 期。

上探索政策方针的价值取向与人们的内心需求之间达成契合，所以无法解决一些更深层次的、更为根本的问题。再次，由“使命－硬权力”构成的第三象限是基于法治的执行力，法治以权利保障和权力制衡为基础，它彰显的是契约精神，人们在商议和妥协中达成共识，并推动其落实。法治相对于权治来说走得更远，关照人类自由和尊严的价值，更具完成长期使命的品质。基于法治的执行力指的是政府部门和执法人员依靠法律法规和正式制度，监督并约束人们的行为，落实政策和组织目标。基于法治的执行力适用于利益博弈敏感而复杂的领域，它旨在保障人们的基本权利和调节复杂的利益关系，从而增进集体行动的效能，它注重通过运用法律、经济的综合手段来保障社会合作和生活秩序，比如对于知识产权的保护，法律会对破坏知识产权的行为设置很高的处罚额度；再如解决劳资纠纷的问题，劳动保障部门会推动农民工与企业主签订劳动合同，借用法律的强制力量来保护其合法权益。因此，在执行手段上，基于法治的执行力仍具有硬权力的属性。最后，第四象限是由“使命－软权力”构成的基于心治的执行力，它指的是政策制度的设计从人的需要出发，关照人们的心理需求，并通过价值观的引导来促进人们形成对于制度、规则的认同，树立稳固的主观认知和行为习惯，从而有利于长期使命的达成。这里的心治包含两个要点：其一，政府和民众之间形成良性的互动关系，政府对民众加以关怀，民众对政府报以信任；其二，即便在规则和制度缺失的情况下，人们仍能自发地形成秩序，不轻易钻规则和制度的空子。基于心治的执行力易于取得长期成效，并且执行成本也最低，但其形成的过程较为复杂，建设的规律难以把握，并且效果显现的周期较长。基于心治的执行力展现为人们在日常生活中所体现的素质，比如垃圾分类回收、排队候车、文明行车等问题，这些都是强制执行难以做到的，需要改变人们的传统行为习惯。概括来说，我们可以通过“规制”“教育”“合作”“自觉”四种行为模式来依次代表各种执行类型的具体形态。

	硬权力	软权力
任务（直接目标）	Ⅰ 基于权治的执行力 （规制）	Ⅱ 基于德治的执行力 （教育）
使命（根本目标）	Ⅲ 基于法治的执行力 （合作）	Ⅳ 基于心治的执行力 （自觉）

图 3-1　政府执行力的类型与层次

随着中国从工业社会向信息社会的过渡，社会成员的知识与信息共享程度大幅提升，民众文化素质和知识水平显著提高，关注个人幸福感、自我表现及生活质量等后物质主义价值观念也开始形成。长远来看，文化因素对人的行为的影响会越来越重要。由此我们可以推断，四种类型的政府执行力有层次的区别，即政府执行力应顺应社会发展的需要，由基于政府本位、关注事务本身、强制落实的层次向基于政策本位、关注精神价值、自觉行动的层次发展。这种层次提升包含三点要义：首先，在执行主体与客体的关系上，应当实现从支配服从到参与共治的转变。政府执行逐渐摆脱政府本位，向以政策为中心、倡导多方参与的方向发展，寻求各主体间良好的沟通和共同行动的能力。其次，在执行的姿态上，应当实现从被动回应到主动创造的转变。政策执行不仅是对繁杂事务的处理和对现实问题的回应，更是要关心人们的精神需求和未来发展。最后，在执行的动力上，应当实现从强制到自觉的转变。人们对于制度法规的执行不是外力推动的结果，而是内心认同的结果。具体从政府的视角来说，执行力层次的变化对于政府的塑造主要体现在这几个方面：一是政府执行的关注点应当逐渐从政府内部扩展到政府外部，政府执行已不仅是从自身的角度出发，而且要重视与民众之间的沟通，逐步增强政府对民众需求的回应度。二是政府不仅要处理好组织内的日常事务，而且要执行牵涉多方主体的公共政策，仅靠政府已很难应对复杂多变的政策环境，加强政府与非营利组织、企业组织、公民之间的合作成为必需。三是随着人们精神需求的增长以及政府施政理念的转变，政府执行的归宿已经逐渐从事务层面上升到精神层面，政府应当更加关注人们的精神需要，制度政策的颁布和推行都应更多地考虑公众的心理感受和接受程度，并根据民众的评价来调整自身的行为。

二　从落实环境保护政策看政府执行力类型与层次

政府执行力的类型和层次理论与具体的政府管理和政策实践紧密相连，这里，我们以落实环境保护政策为例，通过探寻环境保护政策的不同执行方式，管窥政府执行力类型的差异与层次的变化，了解政府与民众在不同执行类型中的角色定位。

中国自 1979 年颁布第一部环保法律《中华人民共和国环境保护法（试行）》以来，环境保护问题一直备受社会关注。首先，在治理污染领域，政府建立了现场检查和环境监察的制度，国家环境保护部下辖有华东、华南、西北、西南、东北和华北六个环保督查中心，形成一套较为完整的环境监督管理体制。在这套监督体系下，针对污染防治，政府采取高压方式，对有严重污染隐患的违规企业进行排查和关停，特别是在处理环境突发事件中，会运用更为严厉的手段对地方政府和相关企业进行问责和取缔，这种强力应对违反环保法规的行为体现了基于权治的执行力。其次，政府也会采用道德劝诫等手段对违反环保政策的企业进行纠偏，通过约谈的方式令其改正错误；环保执法人员也会按照宽严相济的原则对违规个体进行宣传教育，矫正人们的行为习惯；还有一些地方的环保部门组织退休老人、小学生成立环保小组，走上街头对乱丢垃圾、吸烟等不良行为进行劝阻。这些环保实践都体现了道德教育对于提升执行力的作用。再次，环境保护问题的实质是利益问题，自然资源的稀缺以及人口的密集使资源使用处于紧张的状态，这种紧张状态导致了利益的纷争，因此，也需要依靠法律手段进行利益界定和利益调节。例如在流域治理领域，采用诸如确立水权、排污许可、征收排污费等制度手段，来引导人们的行为，提升破坏规则的成本。又如，诸如垃圾焚烧厂、PX 化工项目的选址常常引发当地民众的广泛关注和不满，甚至会引发大规模的抗议和示威，这同样需要通过一套有效的制度机制来调和复杂的利益关系，也属于基于法治的执行力所要着重解决的问题。最后，环境保护离不开公民的自觉参与，公民基于对良好生态环境的追求，会自觉自发地进行一些环保活动，并配合政府力量，推动一些环保议题的讨论和落实。比如三江源的治理，就是在民间组织和民众的呼吁下，推动政府出台了相关法规。根据相关统计，截至 2008 年，我国的环保民间组织已达 3500 余家。初具规模的民间环保力量对环境保护起到了不可替代的作用。从政府的角度来讲，环境保护部门通过设立宣传教育中心等机构、建立环境教育基金、推行中国环境意识项目来促进环保工作，政府还通过建立四川大熊猫基地等自然保护区，积极引导人们参与其中，这都体现了基于心治的执行力。

通过环境保护政策的执行过程，我们能直观地体察到执行力存在的类型和层次上的变化。随着社会的发展，民众参与意识不断增强，自身素质不断提升，政策法规的执行会更加强调共同行动和自觉参与，如何在更高的层次上来促进政府执行力，是我们接下来要讨论的问题。

第四节　走向心治：提升政府执行力的一条路径

当前，许多国家的公共部门都通过采用政策行销的策略来强化政府与民众之间的沟通、提升政策法规执行的成效。政策行销的理念正体现了基于心治的执行力的核心价值：重视政府与民众之间的沟通，关注执行对象的需要，为民众提供差异化服务和传播价值观念，并协同社会各行为主体，包括非营利部门、私营部门、公民等共同行动，在互信和互助中增进公益。政策行销的本质在于形塑政府与民众的良好互动关系，从而产出高效、共赢、互信的政策效果。因此，借鉴政策行销的相关研究，可以为基于心治的执行力提供一些价值选择和实际操作的建议。概括来讲，我们可以从价值取向、目标设定、手段优化、政府与相关主体共同参与等方面入手，探讨有效提升政府执行力的方法，这几个方面内容分别回答为谁做、做什么、怎么做、谁来做的问题。

一　将民众需要作为提升政府执行力的导向

美国菲尼克斯市消防队一直致力于改进服务绩效。布鲁纳新尼老队长在 1990 年所做的改革影响了消防队 20 多年来的发展。改革源于公众的来信，信中诉说他们遭到了“军队”般的对待，并认为消防员的服务缺乏关怀。公众的意见触动了消防队，激发他们将公众的需求、认知和感情作为服务的驱动，为居民提供卓越的服务。他们将心脏病突发的水泥承包商送到医院，还为承包商将刚刚开工的道路修完，挽回了损失；他们将发生车祸的老先生送往医院，并帮忙照顾他心爱的狗；他们赶往厂房失火现场，为厂长在旅店设立临时办公室，协助他在隔天早上不耽误接收订单。[①] 例子中消防队所展现的精神便是政府需要追寻的核心理念：对公众的关怀及根据他们的需要来改善政府的行动。要将民众作为执行的归宿，需要政府在收集公众资料、意见和反馈上做更多的工作。一项政策如果不考虑公众的需要，不倾听民众的声音，便会疏离公众，缺乏感召力，因此，在每一项政策出台之前都要做深入的调研，充分把握民众的需要，并创造条件动员公众参与到决策中来。特别是在新的社会发展时期，公众的需求更为多元，公众渴望得到关怀、尊重的需求愈发强烈，政府机关要切实改变以往“门难进、脸难看、事难办”的作风。另外，要重视公众的反馈意见，比如，通过对服务效果提供打分选项、定时发放群众评价问卷、市长热线等手段来收集群众意见，改善决策和服务质量。民众的需要是政府执行的方向和动力，是提升政府执行力的首要导向。

二 统合传播价值理念的使命与提升执行绩效的任务

政府执行的短期任务主要关注政策制度的推行状况和完成程度，而其长期使命则追求传播政策理念和引导价值判断。对于政府目标的设定，要注重使命和任务的相互衔接，使命要起到有力的指引作用，而任务则要提升可操作化的水平。要实现长期使命与短期任务的有效结合，需要注意以下几个方面的问题。首先，政策制度的设计要体现鲜明的政策理念和价值判断。政策制度不能只就事论事，而要着力引导人们的价值观。比如环保政策的执行，既要对破坏环境的行为进行制止和教育，也要通过设计愿景

---

① 〔美〕菲利普·科特勒等：《科特勒谈政府部门如何做营销：提升绩效之路》，王永贵译，中国人民大学出版社，2009，第166~172页。

和提倡环保体验，比如制作环保短片、设立自然观光区等举措来提升政策的感召力。为此，要克服当前中国政策法规在价值传导上较为乏力，宣传形式上较为单一的问题，就需要立足公众的情感体验，更多地从精神层面来把握和推行政策。其次，要全方位提升执行者的素养。执行者是政策与公众的桥梁，他既是传导者，又是创造者，政策意图要经过一线执行者的理解加工，最终通过执行行为传导出去，因此，执行者的素质在传导过程中起到关键作用，决定了政策的执行程度和高度。应通过引进具有良好服务意识的工作人员、加强对执行者的培训、通过多方参与的方式将私营组织和非营利组织的专业人才纳入执行系统等方法，来培养一支优秀的执行队伍。最后，要实现使命和任务的结合，还应重视仪式的作用。美国法学家伯尔曼在其著作《法律与宗教》中阐述了仪式对于维护法律权威、形成自觉行为的重要性。[①] 在政府执行中，可以通过定期举行宣誓、升旗、讲演等仪式来赋予政策更多的精神内涵，并唤起行动者的使命感，提升行动效能。

三 借助政策行销的手段来提升政府执行效果

中国台湾在应对 H7N9 流感的防治宣传中，通过制作寓意荆轲刺秦王的“刺禽”短片，告诫群众不可违法屠宰和贩卖生禽，并向公众介绍避免感染 H7N9 流感的相关知识，通过灵活的行销手段实现了良好的政策传导效果。政府执行力可以借鉴政策行销的4P 战略和4C 战略来增效。4P 战略是从政府的角度出发，通过产品（product）、价格（price）、渠道（place）、推广（promotion）四个方面内容来推行政策；而4C 战略则是从公民的角度出发，

① 〔美〕哈罗德·J. 伯尔曼：《法律与宗教》，梁治平译，商务印书馆，2012，第23～25页。

通过强调顾客价值（customer value）、顾客成本（cost to customer）、便利性（convenience）、沟通（communication）来实现政策增效。通过统合两种模式，我们可以提炼出提升政府执行力的四项策略，即优化政策制度产出、激励和成本设计、执行的便利度、强化执行主体间的沟通。（1）政策制度的产出是指政策制度本身的设计要合理，推行过程要合乎时宜，要最大限度地追求与执行对象的心理契合，争取执行对象的认同。（2）激励和成本设计指的是应该有一套保障政策制度落实的激励机制和约束机制，就基于心治的执行力来说，激励和约束更多是无形的，比如嘉奖荣誉和提升违反规则的羞耻感等。（3）执行的便利度是指要尽量减少执行对象遵守规则时可能遇到的困难和麻烦，精简烦琐的行政流程，为执行对象提供便利，比如通过开通网上缴税业务来促进税收政策落实等。（4）要强化执行主体间的沟通，政府应扮演更为积极的角色，比如制作一些生动有趣的宣传材料、公务员上门进行政策宣传、利用报纸杂志刊登宣传广告等。这四个方面的策略建立在主体间充分互动的基础之上，它强调用最少的权威手段来达成执行目标。

四　通过政府与多方主体的合作来增进执行效能

为了应对新形势下复杂的政策环境和满足多元的民众需求，政府需要引导多方主体进行有效的合作，共同推动政策执行。首先，要着力提升政府的公信力，建立合作的信任基础。政府公信力作为政府与公民之间的一种信任关系，执行力越往高的层次推进，就越需要公信力来作为支撑。政府一方面要以身作则，成为遵守规章制度的典范；另一方面要树立诚信意识，在互往中信守承诺，为与其他主体的合作提供信任基础。其次，应扩展政府与其他主体的合作领域，提升执行效能。政府与私营部门、非营利组织在理念推广、改善政策和服务、拓宽执行渠道、提供专业人才等方面有广大的合作空间。（1）政策理念可以在合作中得到有效推广，比如政府可以通过与公交公司合作，在地铁站、公交车体上投放宣传节约水资源的广告；还可以通过与动漫公司合作，开发卡通人物和制作动画来向儿童宣传环境保护、保健卫生等知识。（2）可以通过合作来改善政策和服务，比如政府借助志愿组织为农民工子女提供义教，帮助农民工及其子女适应城市生活；还可以通过联合志愿组织和物业公司来为社区提供必要的公共服务。（3）合作能有效拓宽执行的渠道，比如政府可以通过熟悉社区状况的快递公司为低保户配送食品和衣物；也可以借助电信部门向民众发送天气警报和重大事项等消息，这都极大地扩展了政策的影响范围。（4）私营部门和非营利组织能为政策执行提供专业人才，比如广告策划公司的人员为政策宣导提供创意和想法，调研公司的技术人员为政府提供民众需求的分析数据和结果等，在人力资源方面的合作，为政策执行带来了更多的优势。当前政府与其他主体的合作尚处在初始阶段，应该在实践中逐渐积累经验，探索有利于合作的制度环境和开发有效的技术手段。

总之，提升政府执行力是一项系统性的工程，其中，建设基于心治的执行力是符合社会发展要求的一项重要任务。如何识别执行力的不同类型，在更高的层次上推动政府执行力建设，是我们迫切需要思考和践行的问题。

第四章　政府软执行力分析*

中国经济高速增长的同时，也出现了日益严重的社会问题和社会矛盾，这必然要求政府加强两个方面的工作：一是规范自身行为，落实依法行政，建设社会主义法治国家；二是不断加强与创新社会管理，提高政府执行力。由此，“法治”和“执行力”等逐渐进入官方的主流话语体系，甚至成为社会的基本共识。但严格执法和强化执行力似乎并未收到预期的效果，以联名上访和群体性事件为标志的社会冲突却有愈演愈烈的趋势。这促使我们思考一个问题，社会管理乃一项系统工程，法治应与德治并行，管理应融合于服务，人的行为改造应与观念的形塑相连，“硬执行力”应有“软执行力”的配合。笔者引入“软执行力”概念，力图挖掘软执行力的内涵，探讨软执行力的作用领域，阐释软执行力在政府社会管理中的现实意义，探寻政府软执行力的提升路径，从而展现政府社会管理从“法治”到“心治”的可能前景。

第一节　政府软执行力的内涵与作用领域

一般而言，政府执行力是指政府在贯彻执行法律法规、制度

---

* 本章原题为《从法治到心治：政府社会管理中的软执行力》（与董晓倩合作），发表于《天津社会科学》2012 年第 3 期。

纪律、政策决策和组织战略中实现目标与完成任务的实际程度。这意味着，执行力是一个以“结果”为导向的概念，它不同于执行能力，执行主体有能力未必就能达到预期效果。当实现某一特定结果的目标被高度关注时，采取何种手段就成了次要问题。在时间急迫，任务繁重和“一票否决”等执行环境下，执行主体基于惯性的官僚化思维，往往优先采取习以为常的、能熟练掌控的执行方式，尤其偏爱强制性程度高、短期效果明显的行政手段。此时只能实现形式上的执行力，也就是用非正确的方法达到了预期的效果，但可能引发非预期的连锁反应或执行效果不可持续。如果我们追求实质意义上的执行力，就不仅要求用正确的方法（低成本）达到预期效果（事），还要求能达到（让人）满意的效果。

根据强制性程度可以将政府执行手段划分为行政规制手段、经济诱导手段、信息劝说手段和社会参与手段，前两种属于刚性手段，后两种属于柔性手段。① 当我们综合考虑政府执行的手段与结果时，若政府更多地依靠刚性手段完成目标和任务，则称之为“硬执行力”强；若政府更多地依赖柔性方式实现目标，其依赖程度越高，说明“软执行力”越强。所谓政府软执行力，是指政府在社会管理与公共服务过程中，尊重并顺应管理和服务

---

① 行政规制手段是以制裁为依托，政府命令目标群体的行为与相关规定保持一致的方式，如行政命令、行政检查、行政处罚等。经济诱导手段是政府通过赋予或剥夺物质资源使目标群体“自愿”服从的方式，如直接/间接支付或补贴、贷款、费、担保等。信息劝说手段是政府通过知识、情感、道德等来影响目标群体的方式，如知识传递、道德劝诫、精神感召、舆论宣传等。社会参与手段是通过社会组织、家庭、个人亲自参与执行过程来影响目标群体的方式。这四种手段的强制性程度依次递减，行政规制高于经济诱导，在后者的作用下，目标群体依然可以决定是否采取行动；经济诱导高于信息劝说，在后者的作用下，目标群体的选择不会受经济负担影响；信息劝说高于社会参与，因为后者完全是民众的自主选择，受政府的干预微乎其微。要强调的是，威胁性信息实质是一种行政规制，而不是信息劝说，其是基于对惩罚的恐惧而不是自主的承诺。

对象的社会心理和个体情感等因素，运用价值播种、舆论宣传、文化传导、说服教育、精神感召等柔性手段，充分发挥社会组织和公民的作用，以实现改变人们行为与社会风气等政策目标的程度。

当年美国的“禁酒令”和前几年中国一些大城市颁布的“禁放（烟花爆竹）令”最后不得不解禁，2011 年颁布的“禁烟令”在实施中遭遇尴尬，这些实例说明，仅依靠法律和监管手段难以起到改变人们行为习惯的效果，政策的有效执行离不开作用于心灵的柔性管理手段。软执行力强调立足人性，具有成本较低和效果持续性强的特有优势，有助于将权力演变为权威，获得执行对象的自愿服从。当然，软执行力也不是无所不能，其依赖的知识传递、道德劝说等手段都存在约束力弱、见效慢、实施效果不容易衡量和目标群体差异等不足，因此，软执行力的运用要适合于特定的政策和政策环境。也就是说，软执行力与硬执行力之间并非截然对立的关系，事实上，二者相互作用，彼此统一，共同构成政府执行力的两个方面。

从深层次看，“软执行力”反映了管理思维的深刻变革。第一，软执行力意味着从两极思维到中庸思维的转变。执行力的传统概念片面强调政府目标或政策执行的结果，缺乏对执行手段和方式的考察，软执行力的概念则弥补了这一不足，强调对手段与结果的双重关注。第二，软执行力意味着从单向思维向双向思维的转变。软执行力要求政府执行必须突破工具理性的局限，同时考量价值理性与工具理性；在执行过程中，刚性手段与柔性手段相互补充、取长补短，必须加以综合运用。第三，软执行力意味着从正向思维向逆向思维的转变。硬执行力思维的特点是“手段→目标”，基于偏好的既定手段以期达到预定的目的，容易犯一个常见的管理错误，因为手中有一个“锤子”，而把所有面对的问题都视为“钉子”；反之，软执行力思维的特点是不断创新，基于目标而采取任何可能的方法，尤其是与人性相符的柔性管理方式，且不限于某种特定的柔性方法。在社会管理领域，硬执行力对应着加强社会管理；软执行力则对应着创新社会管理。真正有效的政府执行应具有一定弹性，能够实现软硬之间的平衡，该软则软，该硬则硬，并非以单一的方法应对一切问题。

综合执行手段和执行目标两个方面，可以将政府执行划分为不同类型，并由此分析软执行力的作用领域。[①] 一般来说，政策目标有刚性和柔性之分：刚性目标往往有明确的完成期限和评价标准；柔性目标常常因涉及形塑或改造思想观念与社会风气而难以进行量化考察和评估。通常的看法是，柔性政策目标更适合采取柔性手段，若采用刚性手段去实现柔性目标往往难以收到深入、持久、稳定的效果。菲律宾曾立法规定国民唱国歌不能跑调，否则可能坐牢或被罚款，就是一个典型的误用刚性手段实现柔性目标的例子。中国也曾有人建议立法规定“子女常回家看看老人”，但立法即便能约束人的行为，也难以起到融洽感情的作用。相反，柔性执行手段在传播先进知识，塑造美好心灵，弘扬社会正气，推动社会形成共同道德规范和理想信念方面具有先天优势。比如，青岛市委宣传部门紧紧抓住一个多次向红十字会捐款的“微尘”典型，通过公益电影、公益之星评选活动、公益足球邀请赛等手段，运用名人效应等让广大市民认识“微尘”、学习“微尘”，使一个市民的爱心行动，经过宣传—培育—再宣传—再培育的过程后，逐渐演变成全体市民的爱心符号

---

① 综合执行手段和执行目标两个方面，将政府执行划分为四种类型，第一种类型是以柔性手段实现柔性目标，比如青岛“微尘”慈善动员；第二种类型是以刚性手段实现柔性目标，比如禁烟令；第三种类型是以刚性手段实现刚性目标，比如传统城管执法；第四种类型是以柔性手段实现刚性目标，比如说理执法。

和城市精神的象征。[①] 那么，是否刚性目标就一定要用刚性手段去完成呢？实际上并非如此。比如，近年来在处理群体性事件、场所行业治安管理、危险物品治安管理和公安交通管理等公安执法过程中被广泛应用，并取得较好效果的“说理执法”。“说理执法”是行政执法人员以事实为依据，以法律为准绳，通过民主、平等的方式，对行政相对人说透法理、说明事理、说通情理，保证法律实施的一种新型执法模式。灵活运用换位思考、经济核算、示范引导、友情提示、体贴服务、借力说理等方法化解争议，定纷止争。

第二节　政府软执行力的理论价值与社会功能

从理论上说，政府软执行力的概念弥补了组织和国家之间“缺失的一环”。就组织内权力运用的研究来说，20 世纪 20 年代，西方学者就开始吸取心理学和社会学的研究成果，提出了人际关系理论，认为组织成员不仅是为了经济利益，而且是为了实现自我价值而工作，因此需要被尊重、理解和关心。领导者必须满足被领导者的心理和社交等方面的需求才能形成威信，提高领导效率。行为科学研究也表明，一个人的报酬引诱及社会压力下的工作表现，仅能发挥该人工作能力的 60%，其余 40% 则有赖于领导者运用统御功能加以激发。所谓统御，不是凭借特权、机构赋予的权力或外在的形势，而是凭借品德、才能、知识等非权力性影响力，集结人们的能力与意愿，为着一个共同的目标而努力。[②] 就国家层面的权力研究来说，20 世纪 90 年代初，约瑟

① 王梦奎：《和谐社会的治理之道：领导者的讲述》（续集），中国发展出版社，2007，第 193～199 页。

② 〔美〕史蒂芬·迪夫：《领导力》，常桦译，延边人民出版社，2003，第 238 页。

夫·奈提出了“软实力”[①] 概念。软实力是国家实力的一种形式，是国家通过自己的吸引力来实现发展的目标，而不是靠武力威胁、武力报复以及经济制裁，软实力产生于一个国家的文化吸引力、政治行为准则和政策。国内有学者则提出了“执政软权力”的概念，着力探讨“一定阶级、政党和促进社会集团在获得执政地位以后通过主导意识形态、信息舆论、文化教育等非强制性的手段对社会成员的思想观念和行为方式产生影响，达到维护其执政地位和促进社会和谐发展的目的”[②]。软权力不仅存在于组织内部、国家之间，也同样存在于组织之间、组织和管理对象之间。有学者将其命名为“行政软权力”[③]，我们将行政组织在履行管理社会事务职能过程中所体现出来的软权力称为软执行力，是为了从执行过程和执行结果两个方面综合考察执行情况。开展政府软执行力的研究，既可以从理论上弥补一个缺失的环节，又可以有效拓展传统政府执行问题的研究范围。

在现实中，政府软执行力有广泛的应用空间。提高政府软执行力，不仅是继承德治传统的需要，也是改革现实的要求；既是改善政府自身形象，提高政府公信力的需要，也是化解社会矛盾和冲突，促进社会和谐发展的需要。

首先，提高政府软执行力，有助于继承和发扬中国的“德治”传统。在传统社会中，“皇权不下县”，基层社会主要是依靠宗族和乡绅治理。乡规民约、社会习俗对规范人的行为，调节社会关系，促进社会和谐稳定具有特定的功能。有效地保护、挖掘和利用传统社会中的优秀社会和文化遗产，充分运用柔性的道

---

① 软权力（Soft Power）是一种通过让他人做他想做的事而获得你所预期结果的能力。从国际关系角度来看，国家软权力一般源于国家资源，所以学界通常将软权力称为“软实力”。

② 李辽宁：《执政软权力研究》，中国社会科学出版社，2011，第31页。

③ 门中敬：《行政软权力的特征和价值与功能》，《法学论坛》2009年第1期。

德教化、沟通协调等手段，将有助于化解社会矛盾，增进社会和谐。中国共产党在长期的革命和建设实践中，同样积累了丰富的柔性管理经验。比如，革命战争年代既强调武装斗争的重要性、不怕牺牲、勇于胜利，又重视瓦解敌军、优待俘虏、团结一切可以团结的力量；在社会主义建设时期，既强调依法治国、完善社会主义民主法制建设，又重视以德治国，加强社会主义思想道德建设，将依法治国与以德治国结合起来；在社会发展上，既重视物质文明，发展社会主义经济，提高国家的综合实力和国际竞争力，又重视精神文明和政治文明，加强意识形态建设，着力建设社会主义和谐社会。对历史上这些有价值的管理思想和方法，当前政府管理中应继承并予以发展。

其次，提高政府软执行力，能够适应中国“变革先于变法”的改革需要。中国的改革遵循着“摸着石头过河”的实用主义思路。改革的基本模式是，民众及基层政府自发地突破旧体制，试验一些新的替代性制度，上层对这些突破与试验予以默认，并在合适的时机予以总结、推广。这种渐进式改革模式意味着，当民众及基层政府在自发突破、自发尝试的时候，他们所突破的法律仍然具有法律效力。民众的所有创新、政府出台的几乎所有改革政策，其实都是在超越现有法律，突破现有法律。比如，对待“小产权房”，有很多人依据现有法律条文，要求政府严厉予以查禁，并责怪政府部门执法不力。但中央政府部门却只是向消费者提示风险，国土部门则表示正在考虑进一步推动土地流转。这种政府管理中“善意的疏忽”，恰恰说明决策者意识到了法律规定与社会现实之间的差距，意识到变革与变法的不同步，基于人性化考虑而弱化政府执行力，事实上是为下一步的改革预留了时间和空间。

再次，提高政府软执行力，有助于加强政府公信力，改变政府硬执行有余，软执行不足的现状。当前社会管理实践中，政府主要还是采取单一的行政干预手段，即政府凭借政权力量，依靠自上而下的行政组织制定、颁布、运用公共政策和指令的方法来实现国家对社会的领导、组织和管理，对文化、教育手段运用不足。这种“一条腿长，一条腿短”的管理现状恐怕还会延续一段时期，并在一定范围内引发和激化社会矛盾。比如，1997 年以来，中国各地方政府开始探索相对集中行政处罚权的改革。试点城市的改革实践证明，城市行政处罚执法提高了城市管理水平，以往多头执法体制下长期困扰政府的沿街私搭乱建、乱设摊点占道经营、随意设置牌匾广告等问题基本得到解决。但是，政府执法不是一个简单机械的过程，执法人员面对的是民众一连串复杂的行为和事件。一味地处罚只会使民众慑于外在强制力而不得不服从，很容易丧失积极性和主动性，甚至有人会感到痛苦、不满、愤怒和敌视，此起彼伏的城管执法冲突事件为执法者无数次敲响了警钟。实际上，除了规范执法行为、严格执法程序、完善监督制度等措施外，还需要不断探索更具人性化的执法手段，寻求管理与服务相结合的有效途径，获得广大人民群众的理解和支持。

最后，提高政府软执行力，有助于培养公民意识，顺应公民社会与和谐社会建设的需要。随着社会问题的多样化、复杂化和动态化，政府认识到社会组织和公民在社会管理中的特有优势，开始从管制和约束转向鼓励和促进公民进行社会参与。然而，形成普遍的公民意识必须以每个人的具体实践为必要前提。政府管理者在面对各种矛盾和冲突的过程中，既可以通过武力或武力威胁的手段，也可以通过不同利益主体之间沟通与谈判的方式来解决。两类方法相比，柔性的方法成本低、效力久，有利于缓解矛盾，而且有利于鼓励公民勇于承担责任，激发其积极性、创造性和进取精神。比如，近年来行政调解作为“减震”的手段备受各地政府的重视。2010 年 1 ~ 5 月，四川省行政调解受理数量达 95457 件，调解成功 84649 件，尤其在劳动用工、征地拆迁、交通事故、治安纠纷、灾后重建等方面成效显著。①

第三节　政府软执行力提升路径与方法

提升政府软执行力是一项涉及执行环境、主体、内容、对象、方法等多个要素的系统工程。政府作为执行活动的组织者、推动者和实践者，在提升软执行力过程中发挥着不可替代的作用。

一　树立“柔性管理”观念，尊重人性的优点，正视人性的弱点

树立“柔性管理”观念是政府提升软执行力的基础。“如果一个国家的人民缺乏一种能赋予这些制度以真实生命力的广泛的现代心理基础，如果执行和运用着这些现代制度的人，自身还没有从心理、思想、态度和行为方式上都经历一个向现代化的转变，失败和畸形发展的悲剧结局是不可避免的。再完美的现代制度和管理方式，再先进的技术工艺，也会在一群传统人的手中变成废纸一堆。”②

第一，增强服务意识是起点。提升软执行力首先就必须从理念上破除传统的“官本位”意识，树立“民为本”的思想，强化“想人民之所想，急人民之所急”的服务理念。政府既要满足民众的物质需求，也要满足民众的精神需求。特别是在民众温

① 王小玲：《“短板”变亮点　行政调解在创新中突破》，《四川日报》2010 年 6 月 19 日。

② 〔美〕英格尔斯：《人的现代化》，殷陆君译，四川人民出版社，1986，第 4 页。

饱问题基本解决的情况下，更应关注人的价值、权益、发展潜能与幸福指数。只有从根本上实现由管理者向服务者的角色意识转变，政府在执行过程中才会力求做到“听人民心声、请人民支持、让人民满意”。

第二，改善干群关系是要点。相互尊重、彼此信任、和谐共融的干群关系是政府软执行力提升的“土壤”。民众对政府的不信任和不配合，使政府执行举步维艰。如果民众对政府执行行为首先以恶意揣度（执行手段被视为官员单纯的逐利工具），并产生抵触情绪，甚至丧失对政策目标的未来预期，无论政府如何转变执行思维，其努力都将付之东流。

第三，转换思维方式是难点。提升软执行力需要政府打破传统以经验为基础、偏好强制力的惯性思维，树立以目标为导向、运用多种执行手段的科学思维。政府工作人员是有理性的“经济人”，其在进行执行思维转换时会自觉地进行成本－收益预期。一般而言，打破常规意味着加大风险，对强制力的放弃意味着短期内见不到“政绩”，甚至有可能被问责。所以，思维的转换不仅需要知识的指导，还需要政府工作人员具有内在的强大动力。

第四，实现自律自治是终点。“政有三品：王者之政化之，霸者之政威之，强者之政胁之，夫此三者，各有所施，而化之为贵矣。”[①] 政府软执行力提倡的是“王者之治”，即运用柔性手段，通过目标群体的思想转变和人心信服来实现“无为而治”。用严格的制度、僵硬的规范和行为标准约束民众的行为，用惩罚的手段来维护社会管理体系，虽然可能获得“听话”和服从的效果，但可能丧失创新的活力，甚至导致“心”的背离。所以，

---

① 张创新、马虹主编《中国帝王文化名著》，延边大学出版社，1995，第196页。

对政府来说，首先必须正确理解“心之为用大矣哉”的思想精髓，争取人心。若忽视了对于民心的争取，舍本逐末，只会导致社会管理乏力。

二　运用多种社会调查方法，了解目标群体的心理特征，从决策环节提升软执行力

战略规划能减少执行行为的盲目性，增强主动性和针对性。政府在明确政策目标后，首先要勘测执行环境，了解政府的强项、弱项、潜在的机会和威胁；其次要摸清目标群体心理，划分出重点对象；最后要确定在什么时间、什么地点，对谁，运用何种柔性手段。决策的基础是信息收集，信息收集则应做到软硬信息兼收。所谓硬性信息是指统计数字、分析报表和报告等。软性信息是指来自决策对象或执行人员的反映和反馈。有利于高效执行的决策应该在软性信息与硬性信息之间取得平衡点。决策的方法从技术上可以分为“硬”技术和“软”技术。“硬”技术是指建立在数学模型基础上，运用电子计算机辅助决策的方法。较成熟的技术是以运筹学和管理科学为主要内容的计算机决策支持系统，这类方法可以提高决策的准确性和实时性，把决策人员从繁杂的计算中解脱出来。决策中的“软”技术则是指建立在心理学、社会学、行为科学等基础上的“专家法”，即“专家创造力技术”。它通过有合理结构的专家群体，依靠用现代科学手段掌握的大量信息，迅速严密地分析、归纳和演绎，提出决策的目标、方案、参数，并做出相应的评价和抉择。软技术适合于受社会因素影响较大，所含不确定因素多的综合性决策，可以弥补硬技术对政治、社会和人文因素无法定量测算分析的不足。采取不同的方法或将两者混合使用，有助于做出更为科学的决策，也有助于决策的有效执行。

三 立足文化的生成和演进规律，巧妙运用文化工具，不断创新文化执行方式

“我们不但要提出任务，而且要解决完成任务的方法问题。我们的任务是过河，但是没有桥或没有船就不能过。不解决桥或船的问题，过河就是一句空话。不解决方法问题，任务也只是瞎说一顿。”① 创新执行方式可以解决“桥”的问题，是提升政府软执行力的重要途径之一。文化不仅能形塑人的观念、引导人的行为、凝聚人心，还能发掘人的潜能、满足人性需要。政府可以从灵活运用文化传媒、发展文化产业等方面创新文化执行方式。比如，北投垃圾焚化厂是台北市最大的垃圾发电厂。当初建厂时，曾遭到过市民的强烈反对。为了消除公众的顾虑，台北市承诺以最好的技术、设备和管理建厂，每天公布烟气排放值，并且允许公众随时参观和了解垃圾焚烧处理流程，甚至在150米高的烟囱上修建了一个旋转餐厅，降低垃圾焚烧处理厂对环境和公众心理带来的冲击。这种公开透明、重视公众心理的处理方式，取得了良好的效果。如今，这个垃圾焚化厂已成为著名的旅游景点。

四 学会评估政府软执行力，重点考核执行手段和结果，积累软执行经验

绩效评估有助于知悉失败的原因，萃取成功的经验。然而，政府软执行力却难于评估。一方面，人的观念变化具有无形性和隐蔽性，难以考察其变化程度；另一方面，促使观念变化的因素多种多样，很难判断是不是政府软执行的结果，更难判断是哪种柔性手段发挥了主要作用。所以，政府经常习惯性地绕开对软执

---

① 《毛泽东选集》第1卷，人民出版社，1991，第139页。

行力的评估。比如，对于限塑政策执行情况的评估，人们往往关注政策目标的实现程度（减少塑料袋使用数量），很少评估媒体资源的投入对这一结果产生的影响。一般而言，对政府软执行力的评估不能忽视以下问题：一是效果，目标群体行为及行为意向的改变程度，对执行活动的知晓情况，对不同执行手段的反应情况和目标群体的满意度；二是效益，政府软执行力在多大程度上解决了社会问题，其中不同柔性手段对政策目标做出了多大的贡献；三是效率，总体的执行成本，不同手段的执行成本（具体包括人力、物力、财力、时间等）；四是广泛性，执行手段的覆盖面，如相关演讲的听众数目、网络栏目中被浏览的数量等；五是针对性，政府执行手段是否适合于解决所针对的社会问题，是否适合于目标群体的特点。

五　调动社会自组织力量，积极参与政策执行，减少执行阻力

在合作治理、参与行政、合作行政等新观念的指导下，将社会力量引入政府执行中来，构建政府主导、社会参与的执行体系将有助于增强执行行为的正当性和可接受性。因此，政府要积极化解制约社会自组织参与的因素，扩大社会自组织参与公共政策执行过程的范围，提升参与层次。一是扩大政策执行中的政务公开范围，让社会自组织全面清楚地了解其在相关政策中的权利和义务，参与行为可能发挥的正面或负面作用；二是拓宽和完善社会自组织参与的渠道和方式，既要使现有的信访参与制度、听证参与制度等落到实处，也要不断开拓新的渠道，比如在行政调解中建立社会专兼职调解员队伍和调解专家库；三是建立健全社会自组织参与政策执行的相关法律和制度，对公民参与公共政策执行的内容、方式、途径等做出明确的、具有可操作性的规定，实现参与的科学化和规范化。

第五章　政府执行力的四维分析框架

政府执行力是政府工作的生命。政府执行力的高低，关系到行政效率、政府职能的实现乃至政府存在的合法性。随着执行力建设纳入国家治理范畴，各级政府都在加紧执行力建设，也取得了一定进展。同时，政府执行力也成为政治学与行政学研究的焦点和热点。目前学界对政府执行力的研究主要集中在理论内涵、理论基础、执行不力的现状与原因、执行力提升路径等几个方面。当前研究中也存在一些不足，如缺乏理论系统性、研究方法单一、研究角度受限等。为此，笔者着力从多维视角出发解读政府执行力，力求为政府执行力研究提供一个整体性的分析框架。

笔者认为，政府执行力是指政府在贯彻执行法律法规、制度纪律、政策决策和组织战略中完成目标与任务的实际程度。这意味着，执行力不等于执行能力，有执行能力未必就有实际执行效果，二者之间存在一个变现系数。也就是说，执行力等于执行能力与变现系数的乘积。其中，变现系数取决于三个方面：一是执行主体（组织或个人）的执行意愿；二是执行主体的执行能力；三是执行主体间（权力结构、组织结构）的传递效率。[①]

---

① 连云尧：《实战执行力》，鹭江出版社，2009，第34页。

为此，我们提出两个基本命题：一是从内在机制看，政府执行力取决于权责利三者的有机统一，“权”对应能力，“责”对应结构，“利”对应动机，动机、能力与结构有机结合方能提升执行力。二是从外在机制看，政府执行力取决于执行主体、执行对象和执行环境的相互契合，三者有机结合才能保证执行到位。

研究政府执行力，可经由执行主体和执行对象两个维度。政府执行主体包括行政组织和个人，由此，政府执行力可分为个人执行力和组织执行力；政府执行对象包括法律制度和公共政策，由此，政府执行力可分为制度执行力和政策执行力。四种执行力的组合研究，大体形成四个研究途径（见表 5 - 1）：“制度 - 个人”维度为法学研究途径；“政策 - 组织”维度是行政学研究途径；“制度 - 政策”维度是政治学研究途径；“个人 - 组织”维度是管理学研究途径。单就行政学研究途径来说，又可分为宏观和微观两个层面：宏观层面研究侧重考察不同组织在执行特定政策时所表现出来的动机、力量和效力等，焦点在于不同（地域、层级）组织的执行力差异和影响组织执行力差异的主要因素，称为政策执行力（Executive Power）。微观层面研究侧重于同一组织执行不同政策时所具有的资格、能力和才能，关注特定组织在执行不同政策时的情况及影响因素，称为组织执行力（Executive Ability）。

表 5 - 1　政府执行力理论分析框架

	广义(法学途径)	狭义(行政学途径)
执行对象(政治学途径)	制度执行力	政策执行力
执行主体(管理学途径)	个人执行力	组织执行力

第一节　个人执行力

个人既是国家的公民，也是政府的成员；既是社会的细胞，也是组织的血液，人力既可能是执行的障碍，也可以成为高效执行的动力来源。就政府执行力来说，公务人员的个人执行力构成组织、政策与制度执行力的微观基础。受社会传统、政治与行政体制、组织结构等外部因素影响，同时基于公务人员自身的态度、能力等因素，中国政府公务人员个人执行力不高，具体体现在四个方面。

第一，政府执行人员缺乏良好的执行心态和责任意识。主要表现为：执行人员不认同组织的信念和价值观，对组织的事业目标冷漠淡然，对是非、善恶的看法与制度和组织要求不一致。执行人员不认同组织执行任务的目标和方式，执行时缺乏必胜的执行信念和积极主动、认真负责的执行态度，更缺乏在工作中遇到困难也毫不退缩、勇往直前的意志品质。

第二，政府执行人员缺乏必要的执行素质和执行能力。由于素质和能力限制，执行人员不能有效执行政策是一个客观事实，政府层级越低，这一现象越突出。在执行人员自身素质低下和能力有限的表象背后，还有执行人员觉悟低的问题存在。觉悟是影响个人素质和能力的内在机理。不论是思想道德觉悟还是职业觉悟，都涉及个人的价值观念。价值观是决定个人思想素质和能力高低的根本因素。

第三，政府执行人员对个人和小团体利益的追求。公共政策与组织目标的执行是对利益和价值最直接的配置，一旦付诸实施，必然会触动原有的利益格局，使一部分人受益或受损。而政府组织中又广泛存在着以维护和追求自身利益为目标的个人和小团体，这在一定程度上会弱化政府执行力。

第四，执行人员队伍思想不统一，行动不协调。政府执行公共政策的行为不仅是个人行为，而且是一种组织化的行为，它需要有关执行人员之间的密切配合。若执行人员所组成的队伍在执行过程中统一思想的措施乏力，行动不协调，缺乏凝聚力和战斗力，必然导致政府执行力弱化。

可见，个人执行力的强弱不仅取决于个人能力的高低，还受个人本身的工作意愿和角色概念等多方面因素影响。为此，提升个人执行力，必须多措并举。

一是增强执行人员的工作意愿。应立足培养爱岗敬业、追求卓越的责任心，加强执行文化的建设，转变执行人员的价值观念和工作态度。执行文化是指政府组织内全体执行人员共享的关于“执行”的价值观念、信念以及行为规范。具备良好执行文化的政府组织注重“执行力”和“道德价值”，执行人员能充分认识到制度与政策执行的重要性，会以高度的执行责任感和坚决的执行态度，全力以赴地执行各种工作，并在执行的过程中讲究速度、质量和纪律，注重执行效益。[①] 在这样的执行组织中，制度与政策较容易得到彻底贯彻执行。因此，应加强政府组织“执行力”和“道德价值”为主要价值取向的执行文化的建设，树立起组织内部的关于“执行”的各种良好的价值观念与行为规范，深化执行人员的公共服务精神，增强其工作意愿，转变其价值追求，确保政府执行力的提高。还需要通过创新激励机制提高执行人员对政策的支持度，进而增强执行人员的工作意愿。激励包括物质激励和精神激励，应尽可能在有限资源供给的范围内创

① 汤法远：《政府公共政策执行力弱化的原因及其强化对策——基于执行人员视角的分析》，《毕节学院学报》2006 年第 6 期。

新激励机制，进行差异化激励、动态化激励、多元化激励。如扩大领导干部公开选拔范围、实行任期制；引入能绩制，彻底打破级别和工龄限制，突出能力，体现公平性和公正性；引入功绩制，充分承认和尊重执行人员的工作业绩，激发其工作的积极性和创造性；科学规范晋升制，创新职务晋升要求，重视优秀人才和有突出贡献者的晋升，不拘一格用人才，突出破格晋升等。

二是提高执行人员的工作能力。工作能力包括组织力、计划力、协调力、理解力、判断力、应变力和创新力等。具备综合能力，执行人员才能正确理解上级决策的精神实质，分析所处环境的优势与劣势，根据实际情况制定计划并实施。执行能力可以通过学习、培训和教育等多种途径得到提高。应以打造学习型组织为目标，强调不断学习，使政府执行人员与时俱进地掌握新的执行技术、手段和艺术，从而能正确地预测环境变化，随机应变和积极执行公共政策。应建立和完善执行人员的培训学习制度，采用日常学习、短期培训、脱产学习、学习交流等多样化的培训形式，同时加强执行人员的实践锻炼，在实践中强化执行人员的工作阅历和工作能力。此过程中，领导者要不遗余力地帮助下级，在执行过程中指导下属，多给执行人员锻炼学习的机会，当执行人员在执行中出现错误时应视情况给予改过的机会，进行适当的鼓励以增强其信心。

三是强化执行人员的角色概念。一方面，要开展专门且专业的执行力培训。可以采取远程培训、岗位见习、轮岗培训等多种方式，有针对性地强化领导者、管理者和基层操作者的自身角色概念。领导者不能满足于建立愿景和制定战略，还要重视并善于战略执行，真正做到一手抓战略、一手抓执行，“两手抓、两手硬”。管理者重在将抽象的目标转化为具体的行为，将组织高层领导的意图转变为可管理的活动。因此，管理者执行力的核心是熟练掌握通用管理流程：了解工作目标和相关政策，分解工作任务，控制工作进程，运用管理方法和工具，合理支配工作资源，注意并防止例外事项。基层操作人员的职责是服从上级命令与决策，及时、正确、高效地行动，培训应以现代管理工具和管理手段为主。另一方面，以科学、合理、可行的执行制度保证执行人员履行其职责。(1) 建立执行绩效考核制度。强化工作分析与职位分类，明确考核标准，真正做到分级分类考核；明确规定各考核主体在考核各个环节中的责任以及如何追究失职行为，保证考核过程和结果的客观公正；加强对考核工作的监控机制，确保考核结果真实可靠。(2) 加强执行监控制度，建立健全多层次、多功能、内外沟通、上下结合的监控网络，综合使用过程性监控和结果性监控、经常性监控和引发性监控、单方面监控和抗辩性监控等方法。(3) 完善责任追究制度。无论是行政首长负责制，还是行政过错责任追究制，均须坚持责任明晰、权责一致的原则，使贯彻不力、执行失误甚至违背和对抗政策的责任落实到具体个人。

第二节　组织执行力

组织执行力是政府执行力的基础组成部分。如果把“人力资源”比喻成组织的血液，组织流程就是组织的神经系统，组织结构就是组织的“骨骼”。如果以木桶的储水量来表示组织执行力，它不仅取决于组织的“短板”，还取决于各木板的衔接紧密性。组织执行力不是针对个体成员的执行力，而是解决各成员之间、各岗位之间以及各部门之间的相互协作与配合问题。如果没有良好的相互配合意识，不能做好互相的补位和衔接，有时甚至出现“内耗”，即便单个的木板再长，木桶的最终储水量也绝不会高。这样的木板组合只能说是一堆木板，而不是一只完整的木桶。对于机构庞大的政府系统而言，个体的工作效率可能相差不大，但放大到整个组织，就会由于系统的结构性效率的放大作用，产生出几十甚至上百倍的整体效率差异。要提高行政组织执行力，就必须构建权责利统一的体制，营造高效的执行文化。具体来说，则要抓好四项管理工作。

一是目标管理。组织目标是对执行的指引。提高组织执行力首先就是按照目标明晰、责权利明确的原则构建组织结构，使责、权、利达到统一。合理高效的政府组织结构，可以产生最低程度的执行摩擦和最大限度的综合执行力。在机构设置方面：（1）尽量减少政府的执行层次，减少层层传达，压扁组织，精减冗员；（2）合理划分各级政府机构的管理权限，明确各自的事权、财权和决策权，做到责任与权力相统一，力求规范化、法制化；（3）合理规范政府组织机构横向间关系，正确划分彼此职能权限，进一步优化和规范政府各职能部门的权责配置。同时，不仅要细化、量化责任，明确责任标准，而且要做到岗位协同。在制定岗位责任时，应该扩大岗位责任外延，增加必要的软性责任，提高组织内部衔接配合的程度。如共管责任、衔接责任、协助责任等。

二是边际管理。按照组织目标设置的组织结构能保障权责利明确，同时也需要动态上的边际管理，这样才能使动力持久。通过严格的制度管理，打破“人管人”的旧框架，实现“制度管人”，才能明确执行人员的权、责、利，避免“多头领导”。应当规范执行标准，建立行政问责制、监督机制等，同时建立执行力激励机制，包括薪酬体系、考核机制、奖惩制度等。要使制度合理，需正式制定制度和实施的程序，不能朝令夕改，频繁反复，制定和更新必须遵循相应的程序。

三是流程管理。流程管理是提高组织执行力的重要保证。政府执行流程主要是指政府组织执行政策决策及命令时的一系列有序和完善的步骤或操作方法。与企业执行流程相似，政府执行流程也包括战略流程、人员流程和运营流程。具体来说，包括计划及目标分解、宣传、人财物组织准备、试点、全面实验、评估以及监控与调整等。在这些流程设计中，应当对执行过程中一些可依赖的途径与方法、技能与技术等进行有效的规划，同时要规定政府执行的时间要求及其他。目前，有必要制定可以具体指导各级政府组织执行各种事务的法规条例（如《政策执行流程条例》），以法制化手段制定规定各级政府组织在执行时必须遵守或者参考遵守的流程，以保证政策执行方向正确、运行顺畅。

四是文化管理。组织执行文化管理是提升执行力的重点，执行文化建设的核心是提升组织士气。人们越来越发现，很多组织执行不力的根源都和组织文化有关系。但文化的改变和创造不会一蹴而就，文化既是结果，也是手段，这就难免使执行力提升陷入一个“怪圈”：一方面，组织执行力的提升离不开管理团队建设，离开了执行流程的完善和执行工具的开发建设执行文化，无异于追求空中楼阁；另一方面，脱离个体的需求与潜能，缺乏团队的协作、士气昂扬的组织氛围，制度或政策背离执行者的意愿，也就无法将制度或政策落实到位。为此，一要倡树理念，着眼于思维模式与行为规范的养成；二要关注细节，力争在最短时间、最小范围内控制解决问题，注重每个环节，真正做到环环相扣、疏而不漏；三要实现过程与目标控制，破除官僚主义作风，形成注重现实，目标明确、监督有力、团结合作的执行文化。

第三节　政策执行力

政策执行力是政府执行力的核心部分。探讨影响政策执行力的主要因素，一般着眼于主观和客观两个方面。主观因素体现在政策执行主体和政策对象两个方面，客观因素主要体现在政策方案和政策执行环境两个方面。具体体现在：（1）政策方案。政策的合法性、合理性和可执行性等都会影响政策执行的有效性。（2）政策执行主体。无论是执行机构还是执行人员，甚至整个政策执行体制，都会影响政策执行的有效性。（3）政策对象。政策最终要作用于一定的政策对象才能发挥其分配价值和调节人们行为的功能。一般来说，政策对象会基于以下因素顺从政策：利弊衡量、避免惩罚、政治社会化、政策合法化、顾全大局观念、道德压力、情势变化等；政策对象不顺从的原因有：价值观念和行为模式的冲突、利益冲突、同类团体的影响、舆论影响等。（4）政策执行环境，即政策执行过程置身其间的各种自然和社会因素的总和。

政府在政策执行中存在的问题与困惑是由上述多种因素所致，但体制因素是重中之重。因为，任何政策执行活动都在一定的体制框架内进行，政策能否得到有效执行，关键在于一个国家行政体制的保障程度。改革开放以来，中国从计划经济向市场经济转型，中央政府实施经济管理的手段从指令性计划为主逐步转为宏观调控手段为主。在新的经济社会条件下，党政关系、层级关系、条块关系、部门关系中存在的问题日益凸显出来。当前阶段，提高政策执行力的重点就在于依据责、权、利统一原则重构这四种关系。

党政关系可谓中国社会最基本、最重要的政治关系。[①] 党政关系极大地制约和影响着政府的决策和执行。党组织不仅具有与政府机构相对应的严密的科层体制，也具有从政府决策到执行的系统功能，由此形成“二元行政”或“党政双轨

① 朱光磊：《当代中国政府过程》，天津人民出版社，1997，第71页。

行政”的模式。[①] 实践中，党政分设有助于权力相互监督和制衡，但因缺乏法律和制度的严格规范，容易诱发权力的结构性矛盾，给行政机构的运作带来多种负面影响。从外在形式看，平行式的双轨结构，会造成机构膨胀，冗员过多；从决策环节看，以党代政会降低政府的威信和行政能力；从执行情况看，党政职能的交叉重叠，造成责权不分。同时，又存在党政责权分离的现象，即党委有权无责，而政府有责无权。责权不清和责权分离容易造成遇事或争权夺利，或推诿责任，互相扯皮，造成执行的低效和官僚主义现象。坚持依法治国，实现党政关系的法治化是出路所在。应在宪法中增加具体的操作性细则，依法对党委和政府的职责与权限做出适当的配置与划分，实现党委领导政府程序的法治化。例如，党如何通过法定的程序使自己的主张和决定变为国家意志，法定程序是怎样的程序；党应从哪些方面发挥模范带头作用，如何发挥；哪些权力是政府独立行使的，其职能范围如何等，都需要具体的实体法和程序法来指导。还应建立规章制度以规范党的领导方式、组织形式、工作规则，从而保证宪法和法律中关于党政关系的原则和各项规定能得以实现和有效执行，明确双方职责界限。建立违宪审查制度，将党委与政府关系纳入宪法监督之中。

层级关系包括中央与地方关系，各级地方政府间关系。在这方面，核心问题是中央与地方关系的重构。中央与地方关系的既有结构、非制度化或不规范的地方分权以及民主的不发达，导致中央缺乏权威和足够的控制能力，无法保证政策的执行到位。[②] 从结构上看，中国是高度分裂的权力结构。地方政府不仅是上级

---

① 胡伟：《政府过程》，浙江人民出版社，1998，第 292 页。

② 郑永年：《国家权力的“中央性”和“人民性”：中国的中央地方关系》，载《中国模式：经验与困局》，浙江人民出版社，2010，第 113 ~ 135 页。

政府的派出机构，而且是具有自身利益的一级政府。由于地方利益的存在，权力和政策每下降一层，中央政府影响力就减少一层。地方权力使政策转化为地方政策。另外，中国自上而下的权力系统缺少基层民众基础，也使得中央权力运行中逐渐丧失中央性，而地方性逐渐增强。越到基层，矛盾就越突出。每一级政府为了自身利益的最大化，都在想方设法利用手中的行政资源，扩大自己的收入。处于权力末梢的乡镇政府，行政资源最为薄弱，却承担着提供公共服务、领导经济发展、维护社会稳定等无所不包的责任，造成事实上的责任与权力严重不对等。为此，必须改革财政管理体制。重构纵向政府层级关系的基本原则是体现财权与事权相匹配，以事权定财权，以责任定财权。要保证财力支出向公共服务倾斜，向基层倾斜，切实增强基层政府履行职责和提供公共服务的能力。

条块关系中的“条”是指从中央延续到基层的各层级政府中职能相似或业务内容相同的职能部门，“块”是指各个层级的地方政府（包括省、市、县、乡四个层级）。“条块”矛盾的核心在于资源配置权力的纵向化和社会管理责任的横向化所导致的“二元”治理结构上的不平衡。解决这一问题，不能仅仅依靠本级政府各部门之间的横向性撤并，还要靠各层级政府纵向性职责异构的制度建设。从理论上说，“块”的重心在执行，“条”的重心在监督。应通过全面清理和大幅减少行政性审批，弱化传统的由“条条”部门配置资源的权力，减少因“条块分割”导致的职权冲突，增强地方政府从事社会管理的能力和责任。国税、地税、国土、工商、技术监督、药品监督等职能部门可重新归置给县市一级政府，并根据当地实际科学整合。同时，将纪检、监察、审计、统计等部门垂直管理，加强上级党委政府依法监督的力度，防止下级政府可能出现的滥用职权的局面。

政府部门间关系指组成政府的各个部门在行使行政权力、履行行政职能中所形成的关系，包括权力关系、职能关系、合作关系、竞争关系、监督关系等。中国政府部门间关系困境不少，尤以部门各自为政、协调困难最为突出。比如，食品安全问题长期得不到根本解决，就与部门各自为政的体制性因素有关。国务院为此组建正部级的食品安全委员会办公室，更是从一个侧面证明了部门间利益协调的难度。可从三个方面入手优化政府部门间关系。第一，优化部门结构，明确部门职责。首先要精简机构，减少协调工作的数量和难度，其次要明确部门职责，在职能分析的基础上，确定某个部门应该承担的最基本职能。此外，还要制定职能分工与协调办法，规定责任、义务及惩罚办法，增强约束性。第二，克服部门利益化。一方面，要完善公共财政制度，规范政府投资范围，积极推行部门预算制；另一方面，需制定相关的法律，加强部门间监督。第三，完善部门间协调机制。通过明确行政首长的协调职责，建立直接隶属于行政首长的协调机构，力求克服部门间矛盾与冲突，同时要制定关于部门协调的法律法规，明确规定各部门具备的处理有关问题的相应法定权力及责任。

第四节　制度执行力

制度是社会运行的基础，制度的生命力在于执行力。好制度不执行，等于没有制度；执行不力的制度，只能流于形式，成为摆设。以近年来中国反腐倡廉制度建设为例，虽然制度建设领域不断拓宽，但是腐败案件仍居高不下，出现了涉案金额大、案犯职位高、作案手段多样化等新的情况。可以说，制度制定初衷与制度执行效果距离甚大，其根本原因就在于制度并未得到有效执行。

在四种执行力中，制度执行力最为宏观，它贯穿于个人、组织和政策执行力之中，也受其他三种执行力的影响。首先，制度要通过具体的执行人员与目标群体的作用来贯彻，任何个人行为都受制度环境的影响，同时其行为也反作用于制度环境；其次，组织是制度的载体，组织结构的构建、组织领导的观念、组织自身的管理都会影响宏观社会制度和具体组织制度的落实；再次，不仅政策执行力受到国家政治、法律制度、体制机制和组织结构的影响，政策是否内在统一、长期稳定并执行到位也影响到社会公众对制度的信心，影响到整个国家的制度执行力和法治基础。因此，提升制度执行力的过程，向上涉及法治国家建设，向下关涉组织管理水平和个人规则意识与行为习惯。当前阶段，亟须从改造社会与文化传统和优化与调整制度结构入手。

改革开放已 30 多年，中国的经济、政治、社会环境明显好转，这为我们提高政府执行力创造了良好的客观环境。当前，在创设优良环境方面，需要人们把更多的精力从关注经济、政治问题转向关注法治环境建设和文化环境建设上来。一方面，必须创造良好的法治环境，这是保障社会秩序的稳定、减少政府执行活动的外在干扰的重要前提。要在加紧立法、建立完善法律法制体系的基础上，加强社会执法力度和对民众的法治教育，逐步在广大公众中形成一个遵法守法的广泛共识，增强对政府执行的监督意识和法治意识。另一方面，要培育良好的执行文化环境。良好的文化环境有利于促进政府执行力的提高，一个讲究工作效率和强调一丝不苟的执行精神的社会，会比一个懒散的、不讲效率的社会更有利于促进政府的执行力。

科学完整的制度，是一个可操作的、能保证执行到位的制度，应包括三个部分：（1）原则性条款，规定了制定者希望制度对象做什么，不要做什么。（2）实施执行程序，是针对原则性条款，制定出具体的实施方法和标准，主要解决怎么做，如何执行的问题，使原则性条款转化为可操作的程序规定。（3）检查程序，包括谁检查，按什么程序检查，检查者要负什么责任，怎么约束、检查检查者。这三个部分相互依存、缺一不可。其中，检查程序是重中之重，其次是执行程序，原则性条款最轻。[①] 但现实中，多数政府部门在制定制度时，通常只注重原则性条款，提出了基本要求，却没有实施执行细则，更缺乏有效的监督检查程序。以“严禁公款吃喝”为例，各级政府都高度重视，年年发文件，三令五申，但远未达到预期效果。很大程度上是因为“严禁公款吃喝”依然停留在原则性条款上，缺少执行程序和检查程序配套，没有操作性，也就无法执行到位。

具体来说，可以采取四种措施来提高制度执行力：一是建立责任制。建立健全保障制度落实的工作机制，完善保障制度执行的程序性规定和违反制度的惩戒性规定，对制度落实的各项措施进行责任分解，明确责任部门、责任人，落实时限和阶段性要求，实现不同层次执行人员的责、权、利统一。领导干部特别是党政“一把手”要带头执行和维护制度，反对一切违反法律制度的现象，维护制度的严肃性和权威性。二是增强规则意识。让执行人员熟知制度内容、领会制度精神，不断增强法制意识和纪律意识，牢固树立严格按制度办事的观念，养成自觉执行制度的习惯，把制度转化为执行人员的行为准则和自觉行动。三是加强督促检查。“徒法不足以自行”。制度能否落实，关键在于监督检查。必须建立制度本身的监督执行机制，建立健全制度执行问责机制，每项制度都要明确监督执行的责任部门，使制度执行的

---

① 温德诚：《精细化管理实践手册》，新华出版社，2009，第101～102页。

监督责任无法推卸，对执行制度不力的坚决追究责任。四是加大查处力度。提高制度执行力，必须切实查处违反制度的行为，使制度真正成为不可触犯的“火炉”。

总之，政府执行力是个十分复杂的问题，需以系统的分析框架加以研究。在四种执行力中，个人执行力是根本要素，若脱离个人的作用来谈执行力，无论愿望多么宏大，都不会持久；组织执行力是基础，作为执行力的基本单元，组织系统的结构性效率对政府的整体效率会产生放大作用；政策执行力是核心，政府执行力主要表现为政策执行力，政策执行的有效与否直接反映着政府执行力的高低；制度执行力是保障，任何执行都离不开制度的保障作用，都是在一定的制度环境中行动。同时，个人执行力、组织执行力、政策执行力、制度执行力相互依存，相互影响。在中国政府改革实践中，提高政府执行力依然是一项长期任务，其核心在于责、权、利的配合与统一，微观层面与宏观层面的有机结合，“软件”与“硬件”建设的良性互动。

第六章　公务员执行力提升*

100 多年来，《致加西亚的一封信》中的故事在全世界广为流传。故事的主人公叫安德鲁·罗文，美国陆军的一位年轻的中尉，一个送信人，一个英雄。当时美西战争爆发，美国总统麦金莱急需一名称职的特使去完成一项极其重要的任务，军事情报局向总统推荐了安德鲁·罗文。罗文接受任务后，根本就没有问"加西亚在什么地方""到哪里能找到加西亚"而是立即出发，并且没有任何人跟随前往。直到他潜入古巴岛，古巴的起义军才给他派了几名当地的向导，几经冒险，或者用他自己谦虚幽默的话说，仅仅受到了几名敌人的包围，然后设法逃了出来，克服了恶劣气候、复杂地形和敌人封锁等艰难险阻，最终将信送给了加西亚将军，加西亚成为在战争中发挥着关键性作用的人。在我们的行政队伍里，也无疑需要更多像加西亚这样能够积极主动、不打折扣地完成任务的公务人员。在本章中，我们首先探讨公务员执行力的理论内涵，进而分析中国公务员执行力的现状，通过从理论上分析影响公务员执行力的主要因素，最后提出提升中国公务员执行力的对策与建议。

* 本章由笔者与陈希聪合作完成。在笔者最初讲稿的基础上，希聪补充了很好的理论框架并用以分析现实问题，使有关公务员执行力的研究工具更为清晰，也使对策建议更有针对性和操作性。

第一节　公务员执行力的内涵及现状

在政府执行中，人的因素是最关键的、最活跃的。“政治路线确定之后，干部就是决定的因素”，表明了公务员在执行过程中发挥的关键作用。新西兰有这样的行政格言：“优秀的管理者在不良的制度中不可能取得成功，在良好制度环境下低劣的管理者也不能成功，两者都必须是优秀的”，这揭示出人在成功执行中是不可或缺的因素。公务员执行力是政府执行力的重要组成部分，对政府执行力有着重要影响。在现实中，一些公务员执行不力的情况已成为影响政府执行力的重要因素，党的十八大报告指出：“一些干部领导科学发展能力不强，一些基层党组织软弱涣散，少数党员干部理想信念动摇、宗旨意识淡薄，形式主义、官僚主义问题突出，奢侈浪费现象严重。”这表明部分领导干部和公务员执行不力，已经影响到国家大政方针的落实，成为当前十分突出并急需解决的现实问题。而就理论研究而言，公务员执行力构成组织、政策与制度执行力的微观基础，对公务员执行力的研究是从个体的微观层面来对执行主体加以把握，为我们研究执行力的其他方面提供了不可或缺的视角和参照。

一　公务员执行力的内涵

执行是将目标或想法转化成结果的过程，佛家语“目足兼备，方可以到清凉池”“膏明相赖，目足相资”，认为眼界和足行是相依相存的，不可偏废，要达到目标不仅需要眼界，更要注重行动。在管理学的范畴里，“行”的概念被表述为“执行”。也可以说，“执行力”的概念最先来源于工商管理领域的实践。企业面临市场竞争的压力，对组织战略的转化落实有着严格的要求，组织战略和目标执行的情况如何，直接决定了组织的命运，因此，执行力在企业管理中占有非常突出的位置。2004 年，原通用电气总裁韦尔奇来中国演讲，有中国企业家提问，中国与美国企业之间的管理差距在哪里？韦尔奇的回答是，“你们‘知道了’，我们‘做到了’”。有位作家曾戏言：美国人是做了再说，日本人是做了也不说，而中国人是说了也不做。这种说法虽然有些偏激，但也从一个侧面反映了国人对执行的态度。海尔的前总裁张瑞敏曾经说过：“什么是不简单？把每一件简单的事做好就是不简单；什么是不平凡？把每一件平凡的事做好就是不平凡。”在海尔厂区上下班时，工人走路全部靠右边走，没有其他企业员工潮进潮出的现象，完全按交通规则，这就是不简单。难吗？不难。行人靠右走这是小学生都懂的规则，可很多企业没做到，海尔做到了。所以，对企业员工而言，执行力就是“说到做到”的程度。一个企业之所以优秀，就在于它拥有大批有高执行力的员工；而具有高度执行力的员工，最重要的特征就是他们能够“说到做到”。

出于改善执行阻滞状况的需要，公共行政领域也引进了“执行力”的概念，力图增进政府及其工作人员的工作效能。与企业执行力的要求一样，政府执行力也是一个以“结果”为导向的概念，它区别于执行能力，也区别于执行的过程。政府执行力水平的高低首先体现在个人的层面，也就是体现为公务员完成组织目标和任务的程度。公务员从事的是一份特殊的职业，职业特殊性决定了其任务的特殊性，中国是社会主义国家，人民民主专政的国家性质决定了政府及其公务员应该是人民权力的行使者，是人民的公仆。这种身份表明，公务员应该以为人民服务为宗旨，对自我进行约束，而不是为自己的利益而工作的；公务员应该对人民负责，接受人民监督，而不是凌驾于人民之上的；公务员应该努力奋斗，献身公共事业，而不是追求享受和贪图安逸的。因此，公仆身份决定了公务员应该具备强烈的责任感，“主观责任强调公务员之所以去做某事，乃是源于内在趋力”[①]，只有具备了强烈的责任感，公务员才能拥有强劲的执行动力。公务员的工作态度和工作作风如何，决定着行政管理活动的最终效果。在中国特定的行政环境下，谈公务员的执行力，就是指他们落实党和国家大政方针的情况如何，他们“说到做到”的程度如何，他们为人民服务的“工作到位”状况如何。

对于执行主体而言，我们在此所说的公务员是指行政机关队伍的特定部分，主要包括国家党政机关的领导干部和普通公务人员。[②] 在行政管理活动中，国家公务员中的各级领导干部，他们担负着组织、引导、管理、监督、指挥和协调的重任，负责国家各项方针政策、工作部署和措施要求的落实，而普通公务员要承担政策方针的具体落实和解决执行中的具体问题，他们的执行力如何，直接关系到国家大政方针和各项工作的落实情况，因此，不能简单地认为执行只是普通公务员的事，实际上，领导干部对于政策执行更具有全局性的作用。在政策执行上，应树立这样的责任观念，政策执行是整个国家行政队伍的共同职责，每一位成员，无论是领导干部还是普通公务员，都要对政策执行负起责任，将国家意志和方针政策落到实处。由此看来，公务员执行力，就是指国家党政机关的领导干部和公务员按照组织的目标和要求，根据自身职务和岗位的要求，在贯彻执行法律法规、制度纪律、政策决策和组织战略中完成目标与任务的实际程度。

---

① 张成福：《责任政府论》，《中国人民大学学报》2000 年第 2 期。

② 按照《中华人民共和国公务员法》的规定，国家公务员“是指依法履行公职、纳入国家行政编制、由国家财政负担工资福利的工作人员”。本书中公务员的概念依循此法的界定。

二 中国公务员执行力的现实状况

从公务员自身的角度讲，其行动首先必须植根于价值理念和利益取向做出判断和选择，再通过行动意愿的积聚，凭借自身才能的发挥，进而展开行动。因此，衡量公务员的执行力状况，要看三个标准，首先是看公务员的执行意愿，它反映行政效率的快慢，也就是执行得快不快的问题；其次是看公务员的执行能力，它反映服务质量的高低，也就是执行得好不好的问题；最后是看公务员的执行理念，反映执行行为的正确与否，也就是执行得对不对的问题。公务员执行力检验的是公务员执行组织目标和任务的实际程度，能否快速、高效和正确地执行任务是衡量公务员执行力的三大基本标准。从这三个方面出发，我们可以看到近年来中国公务员执行力所存在的问题。

（一）公务员工作意愿相对弱化，职业倦怠现象凸显

执行不力的情况的一个主要表现就是执行意愿的下降。目前，“工作倦怠正成为公务员这个特殊群体所面临的一大问题，并成为了制约政府等公共部门工作绩效的一个瓶颈”[①]，中国人力资源网对4000余人做过倦怠度调查，“政府、公共事业为工作倦怠出现比例最高的行业”，公务员的职业懈怠是执行意愿弱化的集中体现，执行意愿与公务员所处的位置和角色有很大的关系，主要和以下三个方面的因素密切相关。第一，从层级角度来看，“由于素质和能力限制，有的执行人员不能有效执行政策是一个客观事实，政府层级越低，这一现象越突出”[②]。基层人员执行不力的问题不仅有能力和素养方面的原因，而且与其所处的

① 朱立言、胡晓东：《我国政府公务员之工作倦怠研究》，《中国行政管理》2008年第10期。

② 麻宝斌、丁晨：《政府执行力的多维分析》，《学习论坛》2011年第4期。

环境导致的执行意愿弱化有关。“基层公务员队伍很难说是一流人才，问题在于缺乏一流的报酬、一流的激励机制”，相对而言，基层工作人员由于与人民群众直接接触，面对的工作任务较为繁重，矛盾和问题较为复杂，工作压力较大，而报酬水平却较低，福利待遇的差距导致基层执行人员的积极性下降。另外，基层公务员晋升的“天花板”现象也较为突出，基层公务员缺乏与其他部门的交流渠道，只有在本单位的单一上升通道。公务员晋升领导职务需求的无限性与政府机关领导职务供给的有限性之间的矛盾，极大地阻碍了公务员个人的发展空间，导致“天花板”干部越来越多。基层公务员的职业前景遭遇“天花板”的阻滞，极大地削弱了工作的积极性，容易导致基层公务员纪律松散、懈怠散漫情况的出现。层级因素已经成为影响公务员执行意愿的重要方面，因层级因素而出现的执行意愿弱化的问题应引起足够的重视。第二，从地区角度来看，相对东部沿海省份而言，中西部省份公务员的工资待遇、福利保障等方面的水平较低，仅从收入状况来说，“2003 年，上海市行政机关平均工资为 31268 元，比上年增长 13.2%，为全国最高水平。而当年行政机关收入水平最低的为河南省，公务员年人均工资收入仅为 11032 元，前者是后者的近 3 倍。各省市之间的水平差距主要体现在地方补贴这一块，如广东省补贴水平是贵州省的 13.15 倍”①。另外，省级行政区域内不同地区之间的差距也较大，省会和重点城市的公务员收入较高，而一些县乡的财政资源拮据，存在“吃饭财政”的现象，公务员的基本待遇无法得到保障。这些地区间较大的差距使欠发达地区公务员的不公平感越发强烈，工作的积极

① 王学力：《我国公务员工资的现状、问题与对策建议》，《经济研究参考》2006 年第 32 期。

性受挫，如何将不同地区公务员待遇的差距控制在合理的范围之内，是决定公务员能否扎根在当地，提升他们工作意愿的一项重要任务。第三，从年龄方面来看，“干部年轻化”作为改革开放以后党政部门用人的一个重要政策，其提出与落实，有力地扭转了当时中国领导干部严重老化的局面。经过30多年的发展，干部老化的问题已基本得到解决，但干部年轻化政策在执行过程也出现了一些偏差，“层层递减年龄使得基层干部在三十八九岁就不能干了，丧失了工作的积极性，没有机会提拔，这是对人才的浪费。年轻化是政治家的事情，是我们提拔接班人的事情，对于专业干部来说，不能片面理解年轻化”①。片面的年轻化政策容易导致两个方面问题。其一，对于年长的公务员而言，年轻化的政策，导致许多仍然年富力强、经验丰富、可以承担相应工作职责的工作人员过早淡出行政系统，造成行政人才资源的巨大浪费，大批接近退休或者晋升无望的领导干部和公务员出现消极懈怠的情况。其二，对于年轻干部而言，以年龄的先赋因素取代功绩能力要素，使人才的选拔竞争程度降低，滋长了年轻干部的浮躁风气，丧失了艰苦奋斗的品质，而“个别年轻干部为了赶上提拔的快班车，急功近利、做表面文章拉关系跑路子搞虚假政绩形象工程，一旦升迁无望，就‘堤内损失堤外补’，崇拜‘有权不用，过期作废’甘冒风险、滥用权力、贪污索贿、违法乱纪，给国家和人民利益造成严重损失”②。另外，在一些地方，由于用人风气不正，德才兼备的优秀干部得不到重用，各种关系户投机钻营而占据要职。这种不正常的用人导向，也会严重挫伤大批干部的积极性。公务员从表面上看忙忙碌碌，心里却是认为

① 吴江：《服务型政府与公务员能力建设》，《中国行政管理》2004年第11期。
② 杨兴林、敖运波：《干部年轻化实践再审视》，《探索》2009年第1期。

“干多干少一个样”，结果便是能拖就拖，得过且过，降低了行政效率。

（二）公务员执行能力出现结构性短板，“能力恐慌”现象突出

执行能力是实现工作的目标和效果两者之间顺利转化的关键因素，执行不力的情况直接表现为公务员执行能力的下降，“特别是随着形势任务的不断变化，一部分干部出现了‘本领恐慌’、‘能力恐慌’”[①] 等问题，严重羁绊了任务执行的顺利开展。

第一，从职务角度来看，领导干部和普通公务员有不同的能力需求。(1) 领导干部的领导力缺失。领导干部的领导力首先体现为对“上情”的认知程度和对全局的把握程度，“各级干部特别是领导干部是贯彻党和国家路线方针政策的重要载体，因此对于党和国家的路线方针政策，应该有全面了解和深刻把握”[②]。而许多领导干部在执行政策时只见树木，不见森林，缺乏大局意识，面对问题，头疼医头，脚疼医脚，缺乏领导科学发展的能力。其次，领导干部的领导力体现为对下属的正确领导和有效督促，具体体现为指挥能力、督导能力和授权能力，而在现实中，领导干部对下属的领导却存在领导权威不足、任务分配缺乏科学性、对任务实施缺乏监督控制、惧怕授权等问题。最后，领导干部密切联系群众的能力不高，当前干部脱离群众的现象较严重，一些决策难以从人民群众的利益出发，政策的制定与执行接不了地气，领导力的缺失弱化了对执行行动的整体统领，不利于执行行动的有力高效铺开。(2) 普通公务员的实际操作能力不强。首先，普通公务员的业务水平欠缺，行政队伍里缺乏大批熟练掌

---

① 徐珂：《政府执行力》，第135页。

② 谢庆奎、陶庆：《政府执行力探索》，《中国行政管理》2007年第11期。

握业务流程、熟知业务知识的执行人员，处理问题缺乏技巧，工作效率低下。其次，普通公务员服务群众的能力不足，普通公务员的大量工作需要直接面对公众，但是一些公务员并不善于和群众打交道，对公众的服务不够周到，对服务对象可能遇到的困难和问题设想不足，致使服务质量低下，人民群众普遍对此意见较大，普通公务员是连接政府和公众之间的纽带，提升他们的服务能力，能使政策和制度容易被公众接受，从而提升执行的效果。

第二，对于不同职位类别的公务员而言，也各有不同的能力要求。（1）综合管理类人员缺乏沟通协调能力。综合管理类职位的数量最大，是公务员职位的主体，具体从事规划、咨询、决策、组织、指挥、协调、监督及机关内部管理工作。这些公务员要协调执行系统内部的大量矛盾和利益冲突，这就要求具有很高的利益协调能力，面对利益冲突避免针锋相对，同时要有协商精神，讲究工作方法，加强沟通，维护团结，从而确保组织大目标的实现。但目前来看，该类公务员的这方面能力还不强，遇到利益纷争要么有所退避、要么不得方寸，这都是缺乏协调利益能力的表现。（2）行政执法类人员缺乏处理社会矛盾的能力。行政执法类职位是指行政机关中直接履行监管、处罚、稽查等现场执法职责的职位，主要集中在公安、海关、税务、工商、质检、药监、环保等政府部门的基层单位。他们处于执行工作的第一线，面临大量的社会矛盾和潜在的社会问题和危机，但执行者应对矛盾和冲突的能力还比较薄弱。一方面是工作作风粗暴，引发人民群众不满，怨气积压；另一方面是执行中带有对立情绪，群众有意见便认为是无理取闹，蛮横对待。这方面能力的缺失，容易导致执行不畅，引发执行对象反感和排斥。（3）技术专业类人员缺乏学习创新的能力。技术专业类职位是指机关中从事专业技术工作，履行专业技术职责，为实施公共管理提供专业技术支持和技术手段保障的职位，如公安部门的法医鉴定、外交部门的高级翻译等职位。技术专业类职位对公务员的专门技能和专业水平有很高的要求，因此，该类公务员应该具备较强的学习创造能力。然而，目前该类公务员的专业水平还比较有限，不能满足政府执行任务、应对复杂问题和突发事件的需要。例如统计部门的统计工作的科学性不高，对现实的解释力弱，一些统计结果与民众对社会的直接观察有很大的差距，其权威性备受争议。面对日新月异的环境，专业技术类公务员对技术的创新运用程度还显不足，对现实问题的关注和研究还不够，不能在专业领域有所突破，难以为执行活动提出有建设性和前瞻性的建议。

（三）理想信念滑坡、价值理念错位导致公务员执行行为偏差

公务员价值理念对执行力的作用机制包括以下四个方面：首先是角色的自我判定，即公仆意识的确立；其次是执行的动力来源，即使命感的赋予；再次是应该如何执行的思想观念，即执行思路的转变；最后是对执行结果的评价，即结果导向思维的形成。因此，公务员执行不力在价值理念层面上主要表现为以下四个方面。第一，公仆意识的淡化。公仆意识是公务员在执行过程中自觉定位的意识，有什么样的定位，便会形成什么样的认识，从而有什么样的执行行为。从价值理念上看，当前公务员执行不力在很大程度上要归因于公仆意识和宗旨意识的弱化。(1) 角色定位的模糊，使得公务员丧失执行的方向感，淡化了为人民服务的宗旨意识和责任感，容易出现利己倾向，违背执行任务的公益方向。(2) 公仆意识的淡化，使得公务员难以摆正自己的位置，容易助长官僚作风，面对人民群众高高在上，导致服务意识的缺失。(3) 宗旨意识的淡化，致使公务员迷失了奋斗的目标和方向，容易出现追求个人利益和小团体利益的不利倾向，与公共目标背道而驰。第二，使命感的缺失。党的十八大报告要求全党“必须增强使命意识，求真务实，艰苦奋斗，始终保持共产党人的政治本色”。使命感能促使公务员增强事业感，设定崇高追求，并不断驱使自己去达成目标。公务员执行懈怠的原因在于使命感的缺失，部分公务员缺乏追求卓越的决心，工作上得过且过，马虎应付，不能把工作做细做透，精益求精；部分公务员缺乏求真务实的态度，弄虚作假，导致形式化、走过场的现象较为普通，醉心于政绩工程、面子工程，不能真正为老百姓做实事；部分公务员甚至丧失艰苦奋斗的信念，抛弃吃苦耐劳的传统，对待任务消极懈怠，贪图享乐，存有“权力不用，过期作废”的消极想法，极大影响了国家大政方针的实施。使命感的缺失，致使公务员行动懈怠，不思进取，是执行浮躁风气盛行的主观原因。第三，计划经济思想的残留。思路决定出路。改革开放的顺利进行，得益于思想的解放。而许多公务员在执行过程中故步自封，求稳保守，对改革开放的相关政策方针的执行抱有抵触情绪。这种不良的心态和情绪集中表现为计划经济思想的残留。部分公务员头脑中依然存在“全能政府”观念，凡事大包大揽，一点放权就不放心，结果是处处执行，处处执行不当；一些公务员依然习惯于使用行政手段等强制方式来落实政策，缺乏综合运用行政手段、法律手段、经济手段的理念，单一运用行政手段，容易引发社会矛盾，影响执行的效果；部分公务员的人治思想还很顽固，习惯于根据上级和领导的意志和偏好来执行，而不能从百姓的利益出发，执行过程中的随意性大，对法律程序重视不足。一些落后地区，领导干部“养鱼怕偷，做生意怕骗，就是不怕穷”的思想延滞了改革开放、市场经济等相关政策的执行。第四，结果导向思维的缺乏。结果导向的基本含义是“关注使命和组织目标的实现，政府管理应着眼于终极产品和实际社会效果"[①]，它是相对于投入导向、过程导向而言的。目前，公务员的执行思维具有明显的投入导向和过程导向，由于执行结果的难以测度，公务员倾向于用投入的多少来衡量执行任务的完成程度，比如教育政策的执行，只片面强调投入资金的份额，而对教育投入能否产出优秀人才和高质量的科研成果，却关注甚少。结果导向思维的缺失，对执行投入和过程过分重视，制约着公务人员执行力的提升。

第二节　公务员执行力的影响因素

在学者丘奇看来，每个工业组织都由两种要素构成：（1）决定要素，它决定了公司的生产和流通政策，以及（2）管理要素，它把公司已制定的政策作为确定要素，并且通过采购、生产和销售赋予政策以实际意义。用现代管理的术语来说，丘奇描述的这两种要素就是政策制定（policy formulation）和执行（implementation）。政策制定是一个目标锁定的过程，它要求有清晰的战略定位和超前的规划能力，组织的战略管理和目标管理等活动服务于政策制定这一环节，而政策执行是将组织目标与组织资源与实际环境结合起来，逐渐转化为结果的过程，它要求有高超的协作技艺和持续迅敏的行动力。丘奇在谈到政策执行中要求有高超的协作技艺和持续迅敏的行动力显然不仅仅是作为组织的要求，而且特别具有个体意义上的要求。对于政府执行力的分析，前面章节已经根据"主体 - 对象"的维度将其划分为组织执行力、个人执行力、制度执行力和政策执行力。对于执行主体

① 周志忍：《当代政府管理的新理念》，《北京大学学报》（哲学社会科学版）2005 年第 3 期。

的研究，组织执行力强调对于组织现象须运用组织学的理论来加以分析，而个人执行力的研究视角更为微观，但个人执行力的提升又是在组织执行力的系统调整下进行的，因而，对于个人执行力的分析，应该建立在组织执行的基础之上，着重分析公务员执行的内外环境变化，以及这种变化给公务员的执行行为所带来的影响。

人类社会在进入工业时代以来，生产方式发生了革命性的变化，基于分工和协作的生产组织方式逐渐成熟，这截然不同于传统时代那种家庭式、以熟人、血缘和友情为纽带的交往方式。但工业社会在带来生产力井喷的同时，也造成原子化的个体和人际千沟万壑般的隔阂。为了应对工业社会的这些问题，现代管理学应运而生，它从根本上探究如何实现人和人之间的协作问题。也可以说，整个管理思想史基本上围绕着这一条主线展开。具体而言，在解决组织中人与人之间如何协作的问题上，有两条主要的思路，一条是泰勒倡导的科学管理的路径，他强调通过记录人们的实际生产行为，来设定合理的标准，改变工作流程，从而最大限度地激发工作的积极性，使组织各个环节高度耦合，实现效率的提升。另一条则是由霍桑实验开启的人际管理的路径，在这条路径中，最负盛名的学者梅奥认为应该在强调技术的同时，还要关注人们感情上的需要，通过人际管理和对员工情感的满足，来实现成员的和谐相处，从而促进协作。在这条以“事务－情感”为维度的主线为管理提供许多启发的同时，实际上，另外一条暗含的线索也在发生作用，这条暗线就是如何实现员工个体内部需要和外部环境良性互动的问题。无论是良好的制度设计还是优秀的组织文化，都有一个促使其成员内化的问题，这个环节决定了个人和组织之间的互动关系是否良好。组织成员的主观世界与组织环境的良好互动，会促进组织和个人在价值和行动上的统一，从而促进执行。倘若这种内外关系出现冲突，一些制度和文化并不能很好地契合成员的内心，那么将会导致组织成员内外不一，出现消极抵触的状况。

因此，从管理理论和实践来看，组织成员的行为始终围绕着"事务－情感"导向和"内部－外部"关系这两条主线来进行。当这些关系失衡时，便会导致个体行为的失范。因此，我们可以运用现代管理学这两条主线来分析行政组织中人员的执行问题，从而从微观上把握政府执行在个体层面上的一些问题。因此，对于公务员执行力的分析和解释，我们将基于以下两个假设展开：第一个假设是执行过程中实现事务和情感的统一和平衡，能减少公务员认知上的冲突，从而提升执行任务的效力；第二个假设是只有当公务员的内心世界和外部环境达成某种程度的契合和平衡，才能增强公务员的执行动力。

一　事务与情感：公务员执行的基本导向

总的来看，一个组织的活动离不开两个导向，一个是事务导向，另一个是情感导向。具体到执行组织目标过程中，一个公务员在落实任务时，他会有两个方面的考量，一个是组织程序的合理与否以及对于所要落实事务本身的认知和理解，另一个则是对于同事的支持情况和自身情绪的管理状况。落实过程中以事务为导向的执行，其重点是运用一切方法来高效、节省地实现目标，其核心要求是效率，以线性思维为主，关注组织流程和程序，并通过强化纪律来加以落实。而以情感为导向的执行，其强调更多地照顾人的主观感受，以人性化的管理方式来取得伙伴的支持、考虑人们接受程度从而实现目标，其思考路线往往以曲线展开。事务导向与情感导向的一个重要差异在于前者具有较强的结构化特征，因此对其把握可以实现量化和明确化，而后者则具有非结构化的特征，因此对其把握更侧重于引导和文化上的软件塑造。换句话说，事务导向决定了公务员的硬执行力，而情感导向则决定了公务员的软执行力，前者易于观察和科学规划，后者更注重无形的影响，两者有着本质上的区别。

在现实中，我们也可以经常看到这两种不同导向的公务员执行行为上的差别，如果将事务导向和情感导向作为两个端点，我们可以将事务导向一端的执行类型称为“铁面型执行”，而将情感导向一端的执行类型称为“支持型执行”，而处于中间的则是“变通型执行”（见图 6－1）。铁面型的执行人员倾向于按规则办事，这种风格也就是人们常常说的“较真”“就事论事”，为人们传颂的古代“包青天”就是铁面型执行的代表，它表现出很强的原则性和刚性，并且在组织的角色定位上，奉行“不在其位，不谋其政”的工作原则，有很强的角色意识。但这种事务导向的执行如果走向了极端，则难免会出现“认死理”和难以变通的毛病。在改革中，一味地强调一板一眼的执行不一定是好事，反而一些有所突破和变通的行为才能为改革和创新找到突破口。支持型执行则是通过情绪上的有效调动和组织成员之间在情感上的有效沟通，营造良好的人际氛围。因为它充分照顾了组织成员的感受和情感，它容易得到组织其他成员的支持，因此称为“支持型执行”。但因为这种类型的执行出于照顾每个人的感受，而众口难调难免导致执行走向中庸，容易产生“不敢得罪人”的顾忌，难以突破利益关系的禁锢，另外还会因为一味满足成员的需求而丧失原则性，对制度和政策的执行做出让步，从而导致执行偏离。“变通型执行”指的是在事务和感情的导向上取得一定的平衡，既能坚持制度和政策的原则规定，又能充分考虑组织成员的感受，争取成员的支持，互相兼顾，这是理想的执行状态。但在现实中，不同的公务员都难免会有一定的偏向，一些公务员会更加倾向于“铁面”执行，而一些公务员则会更多地去争取“支持”，问题的关键在于如何实现这两个方面的平衡。

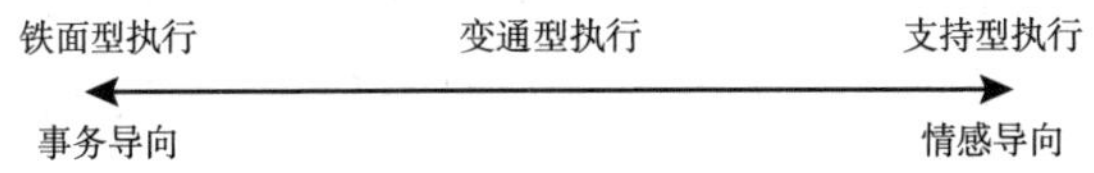

图6－1 公务员执行任务的两种导向

二 外部与内部：公务员执行的影响范畴

明确公务员执行内外部的影响范畴，为我们厘清公务员执行的力量来源和有效提升确立了原则和方向。影响公务员执行力的外部范畴注重衔接，极其强调协调，不管这种协调是程序上的还是沟通上的，均要求达成各项管理活动和人际的高度耦合，克服各种冲突，减少阻力，从而提升组织和个人效率。影响公务员执行力的内部范畴重视动力发挥，它考察在什么样的环境和条件下，能增强公务员自身的内在动力，从而将行动效能完全发挥出来，公务员执行的内部要素就犹如发动机对于机器的作用一般。如果政府执行没有注重公务员内部力量的发挥，那么再好的制度设计和人际网络也无法有效地提升执行效能。综合地看，外部因素更加注重解决公务员个人执行的阻力问题，而内部因素更加注重解决公务员个人执行的动力问题。

在作用方式上，按照力量来源的两种不同方向，可以将其划分为由内到外和由外到内两种形式，“由内到外”也就是我们所说的“内圣外王”的路径，强调通过完善自身和提升修养来达到改变外部世界的方式，由内到外的路径重视内心世界的改造，它关注“人”的因素，强调对于人的培养；“由外到内”的路径则强调对外部环境的营造和优化，从而形塑人们的行为，它的重点往往在“环境”，强调对环境进行改造。不同的作用形式带来不同的执行效果，对于强调由内而外的组织，其成员的执行会更加注重自觉性的发挥，并且由于这种执行是由内而发的，其动力较高，也更富有创造性；对于强调由外而内的组织，其成员的执行较为重视改善外在的执行环境和组织程序，着力减少各个环节之间的冲突和矛盾，因此运行机制更为合理，结构性摩擦和阻力更少，执行结果更为稳定。

在现实中，我们往往可以看到由内外关系不协调所导致的公务员执行力下滑的问题。一方面，组织的制度和流程设计忽略了公务员内心的想法和情感，比如一些“一刀切”的政策和制度没有考虑到具体个人的需要，从而导致公务员在执行中产生抵触情绪。另一方面，一些公务员因为内在宗旨意识和市场理念的缺失，在其执行任务的过程中难以领会制度和政策意图，执行方式也不能符合新环境的要求，从而阻碍了制度和政策的落实。在处理内外部关系的问题上，如何通过一系列制度性的安排，来将组织结构和组织目标与公务员的角色概念和主观认知对应起来，是行政组织管理者和研究者迫切需要思考的问题。

三　公务员执行力的影响因素

结合“事务－情感”“内部－外部”两个维度，我们可以将公务员执行力的影响因素分为四个部分，分别是程序与流程、技能与方法、人际与沟通、价值与意愿（见图6－2）。第一个象限是由“事务/外部”构成的“程序与流程”的影响要素。程序和流程关注事务处理的环节和工作设计，试图通过优化工作流程，来减少公务员之间的冲突和掣肘，从而降低执行的成本，程序与流程的优化包括对权力的合理收授、职能的合理划分、组织结构的合理设计以及运作流程的合理规划。第二象限是由“情感/外部”构成的“人际与沟通”的影响要素。人际与沟通通过优化行政组织中的人际网络，营造良好的人际氛围来降低人际羁绊，从而有利于执行者的工作绩效，人际关系的优化和沟通的加强并不是一个随意的过程，它应植根于特定组织的文化和成员们的普遍价值取向，在此基础上进行人际管理，才能顺应组织成员的需求，达到良好的效果，人际与沟通的塑造需要借助于价值观管理等一些软性的传导手段。第三象限是由“事务/内部”构成的“技能与方法”的影响要素。技能与方法是决定公务员执行任务效果的关键要素，公务员应具备哪些技能与方法应服务于行政组织的目标和其所在组织的位置。比如，在社会转型阶段，行政组织面临着职能转变的重要任务，这就要求公务员应该运用市场化、法制化的手段来执行任务，顺应组织转型的需要。第四象限是由“情感/内部”构成的“价值与意愿”的影响要素。价值管理和执行意愿是决定公务员执行效力最为深远的影响因素，能否树立坚定的宗旨意识和责任意识，决定了公务员能否自觉自动地为实现组织目标而奋力前行，履行责任，说到做到。面对目前社会快速转型、社会价值多元化的形势，公务员群体中出现价值迷失、宗旨意识单薄、职业倦怠的情况，如何重新进行公务员的价值塑造，是当前政府执行力建设的一个根本性问题。这四个影响模块分别对应着“秩序”“交往”“能力”和“修养”四种活动范畴。

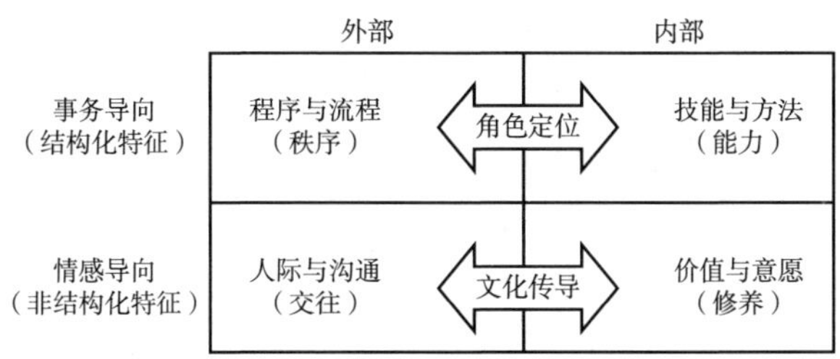

图 6－2　公务员执行力影响因素的分析框架

对应于“秩序”“交往”“能力”和“修养”四个活动范畴，公务员应相应地具备全局观念、主动关心、职业能力以及使命感与责任感四种不同的素养来确保任务的有效执行，这四种素养还分别对应着“补位者”“沟通者”“技艺者”和“修行者”四种个人角色。具体而言，从程序与流程来讲，公务员需要具备全局观念，要清楚整个组织的运转状况和任务的整套流程，在任务执行过程中要时刻清楚自己在组织和程序中所处的位置和所扮演的角色，并充分了解其他人的工作状况和工作进展，从而调节自己的工作节奏和内容，这就需要公务员具有较为强烈的大局观念，在组织运转过程中出现“缺位”的情况时及时补上，出现“错位”时及时调整。从人际与沟通角度来讲，则要求公务员具备换位思维来营造良好的人际关系，换位思维要求通过转换角色来察觉和管理他人需要和情绪的能力，换位思维首要的便是对于同伴的关心，接下来才是运用相关的沟通技巧来增进交流和情感，针对目前行政组织沟通存在某种程度上的“没有心”和“虚情假意”、将人际关系理解为“搞好关系”的现象，公务员换位思维的培育显得尤为紧迫。从技能与方法方面来看，公务员的技能是否精湛，办事技巧是否高超直接决定事务的处理是否恰当、顺利，技能是公务员具备良好理解力和行动力的表现，它决定了成员能否有效地理解组织意图，解读执行情境，并且敏捷地、快速地掌握工作的技能，提升业务水平。从价值与意愿方面来看，良好执行力的表现取决于公务员是否具有强烈的使命感和责任感，只有对工作的意义、工作性质和自身的发展有深度与透彻的理解，并且对于自身价值观念进行有力塑造，才能稳定地、创造性地开展工作，从而有利于任务的落实。另外，需要加以说明的是，仅仅将外部关系这一维度的程序与流程、人际与沟通视为组织内部的协调关系无疑过于狭隘。本书将这两个象限的外延扩展到行政对象上，也就是这两者包括公务员与行政对象在程序上的对接和情感上的沟通问题。比如在为公民办理申报纳税时，机关工作人员通过怎样的方法来让纳税人了解申报程序，如何引导纳税人按程序完成纳税，都属于程序上的对接，而工作人员在引导的过程中展现良好的服务态度和职业面貌，以及与纳税人进行有效的互动，传递温暖，则是完成了情感上的沟通。

从外部和内部的影响范畴来看，事务导向和情感导向在内外部的关系上分别有一些特定的联系。从事务导向上来看，因其结构化的特征，工作上的程序与流程和个人的技能与方法存在一定程度上的对应关系，这个对应关系主要通过角色定位的过程来加以落实。如果在纵向上将组织划分为管理层、中间层和执行层的话，处于不同层次的公务员要求具备不同的工作技能，并且使用不同的工作方法；如果在横向上将组织划分为直线、辅助、知识部门，则不同部门的工作人员要求依据工作的性质，恪守不同的工作原则，相应地就要运用不同的技能和方法，比如直线部门要更多地掌握协调沟通的技能，要有强烈的目标意识，辅助部门则要求工作上细心细致，查漏补缺，知识部门则要擅长思考组织运转存在的不足，为组织改革提供建议。从情感导向来看，因其非结构化的特征，组织中的人际网络和沟通过程与个人的价值取向和意愿强度有着明显的对应关系，这种对应关系主要通过文化传导的过程来加以联系和强化。一个组织的人际网络和沟通状况往往与这个组织的文化息息相关，组织文化如果较为开放和包容，则会有效地促进成员间的大量互动；而组织文化如果较为封闭和狭隘，则会堵塞成员间的沟通。同样地，组织文化也塑造了组织中的人，组织文化会引导人们的行为，肯定符合组织价值的行为，排斥有悖组织价值的行为。因此，成员在处理自我与他人之间以及处理自己与自己的关系上，组织文化发挥了很重要的作用。组织文化的作用方式也更为隐蔽，在无形中发挥效用，有“润物细无声”的效果。综上所述，以事务为导向的内外部关系和以情感为导向的内外部关系的处理存在很大的差异，前者具有较为明确的结构化特征，后者则突出地表现为许多非结构化特征，处理两个方面的内外部关系，应有“硬”和“软”两手，它们也分别构成政府执行力在个体层面上的硬执行力和软执行力，政府公务员执行力的提升需要结构化和非结构化两个方面因素的有效结合才能实现。

第三节　公务员执行力的提升路径

在当前变动剧烈的社会转型中，人的价值观念和思维习惯都产生了很多变化，特别是新生代公务员有着与老一代公务员截然不同的价值取向和处世态度，在这种深刻的变化中，以往对于个人执行力的理解，对于机关人员的要求和标准，以及对于行政机关如何提升其成员的途径方法是否还适用等问题都有待我们做进一步的反思。因应这种变化，我们认为，提升公务员的执行力，其基本思路是要在事务和情感的关系上找到效率和感受之间的平衡点、在公务员的内部认知和外部环境的联系上找到相互统一的路径。公务员执行力提升是一项系统优化的工程，这要求我们在充分把握公务员执行力各影响要素内在联系的基础上，提出更具针对性的建议。

一　针对各影响模块的提升路径

公务员执行力的提升，需要有针对性地克服几方面的困难（见图6－3）。在“秩序”板块，一方面，要解决的是组织规则和办事程序冗杂的问题，简化和完善政策执行的相关规则和办事程序，减少制度上的掣肘；另一方面，还要克服目前公务员漠视规则和秩序的不良倾向，扭转公务员一办事就托关系，找熟人的作风。在“交往”板块，一方面要解决行政组织非人格化特征突出的问题，重视由于缺乏人性化管理而带来的人际交往上阻滞和淡漠的问题；另一方面要避免受传统人情文化的影响，避免公务员之间形成亲疏有别、讲究“圈子”等不良的交往模式，避免淡漠的人际氛围和论资排辈的组织模式所造成的削弱组织团结、组织凝聚力和行动力下降的不良后果。在“能力”板块，要解决部分成员工作不扎实、业务不熟练、职业能力低下、服务质量不高、工作方法不灵活的问题，力戒“能力强”不如“关系硬”的负面想法。另外，行政组织要改变对于公务员培训的重要性认识不足、培训力度不够的状况，注重对于人力资源的有规划提升和积累。在“修养”板块，近年来普遍存在公务员宗旨意识淡薄，追求一己之利而损害人民权益的现象，要着力克服职业精神滑坡、对待工作得过且过、懒政庸政的现象，重振公务员的使命感和责任感，与行政组织的目标实现统一。

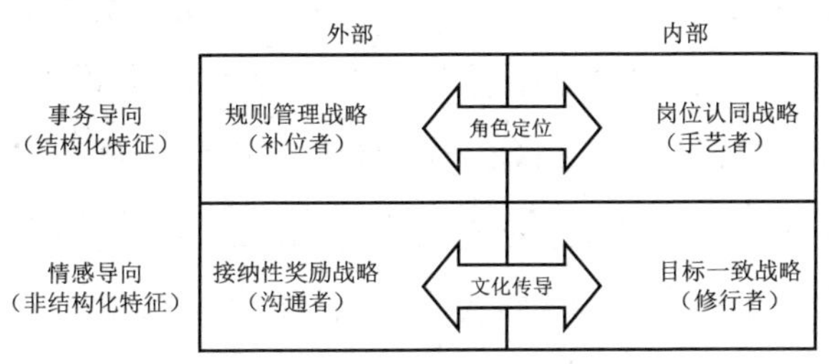

图 6－3　公务员执行力的分模块提升

卡茨和卡恩对于如何激励组织成员的研究成果揭示有四组战略可以对组织成员进行有效的激励，这四组战略分别是依法服从战略、手段性激励、岗位认同和目标一致①。这四组战略也适用于公务员执行力的提升，依法服从战略对应秩序模块，可以具体化为规则管理战略，手段性激励中的接纳性激励可以对应交往板块，岗位认同和目标一致战略分别对应能力模块和修养模块。这四项战略的落脚点都在于如何促使领导干部和普通公务员有效地提升执行力。

（一）规则管理战略

规则管理战略从本质上讲是要通过改造规则和流程来减少组织环节间的摩擦，进而提升公务员的执行力。这种战略要求通过规则和标准的设定以及对行动人员的控制来保证履行工作某种最低程度的可靠性，保证政策执行的顺利进行。规则管理战略主要包括两个方面内容：一方面，是对组织流程的全面整合和组织权力的全新重塑。在结构化提升的一端，组织应该具备完整而详细的流程改造方案和规则手册，在此基础上形成有效的奖惩措施和权威控制，促使政府工作流程中各个环节紧密咬合，减少制度性摩擦，如上级部门对下级部门设立专项资金，细致规定资金的用途，实际上强化了上级部门对于下级部门的掌控，并由于上级部门掌控了专项资金的分配权，促使下级部门要经常去上级部门“争取”才能获得资金支持，如果专项资金改为更为透明公正的一般性支付，将会大大缩小行政成本，并有效杜绝许多不正规的“活动”，从而提升政府和公务员的执行效率。规则的调整需要克服许多来自人员抵触、制度惯性的阻力，这项工作将挑战领导干部对于组织内部的运转状况的了解和调整组织内部关系的能力。另一方面，是对于普通公务员的要求，它要寻求塑造公务员

---

① 内容转引自〔美〕乔纳森·R. 汤普金斯《公共管理学说史》，夏镇平译，上海译文出版社，2010，第39页。卡茨和卡恩在其著作《组织社会心理学》中提出了针对组织成员的四种激励战略，这四种战略可以有效地应用于行政组织中公务员的执行力提升。

的“补位”意识，公务员要充分了解政府工作的完整流程，具有强烈的责任意识，在环节缺失处能进行及时补位，而不是相互推脱，特别是在建设服务型政府的新阶段，更是要通过完善工作流程和人员的紧密配合，来提升公共服务的质量。这种战略能够促进常规工作和一般性任务的执行贯彻，但在激起员工超出标准的表现或表现出革新、创造性或忠诚等方面便显得较为乏力。

（二）接纳性奖励战略

手段性奖励战略依靠有形和无形的奖励诱使员工达到或超过设定的绩效标准，其中，接纳性奖励的运用将有利于营造良好的人际环境，为公务员执行效能的提升创造条件。这些奖励因为有助于实现个人目标或满足个人的需求，从而激发成员出色的工作态度，这些手段主要包括绩效奖励、领导的体贴和被团队接受的奖励。在公务员执行力的交往模块，我们更为强调无形的接纳性奖励，这种奖励的成效来自组织接纳对公务员产生的归属感和满意度。领导干部的体贴视为来自权威的接纳，领导人给予的尊敬、支持和赞同将给公务员带来强劲的动力，接纳性奖励作为一种无形的奖励，对其投入精力并没有可量化的标准，因此，在非结构化的提升一端，要求领导干部强化组织接纳性激励和突出人性化管理的自觉性；团队的接受被视为来自伙伴的接纳，这类奖励体现为公务员在正式和非正式的团队交往中产生较高的满足感，包括对于团队的归属感以及同伴间的互相赞赏。普通公务员要努力成为富有成效的“沟通者”，不断强化自身的沟通意识，出于关心地与其他成员进行对话和交流，并善于运用换位思考来提升沟通的效果。卡茨和卡恩认为，通过团队成员使其交往需求得到满足的员工可能会把自己的工作干得很好，但唯有在团队的规范支持组织目标的情况下才会如此。圈子文化与人身依附关系的形成容易造成公务员之间的隔阂，并形成与组织目标相左的

“小圈子”，这种不良的交往模式将损坏公务员的行动效能，要有意识地限制宗派主义和依附关系的交往模式，建立起风清气正的人际关系。

（三）岗位认同战略

岗位认同战略强调对工作岗位的设计，通过将工作变得具有挑战性，更有责任性，使公务员在完成有挑战性的任务时展现自己的技巧和能力。首先，公务员的能力并不能在简单重复的工作中得到提升，通过转变工作环境和设计有挑战性的工作，使公务员获得完成工作的自豪感等内在激励，实现执行能力的提升。领导干部可以通过对一些岗位的工作设定更高的目标（比如服务窗口的零投诉），增强工作自主性（比如公务员可以自己设计办公场所和着装），以及完善授权机制等措施，使公务员真正在“干中学”，提升自身技能。另外，领导干部要重视对组织成员基本职业能力的培养，从明确能力建设框架、完善相应的培训制度、丰富培训方式和及时调整培训内容等环节入手，强化组织培训的实用性和时效性。其次，公务人员要注重强化自身的执行能力，充当“技艺者”的角色，这些能力包括对问题的洞察能力、协调利益关系的能力、服务公众的能力、灵活应变的能力和运用法律、市场思维解决问题的能力等。面对日益复杂的问题、庞杂的事务和多变的局势，特别要求公务员在执行任务过程中要具备一种被称为“米提斯”的素养。人类学家斯科特在思考如何改善地方实践和推进公共建设中发现，有一种叫米提斯的素养对管理人员来说非常重要，这种素养包括在对不断变动的自然和人类环境做出反应中形成的广泛实践技能和后天获得的智能。[①] 要具

① 〔美〕詹姆斯·C. 斯科特：《国家的视角》，王晓毅译，社会科学文献出版社，2004，第428～430页。

备这种“米提斯”素养，一方面要求执行人员按照实事求是的原则对当地实际情况进行深入了解，根据当地实际采取具体的执行措施，而不生搬硬套理论；另一方面，要求执行人员具备高超的技巧，灵活有效而有创造性地实现任务目标，这种素养需要引起公务员的重视，并在行政实践中不断地反思和感悟，加以积累。

（四）目标一致战略

目标一致战略力图把公务员的价值观和目标与组织的价值观和目标结合起来，确保任务的正确执行。自我价值观和组织目标的一致，会促使公务员为实践自己拥戴的信念而工作。首先，人员的选用是保证个人与组织价值观一致的首要环节，如果某个人因为对于价值观预先的认同而自己选择了某个组织，这种一致性便容易出现，例如，有长期志愿服务经历的人会倾向于加入民政工作机构。因此，在对领导干部和公务人员的选用任用上，要特别注重考察其在价值取向上的表现，当前一些机关和单位的用人选人光是看学历和技能，忽视对其进行价值观上的考察，结果往往是将人员引进后却发现与组织的目标间发生冲突，徒增组织协调的难度。其次，机关和公务员的目标一致性可以通过向组织成员灌输组织目标和价值等活动而产生，比如开展集体学习和定期举办仪式等形式，来强化成员的荣誉感和责任心。就公务员自身而言，要自觉充当“修行者”的角色，在履行职责和落实任务的过程中要保持强烈的宗旨意识，恪尽职守，坚定马克思主义信仰，把握政策执行的正确方向，另外还要锤炼爱岗敬业的责任心和良好的职业心态，来应对工作可能出现的一切困难。公务员的思想修行还需要补充许多现代化的内容，包括市场观念的确立、法治思维的养成和服务理念的形成等，从某种意义上讲，公务员的思想修行，应该是突破思想的固有藩篱，真正做到解放思想，率先完成“人的现代化”，为政府行政和政策执行注入新的活力。卡茨和卡恩认为，目标一致战略能够鼓励员工参加工作，留在组织里、表现超出工作的基本要求，并且表现出一些特殊的品质，诸如革新、创造性、愿意捍卫组织的利益等。

二 基于组织和个人间关系的提升路径

（一）角色定位的维度：构建权责明确的执行体系

在事务维度，角色定位通过明确组织的权责关系来进行角色安排，并通过执行者角色概念的树立将这种安排内化为认识和落实到行动，从而实现结构化的统一。角色定位是组织中的成员明确自身的执行目标，并被赋予相应的权力和责任，进而落实执行任务的过程。角色定位的这种对于组织的整体性决定了不能仅仅将目光局限在个人的意愿和能力上。角色定位要解决组织上如何明确执行人员位置和执行要务，以及执行人员如何有效领会这种角色安排的问题。

从执行机制上看，组织中的个人都是其有效组成部分，在众多的职位上做着各有不同但都服务于组织目标的工作。所以，各个具体职位的工作有着明确的界限，这样的目的一是划清每个个体的权责，二是提高组织的执行效率，避免重复性工作。组织在成立之初就应该有具体的规章确定每个职位的权责，避免工作上的杂乱无序，组织中的个体也要根据自己所处的职位进行准确的角色定位，明确权责，以免逾越权限或者推卸责任。在执行具体任务的层面，构建一个结构合理、权责明确的组织机制是十分必要的。就目前中国行政执行现状而言，政策的执行在政府的一线机构一般采用部门制的分部分落实模式或者领导小组的协调落实模式，这种机制安排容易导致决策、执行、监督的权责不清。可以考虑在推进“行政三分”改革的前提下，采用类似企业的项目组的组织形式来替代分部门的执行，或者组建专职执行的行政执行局，来解决权责分散的问题。在纵向的权力关系上，则要明确领导者、管理者和操作者之间的权责关系，尽力避免执行责任过分积压到操作者身上，并完善相关的授权机制。总之，正如管理大师德鲁克所言，“除非某项任务已成为机构行为的一部分，否则任务根本无法完成，这就是说，只有当机构里的人都能将此项任务当成自己的任务，并已学会用新办法来处理老事情，人人都觉得有必要承担新任务，并已将新的决策当成自己的日常工作时，任务才有可能完成”①。而要做到这一点，需要不断探索一个结构合理的、权责明确的组织机制，谁做事谁负责，谁做成谁受益。

组织的权责确立和角色安排，需要公务员形成明确的角色概念来加以巩固。我们在这里着重对纵向权力关系上的领导者、管理者和操作者做角色概念的阐述。对领导者来说，领导者要认识到自身的角色不仅是制定政策和下达命令，而且要具备执行力。若领导者认为从事管理工作不需要执行力，所谓执行就是命令下属去实施，“用会议传达会议，用文件传达文件”，那就是对领导角色的偏颇认识和定位。合格的领导者肩负着建立愿景并达成共识、制定战略并组织实施、汇集资源并合理分配、创建文化并长期维持的综合任务。管理者的角色是将抽象的目标转化为具体的行为，将组织高层领导的意图，转变为可管理的活动，并促使团队的成员，既有意愿也有能力去实现。管理者的职责是建立程序与标准、拟定目标与计划、平行沟通与协调、激励并培育下属。为此，管理者需要具有清晰的思维、严谨的计划、丰富的创

① 〔美〕彼得·德鲁克：《卓有成效的管理者》，张康琦译，上海译文出版社，1999，第113~114页。

意、贯彻执行的毅力，以及融洽的人际关系。管理者的执行力集中体现在是否熟练掌握通用管理流程上，包括了解工作目标和相关政策，善于分解工作任务，能够控制工作进程（工作切入点、工作步骤、日程安排、预测工作结果等），运用管理方法和工具，合理支配工作资源（人、财、物、时间、信息、技术等），注意并防止例外事项。对操作者来说，决定操作者执行力强弱的因素，主要是本人是否有正确的工作思路和方法，是否有良好的工作方式和习惯，是否熟练掌握管人和管事的相关管理工具，是否具有执行的管理风格和性格特质等。一方面，要求操作者及时解决执行现场出现的问题，要求取得即刻的效果，不拖延；另一方面，要求操作者重视反馈一线信息，一些新情况和难以处理的问题需要执行者及时向更高层级反映，让实际问题在决策层得到解决，从而改善服务。另外，操作者还应具备灵活应变的素质，能敏锐洞察现场问题，感知执行环境，灵活调整执行策略，因地制宜执行政策。总之，行政组织的任务是要在明确权责关系的基础上，对组织成员灌输角色概念，使组织结构的安排和人员对自我角色的概念相契合，从而有助于任务执行的分工与协作。

（二）文化传导的维度：塑造行动导向的执行文化

前文已经阐述了行政组织文化对于公务员的非结构影响，下面将具体谈谈如何从组织文化的角度来引导执行力的提升。英国管理思想家汉迪指出各种不同的组织具有相异的文化，这些组织通过它的文化来力求最好地适应不同的环境，“组织的低效和不幸，源自为了一个错误的目的而在一个错误的地方拥有了一种错误的文化”[①]。这说明组织的文化建设并没有一个统一的套路，

---

① 〔英〕查尔斯·汉迪：《管理的众神》，闻健、焦建译，中信出版社，2011，序言第2页。

执行文化的建立必须根据组织所处的环境和实际的情况来进行设计。因此，脱离实际情况的文化构建是危险的，对待这个问题我们必须保持必要的审慎并进行足够仔细的考察。我们认为，沿着宏观的文化环境考察—组织文化诊断—执行文化的具体建设的研究路径大致可以符合我们上述保持必要的审慎和进行足够仔细的考察的要求。

从宏观的文化环境来看，可以借鉴霍夫斯泰德的文化分析维度。霍夫斯泰德抽取了“权力距离”和“不确定性规避”两个维度对组织的文化类型进行大致的分类，通过权力距离指数和不确定性规避指数的高低将组织文化类型划分为金字塔、机器、集市与家庭四种类型。通过调查和访谈，他认为中国等一些亚洲和非洲国家的组织文化具有“家庭”的文化特质，“组织中的所有者和管理者通常被当作全能的长辈。它符合高权力距离与弱不确定性规避的特点，在这种文化中，人们永远把老板当做参照框架，凡事要请长辈出面才能解决问题。这是一种权威集中化但又不注重活动结构化的风格”[①]。可见，中国行政组织的普遍特点是领导权威较大，而行事方式追求灵活，组织文化变革往往需要领导者来加以推动，并且文化建设的导向容易因为领导者变革而中断，如何构建长效机制是要重点思考的问题。

具体到行政组织的文化诊断，因为不同的行政组织所处的环境截然不同，构成人员有很大的差异，因此有必要对具体组织的文化进行单个的针对性考察。借鉴卡梅隆的诊断方式，通过内部/外部和稳定/灵活两个维度，将具体的组织文

① 〔荷〕吉尔特·霍夫斯泰德、格特·扬·霍夫斯泰德：《文化与组织：心理软件的力量》，李原、孙健敏译，中国人民大学出版社，2010，第262页。

化划分为部落式、市场为先式、临时体制式和等级森严式四种类型。[①] 部落式文化重视营造友好的工作环境，强调工作互动，市场为先式文化以工作绩效为中心，临时体制式文化注重创造力的提升和面对未来的规划，等级森严式文化则强调依靠权威和严格的秩序来推行任务。通过对行政组织不同文化类型的诊断（可能以某一种文化类型为主）对明确组织自身的特点，从而在执行任务时扬长避短有很大的好处，比如部落式组织擅长与执行对象的沟通，对于服务类的任务执行较好；市场为先式组织适合执行经济类事务；临时体制式组织则适合承担更多变革性的任务；等级森严式组织适合担任法律性、审计性工作。

落实到执行文化的建设上，尽管组织文化各异，但还是有一些普遍的原则可以把握，对于行政组织执行力提升，应着重塑造一种强烈行动导向的文化。博西迪通过观察组织的执行活动，认为行为可以被看作思想与实际的具体联结点，“一旦转变为实际行动，信念就直接表现成行为，而行为又会带来具体的结果”[②]，因此，建设有效的执行文化，应从行动着手，通过身体力行来树立规范，而不是从抽象的文化理念开始来反复阐明执行的重要性。在这个过程中，领导者的率先垂范将扮演十分重要的角色。要建设行动导向的执行文化，领导干部就要摒弃只管宏观事务，不问具体事务的懒汉思维。在执行有效的组织中，领导者从来都不是可得清闲的，相反，他要十分关注事务的进展和细节，扮演不断督促和监控的“监工”角色，在任务执行中积累和锻造执

① 〔美〕金·S. 卡梅隆、〔美〕罗伯特·E. 奎因：《组织文化诊断与变革》，谢晓龙译，中国人民大学出版社，2006，第27～35页。

② 〔美〕拉里·博西迪等：《执行：如何完成任务的学问》，刘祥亚等译，机械工业出版社，2014，第68～70页。

行文化。另外，还需要依靠一套有效的激励机制，比如奖励与业绩挂钩的举措，来奖励公务员的行动，从而形成实干精干的工作氛围。只有行政组织在文化上充分重视灌输执行理念，建立行为导向的规范，才能形成外部约束和内在自觉两方面的合力，从而提升执行意愿，强化执行效果。

第七章　政府执行力的组织学分析*

有人说，人类文明的存在与延续是因为组织的发明与完善。的确，通过组织，单个独立存在的个体被整合成一个群体的存在，发挥单个人无法发挥的作用，诸如古埃及的金字塔、古巴比伦的空中花园、古印度的泰姬陵以及古中国的万里长城，这些恢宏建筑的背后均离不开高效执行的组织支持，当组织结构合理、流程优化、权责明确、具有战略性的目标以及富有成效的执行文化时，这个组织将会发挥比单个个体之和还要大的力量，使人类文明一天比一天进步繁荣。

现代社会是高度组织化的社会。组织是人们为实现一定目标而结成的分工协作体系，它使单独存在的个体整合成群体，从而发挥个体无法发挥的作用。组织依靠执行行为实现组织目标，而组织目标的达成程度也就构成人们通常所说的组织执行力。不同类型的组织会表现出不同的执行力。政府是典型的官僚制组织，与企业和第三部门相比，既有组织的共性，也有自身的个性，其执行力状况也会体现出政府组织的个性，并具备一般组织的共性。我们从组织学的视角出发考察政府执行力，着重分析官僚制

---

* 本章主体部分由笔者与钟震合作完成，原文发表于《学习论坛》2013 年第 3 期。

组织的执行力问题，这一研究路径有助于扩展对政府执行力的理论研究视野，也有利于从组织角度为提升政府执行力提供参考路径。

第一节　组织执行力及影响因素

组织“就是人们按照一定的目标有意识地建立起来的社会集团，是处于一定社会环境中的人们相互协作的有机体，是具有一定的结构和活动方式的人类群体”①。可以说，组织是将一些人整合在一块，围绕着既定目标而前进，即率众达标。人们通常是从静态与动态两个理论维度来理解组织：静态的组织指组织实体，具有一定规章制度、人员配置、机构设置以及结构层次等组织样式；动态的组织指组织运行模式，核心是组织运行流程、权责分配机制、组织文化传导以及与外部环境的互动等。现实中的组织则是静态和动态的综合体，因此，有多种现实因素共同影响组织执行力。要具体分析影响组织执行力的因素，可以从回顾组织学发展历程入手。通过对组织学的全景式扫描，可以建立一个整合性的分析框架，进而将这一分析框架应用于组织执行力，再将它落实在政府这一特定的组织类型，会有助于我们发现政府组织执行力的特有问题并提出相应解决对策。

组织学是研究组织运作规律的专门学科，有百余年的发展历史。随着时代的发展，组织理论不断推陈出新，最终形成多个理论流派和广泛的研究领域。概括来说，组织学经历了三个发展阶段：(1) 古典组织理论。其代表人物是泰勒、法约尔和韦伯等人，他们把组织看作机械而正式的和集权化了的金字塔形结构，以组

① 唐兴霖：《公共行政组织原理：体系与范围》，中山大学出版社，2002，第4页。

织的结构优化为重点，侧重组织的静态设计。在这一时期，人们开始科学地分析组织的合理性，开辟了组织学这一独立的研究领域。(2) 新古典组织理论。其代表有帕森斯、巴纳德、戈斯、谢尔兹尼克、西蒙、梅奥等人。他们摆脱了传统的"机械组织"和"经济人"假设，从"社会人"的理论前提出发，主张立足人际关系来提高组织效率和执行力。(3) 现代组织理论。它包括一系列组织研究的新方法，如组织比较研究、发展理论、管理科学、行为科学、行动理论、系统方法以及权变方法等。这些新的理论体现组织研究方法的不断突破，通过理论研究的不断丰富，组织学得到长足发展，对实际生活产生巨大的影响。[①] 虽然组织理论的三个发展阶段各具特点，但组织理论的研究主题和分析主旨始终在于如何提高组织的效率，以便更好地实现组织目标，也可以说，组织学的历史就是从不同的角度探讨提高组织执行力的问题。

就组织执行力而言，已经形成多种分析框架，如麦肯锡 7S 模型、SWOT 分析模型等。麦肯锡 7S 模型主要是考虑结构、制度、风格、员工、技能、战略与共同的价值观等七个组织要素；SWOT 分析法则是根据组织的优势、劣势、机会与威胁来确认组织的竞争力，提升组织的执行力。总体上看，影响组织执行力的因素主要包括组织的内部因素和外部因素，这可以从封闭性的组织模式到开放式的组织系统的发展历程中得以体现。具体来看，组织目标与任务、组织的静态结构、组织的动态流程、组织文化和组织的生态环境是影响组织执行力的主要因素，这五个基本因素构成组织学的基本分析框架。

第一，组织目标与任务。厘清组织的目标与任务是分析组织的前提，是组织学分析的起点与源头。观察和分析一个组织，首

---

① 金东日：《现代组织理论与管理》(第 2 版)，天津大学出版社，2010，第 4～11 页。

先要看其组织目标，组织目标的差异决定了组织性质的不同，也决定了组织所要完成的核心任务——组织迫切需要解决的关键性环境问题。组织目标与组织执行力联系紧密，二者相互作用、相互影响，组织目标既影响现实的组织执行力，也要求与之相匹配的执行力。因此，分析一个组织的执行力首要考虑的就是该组织的目标与任务。

第二，组织的静态结构。组织结构可以从纵向和横向两个方面分析：纵向组织结构的核心问题是组织层级关系，主要考虑管理层次与管理幅度之间的反比关系。一般的要求是管理幅度适当，层次尽量少而精，合理的幅度与层级有利于组织成员更好地发挥积极性，提高组织执行力。横向组织结构的核心问题是组织部门间的分工与协作关系。一个完整的组织体系应该包括决策机构、执行机构、信息机构、咨询机构和监督机构，缺少其中任何一个环节，都会对整个执行系统带来不利影响，影响组织执行力的有效发挥，因而需要一个完整的工作链条来保证组织的执行力。[①] 一个优化的组织结构是组织有效运行的保障，是组织执行力得以有效发挥的基础。

第三，组织的动态流程。组织的流程是组织运作的基本保障，决定了组织中的特定工作或任务是如何完成的，其中，主要的就是组织的决策是如何制定的，采取民主决定的方式还是采取集权决定的方式，这在一定程度上影响到各方主体的利益均衡。此外，组织内部之间的沟通与协调也是动态流程的主要内容，良好的沟通协调机制有助于组织信息的有效传递，减少组织资源的浪费，提升组织的经济性，保证信息的及时传递和更新，也使组织执行力得到保证。

---

① 夏书章：《行政管理学》，高等教育出版社、中山大学出版社，2003，第63～65页。

第四，组织文化。“组织文化是组织成员共有的信念、价值、惯例、生活方式等的总和，也就是组织的精神基础”①，是一个组织氛围的最好体现，它通常影响着组织及组织成员的日常行为方式，其通过潜移默化的作用影响着组织成员的心理与思维方式，进而影响组织成员的行为，对组织起到塑造的功能。组织文化建设有助于提升组织成员的个人执行力，进而提高组织的整体运行效率。

第五，组织的生态环境。组织的生态环境主要是指组织所在的外部环境，侧重于组织与所在社会环境的互动。任何组织都处在一定的环境之中，与外部环境进行着物质、信息和能量的双向交互。组织要存续下去就必须适应环境，与外部环境保持良好的互动关系，环境的支持既是组织生存与发展的前提，也是有效提升组织执行力的基本条件。

上述五个因素一直是组织研究者探讨的主要内容，其中，第一个因素是对组织进行前提性的判断，分析组织的目标与任务，进而明确组织的性质，在此前提下再探索其他因素对于组织执行力的影响。总体上看，这五个因素的统合程度是组织执行力的重要保证。

第二节　政府执行力的官僚制组织机理

政府是多个行政组织联结而成的系统，政府通过执行法律和政策为公众提供公共产品和公共服务，维系人类社会最基本的秩序。“一般而言，政府执行力是指政府在贯彻执行法律法规、制度纪律、政策决策和组织战略中完成目标与任务的程度，这意味

---

① 金东日：《现代组织理论与管理》（第2版），第115页。

着它是一个以‘结果’为导向的概念。”[①] 因此，政府执行力水平既取决于单个行政组织的执行力状况，也取决于多个行政组织之间的协同程度。

作为单个行政组织的政府，具有典型的官僚制特征。官僚制组织是由马克斯·韦伯提出并加以充分论证的，它源于韦伯对普鲁士军队的研究。韦伯认为，“社会的理性化是不可避免的趋势，在此趋势下，权力架构的支配将从传统权威、魅力权威转向法定权威，在理性法定权威之下的社会体制将会出现一个新的组织形态，因而其在 1922 年提出了‘理想型官僚体制’，是指一种由训练有素的专业人员依照既定规则持续运作的行政管理体制”[②]。有学者指出，“以韦伯式科层制为基础，现代行政科层制理论下组织结构的一般特征有：（1）金字塔形的纵向的等级权力结构，按照控制幅度设定组织层次；（2）以专业化和部门化为基础的分工，通过权威体系实现协作；（3）基于绩效的人事选拔与晋升制度；（4）以法制为基础的目标设定和活动组织；（5）标准化的非人格化的运作程序与理念；（6）官员个人生活和公共身份的割裂；（7）特殊的行政激励和保障制度。现代科层制是 19 世纪以来社会进步的直接反映，回应了工业化和民主化的社会对公共部门执行体系的效率要求，其设计存在高度的内在一致性，具有简明易行的操作办法，为其跨越不同文化与政治系统的广泛接受性创造了基础”[③]。可以说，政府所具有的明显的官僚制特征决定了政府组织的执行方式，也决定了其执行力水平。总体上看，官僚制组织特征对政府执行力有积极性和消极性

① 麻宝斌、董晓倩：《从法治到心治：政府社会管理中的软执行力》，《天津社会科学》2012 年第 3 期。

② 选自 http：//zh. wikipedia. org/wiki/官僚制。

③ 敬乂嘉：《政府扁平化：通向后科层制的改革与挑战》，《中国行政管理》2010 年第 10 期。

的双重影响。下面，我们运用组织学的五维分析框架分析官僚制组织，审视官僚制组织特征对政府执行力的影响，侧重考察导致政府执行不力的主要原因。

一　组织目标与任务对于政府执行力的影响

政府组织的应然性目标是实现公共利益，要求组织决策行为需立足公共性考量。在现实中则表现为政府组织在处理公共事务中往往要兼顾多种利益的平衡，寻求多元价值的协调，表现出组织目标的多元性、模糊性乃至冲突性。一般来说，清晰、具体、可量化的组织目标更有利于组织执行。与企业组织相比，行政组织在执行力建设方面具有内在的缺陷：一是多元利益与价值的博弈往往没有明确的判定标准，公共性的判断缺乏像企业利润那样的客观评价指标，往往比较模糊，必然影响到组织执行力的提高。二是容易出现执行手段对组织目标的置换问题，导致违背组织设计的初衷，使组织演变成纯粹的执行机器，把实现目的的手段当成了目标，只关注工作绩效指标，为完成任务而完成任务，漠视数字指标背后的公共性，最终背离了公共利益的方向和要求。三是掌握公共权力的官僚也有自身的特殊利益追求，也会形成官官相护的利益群体，甚至出现集团性的腐败。官僚集团在执行公共政策时，不仅有公共利益和集体目标的考量，也会有集团或个人的特殊利益的考量，这就会导致政策执行偏离组织目标，降低执行效力。

二　组织静态结构对于政府执行力的影响

组织结构因素对政府执行力高低有决定性影响。合理的政府组织结构，可以减少执行中的摩擦，大幅度提升执行力。从积极方面看，官僚制因横向分科、纵向分层，故也称科层制，它具有森严的等级制度，行政部门从上到下形成一个类似于上窄下宽的金字塔的层级结构，这种结构的组织管理层次多，管理幅度小，有上下级的固定安排，上级对下级进行严格管理和监督，权力集中，责任分工明确。这种金字塔式的层级结构，无论在管理层次上还是任务层次上都有高度的专业分工，配备相关的专职专人，通过专业分工可以确保组织成员在本部门内的执行效率和执行效果。从消极方面看，组织层级过多，信息传递途径过长，容易造成信息传递阻塞或信息失真；层级设置过多，还会导致协调与控制难度加大，下级的执行效果难以直接向上级反馈，进而影响到政策执行纠偏。同时，过于细化的部门分工，会导致组织内部部门林立，政出多门，在政策执行过程中，各部门相互推诿责任，缺乏合作，出现内耗，也会阻碍政策执行。这就使官僚制在一定程度上走向了与其设计原则相悖的一面，这也是导致政府执行不力的重要原因。

三　组织动态流程对于政府执行力的影响

官僚制组织的决策以集权方式为主，其决策权威在于上下级之间的层层传递，这在一定程度上显示出组织动态运行的状态。可以说，决策流程决定了参与者的态度与利益，关系到执行者的执行效力，关系到组织目标的达成程度。组织动态流程中的另一个重要方面是官僚制中组织内沟通与协调，涉及组织内部上下级之间与组织内部平级之间的沟通与协调。从积极方面看，官僚制组织有严格的层级规定，政策制定与执行过程、组织内部各部门间的沟通都有严格限制，以文本管理为载体，严格地按章办事，具有很强的统一性，政令上下通达，大幅度减少了主观因素对政策执行过程的影响，这有助于提高组织执行力，提高组织的理性化程度。但从消极方面看，过于刚性的流程设计会在一定程度上影响到组织成员的积极性与主动性，造成集体行动的困境，使部门合作难以达成或持续，这又会影响到政府执行力的提升。

四 组织文化对于政府执行力的影响

组织文化直接或间接地影响组织的结构、过程，以及组织成员的行为、心态、价值观念、信仰等，通过改变行政人员的行为和观念来提高政府执行力，是行政文化的主要功能，使政府执行卓有成效。从积极方面看，政府的组织文化主要是要强调公正与效率，特别是对于政府执行力而言，强调结果有效的执行文化是促进政府执行力提高的重要精神支柱。官僚组织对于规章程序的强调在一定程度上保证了组织的执行效率，最大限度地减少人为因素对组织执行力的干扰。从消极方面看，对规章制度和管理程序的强调容易使组织成员忽略组织的根本目标，流于刻板地执行任务，形成保守、僵化的组织文化，导致行政人员缺乏公共性坚守的同时也失去工作的积极性和主动性，难以确保政策贯彻落实。

五 组织生态环境对于政府执行力的影响

政府所处的外部环境包括自然环境、政治环境、经济环境、文化环境与社会环境。虽然存在着组织与环境之间的物质、能量与信息交换，但政府仍具有明显的封闭性特性。在韦伯的理论模型中，官僚组织自成体系，侧重自身的专业性，保持自身的独立性，缺乏与外界环境的互动。由此来看，官僚组织更适合于简单、封闭、静态的组织环境，在这样的环境中，官僚组织会表现出较高的执行力。反之，在复杂、动态和开放的环境中，官僚组织则难以应对，执行力较低。在当今全球化、信息化的社会环境中，官僚组织已经无法置身于社会环境之外，其与环境之间必然存在双向的互动过程，从环境的输入到环境信息的转换，再到环境的输出以及环境的反馈，都是在交互中进行的。但政府组织所具有的封闭性和保守性，使得其对环境输入是有选择性的，对环境信息的转换是在“暗箱”中完成的，对外的输出也具有利益集团或者利益交易的特点，对环境的反馈为政府组织所屏蔽，这些因素共同抑制了官僚制组织对环境变化的适应能力，使其难以对不确定的环境做出迅速反应。在这个意义上，政府组织在整体上会表现出较强的保守性与较低的执行力。

第三节　政府执行力的提升路径

理想的官僚制设计是高效率的，去人格化的组织设计保证组织以任务为导向，强调职能的分工，将公共事务进行分解，通过权责的匹配来提高组织的工作效率。但是，现实中的官僚制不会像韦伯所设想的“理想类型”，而是具有特有的病症，如制造惰性、缺乏进取精神、官僚作风、中庸和无效率，等等。这不仅仅是理论自身的问题，同时还存在实践操作的问题。立足官僚组织特征，需要从两个方向去努力提高政府执行力。一是立足官僚制的优势，不断完善官僚组织，发挥其本应该发挥的作用；二是正视官僚制的内在缺陷，通过去官僚化的努力来提升政府执行力水平。一句话，必须在官僚化与去官僚化之间寻找提升政府执行力的平衡。从 20 世纪七八十年代以来的各国政府改革，其基本改革方向与具体措施的选择，在一定程度上反映出在官僚化与去官僚化之间寻求平衡的努力意图。

在完善官僚化的改革方面，不仅需要理论上的跟进，关注组织与环境的互动，形成系统意识与权变思维，加强组织之间的沟通，同时，还需要可操作手段的支持。实践证明，通过科学的管理手段和管理工具的运用，以明确组织的目标，建立健全责任体系，约束组织成员行为，有利于提高政府执行力。为此，就需要建立并完善权责利统一的体制，使权力、责任与利益相互匹配，借用目标管理、边际管理与流程管理等手段和方法，切实提高公务人员的工作意愿与工作能力，通过个体执行力的提高，促进并实现组织执行力的提高。

在去官僚化的探索方面，为适应信息社会和后工业社会的特点，组织理论也在不断发展变化，主要体现为对组织结构与流程的优化。一是在组织结构上逐步趋于扁平化，改变以往金字塔形的层级结构。在不影响上级机构权威的基础上力求放权与授权，使得公共事务的处理更加灵活，能因时因地因人制宜。二是决策流程的优化。社会利益的多元化与复杂化要求政府在保证自上而下的控制基础上增加自下而上的传导机制，以增强决策的开放性和公共性，保证决策信息的公开化与透明化，使非决策成员也能达成对决策的共识，使决策更加民主、科学。三是引入竞争机制，改变政府效率低下的状况，以绩效管理来管理日常的事务，以产出的实际效果来计量政府的工作，提升政府的工作实效。此外，充分借鉴新公共管理运动以来的组织文化建设，形成高效的执行文化，并同时充分吸收系统理论与权变理论，积极汲取社会提供的资源，与外部环境形成良性互动，以提高政府适应环境、影响环境的能力。去官僚化的改革还体现在打破部门之间的界限，关注公务人员的绩效水平等方面。这些措施在英国、美国等国都得到了一定程度的应用，并取得了很好的成果，如无缝隙政府的打造、企业型政府的塑造等。

提升政府执行力，既离不开组织自身的优化与完善，也离不开组织关系的持续改进。在官僚化与去官僚化的改革之外，还需要我们跳出组织来分析和评估组织执行力，通过改善组织之间的合作关系来提升组织执行力。这是由政府组织的系统性和社会环境发展的特征共同决定的。对于机构庞大的政府系统而言，单个组织的工作效率可能相差不大，但放大到整个组织体系来看，就会产生组织之间衔接的问题，出现种种协同与合作的困境，进而影响到政府执行力水平。如今，人类社会悄然进入公共治理的时代，面对日益动态、复杂和高不确定性的公共事务与公共问题，只有通过建立并优化各种组织之间的合作网络，包括行政组织之间、行政组织与社会组织之间的合作网络，才有可能促进各种社会问题的解决。这对于政府执行力而言，犹如一个似是而非的悖论。一方面，政府要应对日益复杂的社会问题，必须与其他社会组织合作，重构权力依赖和责任共享关系，这可以看作对传统意义上的政府执行力的影响甚至削弱；另一方面，通过多元主体的参与，增强行政组织之间的协作，改善行政组织与社会组织之间的合作关系，有助于克服和弥补官僚组织的局限性，通过组织之间的互补性，促进公共事务的处理和公共问题的解决。从这个角度看，建立并优化组织合作关系也可以看作提高政府执行力的必由之路。

第八章　政策执行力分析

第一节　政策执行力的内涵与影响因素

一　政策执行力的研究历程

在政府的管理活动中，我们经常会提起几对矛盾和关系，如“目标”和“手段”、“结果”和“过程”、“价值”与“事实”等，这些范畴都与作为政府管理和政府与社会互动的重要抓手的公共政策产生联系。政府所产生的政策既要兼顾目标的合理性，又要把握手段的合法性；既要以结果为导向，又要重视对过程的控制；既要有价值上的判断，又要基于经验事实进行适当调整。正是基于公共政策在诸多关系上的分殊与结合，我们将政策活动划分为政策决策和政策执行，两者在学理和实践中既相互区别，又相互统一。对于政策决策和执行的关系，便正如西蒙所说的：“‘决策’工作同‘执行’工作一样渗透到整个管理型组织中，事实上这两者紧密相连，缺一不可。因此一般管理理论既要包括保证决策正确制定的组织原则，又要包括保证政策有效执行的组织原则。”①

但在对公共政策的研究历史上，政策执行和政策决策在一开

---

① 〔美〕赫伯特·A. 西蒙：《管理行为》，詹正茂译，机械工业出版社，2013，第2页。

始并没有受到同样的重视。通常的观念是，理所当然地认为决策一旦做出，决策的变现便是水到渠成的结果，公共政策的决策问题和政治过程被视为公共政策研究的主流。而政策落实的行政过程则常常犹如一个“黑箱”，政策结果得以观察，政策执行过程的箱体却不容易进行人们的视线，这种政策执行过程被忽略的状况被学者们称为“缺失的环节”①。但当管理者和研究者在遭遇了许多公共政策的失败，特别是在美国的“向贫困宣战”和“伟大的社会”等大型政府项目以低效能的结果告终时，他们才逐渐意识到对于政策执行过程研究的需求，开始将视线聚焦在了政策的落实过程，有意识地解锁政策过程的“黑箱”，探究政策失败的原因。

在对政策执行的研究中，研究视角的选择和研究方法的运用同样历经了一个长期变更的过程，产生了一些具有不同特点的分析路径，这些研究路径奠定了政策执行研究的基础，并给后继研究者以启发。综合来看，关于政策执行的研究，大致有三条路径：自上而下的路径、自下而上的路径、将上述两者相结合的综合性路径。自上而下的路径，也称第一代政策执行研究，强调对政策不偏不倚地执行，是以政策前端为起点，从向前推进的视角来考虑问题，这一派理论的代表学者有欧雷斯曼、米特等人。自下而上的研究路径，也称第二代政策执行研究，强调可以在领悟政策宗旨的基础上，赋予基层人员更多的自由裁量权来灵活执行任务，是以政策末端为起点，从由后推进的角度来考虑问题，其中的代表性学者包括迈克尔、本尼等，开创性的理论有政策网络分析等。概括地讲，自上而下和自下而上的路径差异，本质上是

① E. C. Hargrove, *The Missing Link*: *The Study of the Implementation of Social Policy* (Washington, DC: Urban Institute, 1975).

理性主义和经验主义两种对抗性思维的不同主张，对此公共政策研究专家萨巴蒂尔有过精辟的论断，他认为自上而下的研究路径以政策决策为考量的起点，并通过从上而下的执行主体传导来落实政策，因此它是以构建一个有力的执行体系来实现目标为核心，通过衡量正式目标的执行程度来作为判断政策执行优劣的标准；而自下而上的研究路径则是以地方的执行结构为考量的起点，强调通过自下而上的行动来分解政策和执行政策，所要达成的目标较为模糊，往往视具体的问题和条件而定，并不拘泥于官方的理性目标，并始终将政策网络中行动者如何相互影响作为关注的重点（观点参见表8-1）。

表8-1 自上而下和自下而上的政策执行研究路径的对比

	自上而下的路径	自下而上的路径
初始焦点	政策决策，如新的污染控制条例	相关领域的地方执行结构（网络）
执行过程中的主要行动者	从上级到下级，从政府到市场	从下而上，包括下级政府和个人
评估标准	关注被正式论证过的目标的执行程度，也会关注其他重要的政治标准和非预期结果，但对后者的关注是不确定的	比较模糊，执行人员对政策问题的选择往往与实际存在的问题相关，并不总依靠官方的全面分析
关注重点	如何塑造一个有力的执行系统来实现既定的目标	政策执行往往是政策网络中不同行动者互相作用的结果

资料来源：Paul A. Sabatier, “Top-down and Bottom-up Approaches to Implementation Research: A Critical Analysis and Suggested Synthesis,” *Journal of Public Policy*, Vol. 6, No. 1 (Jan. -Mar. 1986): 21-48。

尽管自上而下和自下而上的分析视角存在很大差异，但是这两种视角都是从“政治-行政”的系统内部来考虑问题，是一种相对静态的研究范式；而综合性视角，也称第三代政策执行研究，则试图采用开放性的视角，更多地考虑社会环境的影响，以及政府与社会互动、府际关系和政策网络等方面的问题，尝试提出整体性的分析框架，来解释政策执行结构及其行为的变迁。因为第三代政策执行研究更多地关注执行结构的动态面，强调在互动和变化中把握执行过程，所以很多学者也将第三代政策执行研究定位为动态研究的途径。这个阶段的研究因为综合了不同的研究视角，研究的方式更为多元新颖，对于政策执行过程的论述也更为深入，其中的代表性学者有萨尔夫、戈津、萨巴蒂尔等。关于政策执行变迁的最具宏大视野的概括者莫过于萨巴蒂尔，他认为政策过程是一个不同的政策子系统之间不断竞争从而产生更替的过程，这个过程会受到外来变量的强大影响，这些外来变量包括相对稳定的变量，如制度环境和社会文化等，以及外部事件，如经济危机、突发事件等（分析框架见图 8 -1）。萨巴蒂尔的分析视角强化了对政策执行展开系统性动态分析的意图，这对政策执行研究很具启发性。

在晚近的政策执行研究中，“治理”理念也融入政策执行的视野中，并且引发了政府角色转变和执行手段更新等一系列问题的探讨。在治理的视域下，政策执行更加强调合作网络的构建、将政府塑造为主持人和指导者的角色，从执行对象的需求出发，以平等、开放、多元、服务的标准重塑执行行为。总的来说，政策执行的研究脉络表明，政策执行的探究正以一个更为开放的视角展开，逐渐摆脱从上而下和从下而上各自标榜的“权威”和“草根”的研究路径，跳出单一的管理链条来系统、动态地看待问题。

二　政策执行力的内涵与影响因素

政策执行力尽管强调在过程中发现问题，但政策执行的优劣始终要在目标和结果上进行衡量才能做出判断，正如埃尔莫尔所

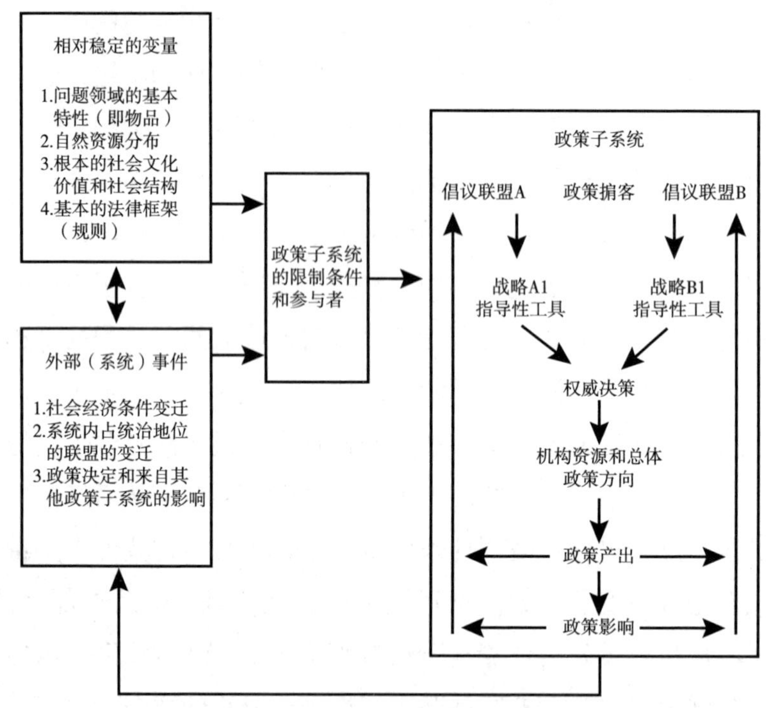

图 8－1　政策变迁的倡议联盟框架

资料来源：〔美〕保罗·A. 萨巴蒂尔等：《政策变迁与学习：一种倡议联盟途径》，邓征译，北京大学出版社，2011，第 18 页。

创造的“回溯勘察法”一样，政策执行的方法论常常需要我们从政策结果来回溯政策过程，因此，站在结果的角度来看待过程是整个政策执行研究的原则，遵循结果导向的原则不仅可以避免以政策过程来解释政策过程的逻辑误区，亦可以为研究和实践提供方向。因此，一如我们对“执行力”概念的理解，我们也倾向于将政策执行力定义为政府在贯彻执行法律法规、制度纪律、政策决策中完成目标与任务的实际程度。这一理解强化了以结果为导向的立场和观点，不再是单纯局限于政策执行过程本身来研究政策执行问题。

通过回顾政策执行的历程和相关派别的观点，我们不难发现，无论是采取怎样的研究视角，学者们都力图寻找到影响政策执行力的稳定变量。比如，自上而下派学者米特和霍恩将影响政策执行的要素划分为六组变量，分别是政策标准与目标，可获得的资源与激励手段，组织间关系的性质，执行机构的特性，经济、社会与政治环境；萨巴蒂尔和梅兹曼尼恩则把对执行过程构成影响的因素划分为三类，分别是影响政策问题可处理性的因素、非法定的影响政策执行的变量和法令对于规制执行实施的能力。迈克·希尔对于政策执行具有不同层面的影响的观点清晰深刻，他认为，在政治－行政体系中，它们间的关联点分别是：对政府和社会间宏观关系的关注（宏观环境因素——虽然政治特性和政策制定也许是其中的部分）；对调节机构关系的关注（纵向层面和横向组织间的关系）；对产生个人联系的“街层的关注”（包括机构特性、一线成员的行为，政策受众的回应），这三方面内容突出了政策执行在不同层次上的管理重点，使分析极具针对性，并且每个层次都具有处理好内外部关系的需要（见表8－2），这与以往所认为的只有基层人员才与社会和公众进行接触的观点有很大的不同，是一个较为完整的理论框架。

表8－2　政策执行的不同层面

政治－社会关系的关注点	宪政的	行动指导层面	操作的
政治－行政系统	设计政治和行政制度	规制和决策（规划立法和政策法令）	管理政策过程
	体制设计（如政府内部关系）	建构政策框架（如监督的制度化）	
制度关系	制度维护	设计和维持执行轨道	管理组织间的关系
“街区层面”	设计地方制度	设计地方“执行政策”	管理外部与内部的联系

资料来源：〔英〕迈克·希尔、〔荷〕彼特·休普：《执行公共政策》，黄健荣译，商务印书馆，2011，第250页。

根据学者们的前期研究，我们倾向于从三个层面来分析政策执行力的影响要素，首先是关于影响政策执行的自然、经济、社会与政治环境等宏观的环境因素，其次是关于组织间关系和执行体制优化等中观的体制因素，最后是关于组织结构和激励手段、实施政策的能力和可获得的资源等微观的组织因素。宏观环境是各行动主体的活动领域，环境中活动着不同的执行系统，其中包括政治－行政系统和社会、市场等其他系统，系统中则活跃着不同的执行组织（见图8－2）。

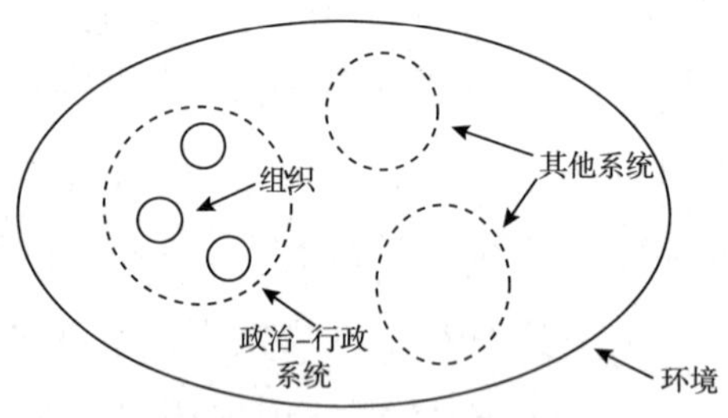

图8－2　开放视角下的政策执行力影响要素

（一）宏观的环境因素

所谓影响政策执行的环境因素是指政策执行过程置身其间的各种自然和社会因素的总和，这一层面着重的是政策过程的管理。萨巴蒂尔认为政策执行的外部环境变化会对政策的执行和变迁产生巨大的影响，它会直接导致政策的突然中断或者巨大震荡，因此要对宏观环境保持高度的关注。政策环境既包括自然因素的影响，如一个国家或地区的自然地理状况、面积大小、气候条件等，典型的例子有连年的干旱和灾荒会导致粮食和农业政策的急剧调整；又包括社会环境，如人口结构演变、文化变迁等，典型的例子是人口生育率的急剧下降将导致人口政策和养老政策的调整。另外，政策还会受到政策对象对于政策的态度的影响，一般来说，政策对象会基于以下因素顺从政策：利弊衡量、避免惩罚、政治社会化、政策合法化、顾全大局观念、道德压力、情势变化等；政策对象不顺从的原因有：价值观念和行为模式的冲突、利益冲突、同类团体的影响、舆论影响等。宏观的环境影响要求政策设计和执行要具备可调节的灵活性，并通过加强政策过程的管理以保持与环境的充分互动。近几年来中国促进一批公共政策向社会公开征求意见便是较好的尝试。

（二）中观的体制因素

中观的体制因素重点考察的是在特定政策领域，不同行为主体和组织之间互动的模式和结果，这一层面主要的管理内容是组织间关系的管理。在对政策执行的影响上，体制要素包括的是组织间的关系管理、纵向层级的关系和横向部门间关系等，针对政府来讲，则表现为执行体制的影响。根据迈克·希尔的观点，政策执行在体制层面，也就是在组织间关系的管理上主要通过三个方面来完善（如表 8 - 3 的组织间关系管理部分）。一是明确组织间的权责关系和确保资源的充分供给；二是营造缔结组织间契约的制度环境并提升契约的遵从性，比如上级政府牵头促成同一河流上下游政府间达成生态补偿的契约；三是通过伙伴关系的塑造，来提升协同行动的可能性，比如地方政府为达成区域性经济目标所结成的区域联盟。这三个方面分别对应强制性观念、绩效观念和合作生产观念的治理模式。因此，政策执行的体制因素关注的是各执行主体之间的互动过程，各个主体在不断反复的互动中逐渐形成稳定的权力责任关系，从而构成一个政策执行体系和网络，实现各方力量的动态平衡。另外，通过强化政策执行的系统因素分析，还可以发展出许多有效的分析工具，比如政策网络、政策倡议联盟、合作治理、博弈论的分析等。

表 8－3　不同层面的政策执行所包括的内容

规定性管理理念经由 / 操作性活动	实施（输入）	绩效管理经由（产出）	共同生产（可分享成果的结果）
政策过程管理	使责任明确	建构交接界面	使明确自由裁量权
组织间关系管理	使职责和权限明确；关注资源的充足性	增强契约的遵从性	实现伙伴关系
内外部联系管理	增强动机激发和内部化；实现对标准程序的遵从；领导力；工作培训	增强和维系服务定位；奖励对目标的遵从	提高专业化程度；顾客参与的制度化；增强协调性服务的传送；客户管理

资料来源：〔英〕迈克·希尔、〔荷〕彼特·休普：《执行公共政策》，第258页。

（三）微观的组织因素

组织作为影响政策执行的微观因素而存在，它是决定政策执行成败的微观基础，相对而言，这一层面更为注重基层组织和办事人员如何与外界进行互动，进而提供优质的公共服务和有效的管理，也就是内外部关系的管理。组织指的是一群人彼此沟通和彼此关系的模式，包括制定及实施决策的过程。这种模式向个体成员提供大量决策信息，许多决策前提，标的和态度；它还预测其他成员目前的举动以及他们对某个体成员言行的反应，并向该成员提供一系列稳定的易于理解的预期值。社会学家将这一模式称作"角色体系"。我们关心的是"组织"这种角色体系的形式。① 影响组织执行既可以是组织的结构，也可以是组织中单个的个体。我们认为，政策执行力是执行能力与变现系数的乘积，这表明政策的执行应该受政策执行主体的能力、意愿的影响，也受到变现系数的影响。执行意愿是行政人员在执行任务过程中表现出来的意志品质和心理状态，也就是通常我们所说的积极性。

① 〔美〕赫伯特·A. 西蒙：《管理行为》，第16页。

行政人员的执行能力包括行政人员在执行任务过程中体现出来的组织力、计划力、协调力、理解力、判断力、应变力和创新力等。而变现系数指的是一套转化的系统，这个转化系统通过组织的权力结构、角色体系和激励手段，来实现人员和资源的有效整合，将资源转化为行动。

第二节　中国政策执行力提升的体制性障碍

在构成政策执行力的三种影响要素中，宏观应对层面和微观的组织机制设计方面因其普遍性的特点而具有较高的可借鉴性，在应对某些特定情境的政策问题和具体执行的组织机制安排上有一定规律可循，亦可参考相关先进国家和组织的执行经验。而体制因素的分析则带有明显的本土特质，组织间关系在长期的实践中已呈现独具特点的结构和运行逻辑，其解释和完善比较难有可借鉴的对象，因此需要做有针对性的分析。在对中国政策执行力的研究过程中，可以将中观的体制要素作为分析的突破口。

一　影响中国政策执行力的体制因素

分析中国的政策执行体制，要十分关注中国的政府过程（抑或政治过程）的特殊性，朱光磊教授指出，中国政府过程的特殊性在于如何规范中国共产党和中国政府的关系，如何在人口众多、土地辽阔、区域间差别很大的基础上处理好中央与地方之间的关系，如何处理参差不齐、级别关系复杂的各种行政组织间的关系，以及中国独有的“单位”等组织方式如何发挥作用的问题等。[①] 在影响中国公共政策的执行体制要素中，党政关系、

① 朱光磊：《当代中国政府管理过程》，天津人民出版社，2002，第21~23页。

政府层级关系、“条块”关系、政府部门间关系，以及政社和政企的关系等构成主要的内容（如图 8 – 3 所示）。在这里，我们所谈的政策执行体制是指以“政治 – 行政”系统为核心的政策执行体系，主要探讨的是党政部门之间的组织关系。

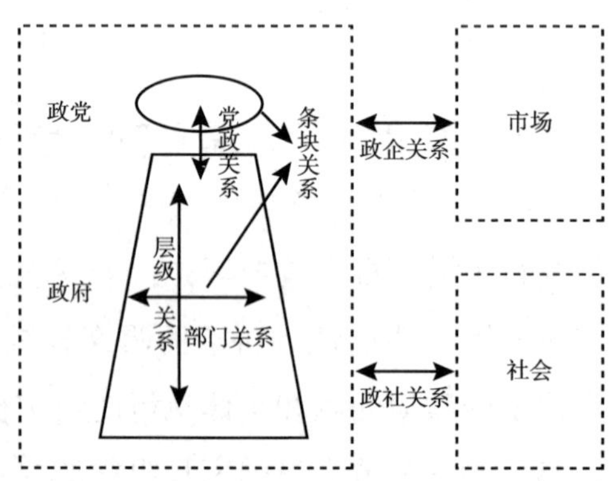

图 8 – 3　影响中国政策执行力的主要体制因素

从党政关系的层面来看，党政关系可以说是中国社会最基本、最重要的政治关系。这种关系极大地制约和影响着中国政府的决策与执行。党组织不仅具有与政府机构相对应的严密的科层体制，也具有从政府决策到执行的系统功能，由此形成“二元行政”或“党政双轨行政”。本质上，政党关系处理的是如何将党的意志和政府的行政结合起来的问题。实践中，党政分开尽管有助于权力相互监督和制衡，但因为缺乏法律和制度的严格规范，势必诱发权力的结构性矛盾，给行政机构的运作带来多种负面影响。从外在形式看，平行式的双轨结构，会造成机构臃肿，冗员过多。尽管近年来实行了减少领导职数、交叉任职等改革措施，但总体效果并不显著。从决策环节看，以党代政必然会降低政府的威信和行政能力。有些地方没有党委通知，政府法令就无法贯彻，已经影响到了政府行政效能的发挥。从执行情况看，党政职能的交叉重叠，容易造成权责不分的问题。

从政府层次关系的层面来看，中国是高度分化的权力结构。虽然中国所有权力从原则上来说属于中央政府，但实际上，地方政府不仅是上级政府的派出机构，也是具有自身利益的一级政府。由于地方利益的存在，权力和政策每下降一层，中央政府影响力就减少一层。很多权力就变成地地道道的地方政策。其中，基层矛盾最为突出，每一级政府为了自身利益的最大化，会倾向于尽量利用手中的行政资源，扩大自己的权力和利益。乡镇政府处于权力末梢，行政资源最为薄弱，但却承担着提供公共服务、领导经济发展、维护社会稳定等无所不包的重大责任。造成了事实上的责任与权力严重不对等，目标与手段明显脱节。甚至有人将乡镇政府履行职能的困难状况概括为“四有限、四无限”：一是有限的职权，无限的责任；二是有限的财权，无限的事权；三是有限的作为空间、无限的作为要求；四是有限的自主，无限的被动。

从政府的部门关系的层面来看，我们以食品安全执法为例，中国食品安全问题长期得不到根本解决，部门各自为政的体制性特征是其中一个重要因素。为了解决部门间的协调难题，2010年初，国务院成立了由时任副总理李克强挂帅的食品安全委员会，这是一个有15个部门参加的高层次议事协调机构，其后，国务院又组建了一个正部级的实体办公机构——食品安全委员会办公室，而且不是把办公室放在某个部委里。这不仅显现了国家对食品安全问题的重视，也从一个侧面证明了部门利益协调所存在的难度。

从政府体制的“条块”关系的层面来看，条块矛盾的核心在于资源配置权力的纵向化和社会管理责任的横向化所导致的

“二元”治理结构上的不平衡。解决这一问题，仅仅依靠本级政府各部门之间的横向性撤并是不够的，还要靠各层级政府纵向性职责异构的制度建设。经过改革开放以来的持续性放权，出于中央对于宏观调控能力下降以及地方主义扩张的担忧，从20世纪90年代起，促使了中央政府的一系列收权运动。一个重要趋势就是垂直管理的强化，一些权力正在逐渐地集中到中央和省级政府，从1994年起，税务部门和银行系统实现了中央的垂直管理，土地资源和工商行政管理权限实现了省的垂直管理。垂直管理的持续加强将可能引发更为激烈的“条块”冲突。

在政企关系和政社关系的层面上，参与政策执行的各方主体间存在着错位，也就是党委管政府的事，政府管企业的事，企业管党委的事，却没有人去管老百姓的事。比如2000年，由农业部牵头，教育部、卫生部等七部委联合推行国家“学生饮用奶计划”。到2009年年底，据一份由权威专家完成的《国家学生饮用奶计划运行模式与扶植政策调研总报告》披露，截至2008年，在约2亿的在校中小学生中，学生奶供应仅占1.7%，距最初30%的宏伟目标相去甚远。为什么一个被寄予“一杯奶强壮一个民族”的雄心计划，却演变成各方避之唯恐不及的烫手山芋：企业兴趣索然，国家学生饮用奶计划部际协调小组不满意，而相关部门互相推诿。究其原因，主要包括几个方面：一是学生奶的推行模式基本上是“政府搭台，企业唱戏”，除了新疆、陕西等少数地区给予了拨款支持外，大部分地区的政府都是“请客但不付费”，只给政策却没有财政补贴。二是主管部门错位。学生饮用奶计划推行不力和学校态度不积极有密切关系，如果由教育部门而不是由农业部门来主管，对计划的推进会更有帮助。三是政府动力不足，政策支持不到位使政策不能延续，缺乏配套政策使执行过程问题多多。

二　影响中国政策执行力提升的体制性障碍

目前对于中国行政体制的特点和存在问题的研究已取得了较大的进展，比较有影响的研究成果包括荣敬本提出的"压力型体制"、朱光磊的"职责同构"理论和周黎安的"官员锦标赛"理论等。这些研究从不同侧面揭示了现有行政体制的特点和问题，但对于是什么因素导致政策执行体制运转不畅的问题还未做有针对性的探讨。我们认为，制约中国执行体制有效运转的关键因素是权责关系的统一程度。从理论上来看，权力与责任关系的统一是通过责任来规范权力，积极责任明确权力使用的范围和界限，消极责任明确权力行使的规范和底线，也就是以责任规定权力能做什么和不能做什么，来实现权力的有效和正确的行使。要处理好执行体制中各组织间的关系，必须明确各自的权责范围，理清权责关系，才能够避免制度性摩擦；从实际情况来看，当前中国出现的众多政策执行的弊病皆在于各执行主体之间权责不明确，导致互相争利或互相推诿扯皮的情况时有发生。概言之，无论是从理论方面考虑，还是从实际需要出发，我们都应该从权责关系的角度来探究政策执行的体制性障碍。具体而言，可以从权责的确立顺序、细化程度、集中程度、统一程度和平衡程度等五个方面着手来分析执行体制存在的障碍。

（一）权责倒置

政府的权责确立基本上有两种方式，一种是因责定权，另一种是因权定责。两种不同的确立方式，会导致全然不同的结果。因责定权，首先明确的是政府的职责，亦即为政府设置了行为边界，从而能有效地限制政府权力的过分扩张和滥用；而因权定责，则将权力先赋予政府部门，然后再根据权力来划定责任，这将导致责任的划分受权力的左右，最终成为权力的附属，政府也将难以成为负责任的政府。当前的中国行政改革，以服务型政府建设为基本目标，以维护和实现公共利益为政府的基本公共责任，而公共权力是支撑其承担起这一责任的重要工具和保证，从这个意义上来讲，责任应是先于政府的权力的。但在现实中，权责的确立关系则被颠倒，因责定权的原则被替换为因权定责。一方面，因权定责强化了弱肉强食的丛林法则，权力既得者可以随意对责任进行划分和分配，“好差”“肥差”先被强势者霸占，弱势者只能进清水衙门。另一方面，因权定责使权力的行使缺乏必要的约束，导致责任划分的随意性过大，使责任的制定和划分难以制度化，从而破坏了政策执行的稳定性。

（二）权责不清

政策执行不力的另一个重要的体制性原因在于权责划分过于模糊，划分不到位，不细化。其一，在涉及部门职能交叉部分的事务上，容易出现推诿扯皮现象，一些民众到政府机关办事，经常会遭遇被各部门踢皮球的情况，党政部门的部分职能重合也容易导致扯皮推诿，一些地方启动的“党政联动”的改革尝试，将党政机构职能重叠或相近的部分实行归类整合，实行合署办公，力图解决党政部门权责不清的状况。其二，在行政区划的边界，容易产生跨界公共事务的管理难题。比如，在流域治理的责任划分上，河流的开放性和准公共物品的特点，导致上下游之间的合作困境，上游污染直接损害下游，下游治理却得不到上游的支持，这样便导致搭便车的现象产生，没有人肯为流域的治理花费精力。近年来，各地开始实施的“河长制”便是通过细化流域治理的责任来提升治理的绩效，取得了一定的积极效果。其三，在行政组织内部，一些领导干部在部署工作时不注重责任的科学划分，导致在人员使用上存在“有人闲得要死，有人忙得要命”的情况。权责不清直接导致行政组织普遍存在搭便车的现象，人浮于事，而想干事的人却因责任不清，往往囿于“越俎代庖”的顾忌，发挥不了应有的作用。

（三）权责分散

中国行政执行体制存在的另一个突出问题是权责过分分散，导致碎片化的管理现状。首先，在政府体制的设计上，出于互相制衡的考虑，权责被人为过分地进行切割，造成了权责分散，一项工作的进行往往会受到许多方面的掣肘，致使难以放开手脚，一项工作的开展往往要凑齐几十个部门主管才能进行，严重拖慢了执行效率。其次，随着社会的快速转型，公共政策面对的是越来越复杂的政策环境和日益多元的利益群体，一项政策往往需要多个部门协同才得以落实。如在流域管理中，流域的水资源便有十二个之多，其中主管部门主要是水利部门和环保部门，各大流域机构（包括长江水利委员会、黄河水利委员会等七大流域机构）下设的水资源保护局又归水利部和环保部双头管理，这种多头管理分散了流域管理的权责，致使在流域管理实践中增加了很大的协调难度。又如，食品安全的管理也涉及多个部门，食品的原料采购归商务部门管，食品流通归工商部门管，食品加工归质检部门管，商户的后厨与前台各归卫生部门和工商管理部门管，这种切割管理导致每一个部门都只能负责整个流程当中的一个环节，难以形成监管合力，并且在职能交叉的地方，往往容易引发部门间的冲突。

（四）权责分离

权责分离是指权责在划定上不对应，享有权力却没有承担对应的责任，负有责任的却没赋予对应的权力，即“有权无责”和“有责无权”，造成权责配置上的错位。从政府的横向权责配属上，政府执行部门的决策、执行和监督三项权的权责分离情况比较严重，决策者拥有决策的权力，却不担负决策的责任，缺乏一套决策失误的追究机制；执行者没有决策权，却常常要为决策所造成的不良影响背负责任；监督者拥有监督的责任，却不具有监督的实际权力。目前一些行政改革的试点决策，如广东顺德的行政体制改革，试图对决策、执行、监督三项权限进行适当划分和明确，本质上是为了克服权责分离的问题。另外，在政府纵向层级上，宏观决策权限和微观管理权限没有进行很好的界分，上级部门既握有宏观决策权限，又握有微观管理权限，基层政府需要应付上级部门名目繁多的检查，形成“下面一根针，上边千条线”的局面；而基层机关面对具体事务时缺乏自主管理权，事事需向上级请示，在遇到重大突发事件时，更是手足无措，延误解决事务的最佳时机，与此同时却根据“属地管理”原则，需要对辖区内的一些事务负有责任，面临着巨大压力。

（五）权责失衡

权责失衡是指权责在分配上的不对等，客观存在权力大而责任小或者是责任大而权力小的现象，造成权责的配置不平衡。在横向部门的权责关系上，存在着明显的权责失衡的情况，如发展和改革委员会拥有过大的权限，不仅能对重大的改革政策提供建议，还能实际参与项目审批，既制定游戏规则，又参与游戏，导致了权力责任的严重失衡。最为典型的权责失衡表现在政府纵向的层级关系上，责任有下降沉积的趋势，而权力却没有相应地下放，这种体制的结构性矛盾被学者称为“压力型体制”①。另外，由于政府层级过多，一些中间层次，比如街道办事处，往往只扮演“传声筒”的角色，反而造成行政效率的低下。纵向权责失

---

① 荣敬本：《从压力型体制向民主合作体制的转变——县乡两级政治体制改革》，中央编译出版社，1998。

衡的后果便是基层政府一方面疲于应对各种事务，另一方面却缺乏必要的事权财权，导致地方政府陷入财政枯竭等一系列困境；在行政组织中，“一把手”与其他工作人员的权责关系也存在失衡的情况，“一把手”权力过分集中，而责任却相应分散，集体领导制往往变成“集体负责制”，“一把手”出现问题往往“拔出萝卜带出泥”。权责失衡的结果往往导致权力过大而不受制约，在权力过大的一端容易造成权力被滥用，而在责任过大一端则疲于应付事务，力不从心。

第三节　中国政策执行力的具体状况——以流域环保政策执行为例

自改革开放以来，中国在取得经济高速发展巨大成就的同时，也面临着日益严峻的环境保护问题，中国正在经历几千年来未曾经历过的环境污染和环保局势。在这种情况下，国家推出了一系列的环境保护政策，试图遏制环境污染的进一步恶化，但近20年来，治理始终赶不上污染，环保政策的执行效果遭到质疑，其中，流域水环境的问题最引人关注，一方面是由于水资源污染会给人们的生产生活造成很严重的负面影响，另一方面是因为流域水资源的外部性和流动性导致管理上的困难。流域环保政策的执行，既是重点，也是难点。为此，本节将以流域环保政策的执行为例，来探究中国环境政策执行的状况及影响政策效果背后的因素和机理。

一　中国流域水环境的污染状况及保护政策

中国拥有长江、黄河、松花江、辽河、淮河、珠江、海河等各大流域，总面积约433万平方公里，占国土面积的45%，是中国人口聚集，经济积聚的核心区域。20 世纪七八十年代，水环境问题日益凸显，政府先后在主要流域成立了专门的流域水资源保护机构，开展流域水环境保护与治理工作。经过十年的大规模治理，目前七大江河水系干流水质已趋向好转，总体为轻度污染，“十一五”时期全国江河湖泊水环境质量较“十五”期间有所好转，但全国河流污染形势依然严峻，湖泊（水库）富营养化问题突出，七大水系中仍有近一半的国控断面劣于Ⅳ类，有近一半的胡泊为富营养状态，湖泊水质较“十五”期间有所恶化。[①]

针对流域的环境保护状况，国家相关部门已制定了一系列的流域环保政策，并已逐渐建立起一套较为完整的政策体系。流域环保政策实际上是一组政策的集合，总的来说，可以将流域环保政策大致分为规划性政策和控制类政策，规划性政策是指针对特定的污染物总量控制指标所制定的相关流域水污染防治规划、水功能分区等的总体规划以及建立水环境质量标准体系等，比如《地方环境质量标准和污染物排放标准备案管理办法》《淮河、海河、辽河、巢湖、滇池、黄河中上游等重点流域水污染防治规划（2006～2010 年）》等，规划类政策带有明确的方向性并规定相关领域的原则性标准，是相关流域政策的基础；控制类政策是指倾向于规范管理过程的政策，它规定了采用什么方式和手段来对流域环境加以管理，从控制的不同阶段来划分的话，属于前期预防的政策主要有流域水污染防治规划、环境影响评价、“三同时”和总量控制制度；属于中期管理的有排污许可制度、限期治理制度和排污权交易制度；属于末端治理的有排污收费政策、污水集中处理政策、关停政策。相关政策相互支持，构成中国独具特色的流域环境保护政策体系。

① 王亚华等：《水环境管理责任机制研究》，科学出版社，2013，第 18 页。

二　中国流域环保政策的执行体制及困境

(一) 中国流域环保政策的执行体系

流域资源从本质上来讲是一种跨界公共资源或公共事务，流域政策的执行不能简单地按照部门各管一摊，地方政府各管一块的分割模式来进行。因此，在流域资源的管理和流域环保政策的执行上，中国实行的是流域管理和区域管理相结合的管理体制。在中央层面上，涉水管理职能的部门有环保部、水利部、建设部、农业部、国土资源部等 12 个部门之多，在流域层面上，负有流域管理职能的主要是水利部下设的各大流域机构①，各大流域机构中下设水资源保护局，归水利部和环保部双头管理。在地方层面上，地方政府及其水务部门负责辖区内流域的管理。另外，在流域层面和地方层面上，还成立了相应的流域水资源防治污染领导小组，由各级政府的主要领导人担任组员，进行流域管理的协调工作。以松花江和辽河流域为例，在流域成立了由吉林省、辽宁省、黑龙江省和内蒙古自治区四个省区共同组成的松辽水系保护领导小组，领导小组组长、副组长由四省区的副省长（副主席）及松辽水利委员会主任担任。领导小组通过下设办公室（水系办），来统筹流域管理力量，协调各管理主体之间的关系，处理日常事务等。中国的流域保护在中央、流域、地方等多个层面上形成了主体繁多、纵横交错的政策执行网络，其中涉及部门之间、层次之间以及条块之间等多重关系。

(二) 流域环保政策的执行困境

复杂的组织设计和繁多的执行主体，并没有换来良好的

① 中国有七大流域机构，包括长江水利委员会、黄河水利委员会、淮河水利委员会、海河水利委员会、珠江水利委员会、松辽水利委员会、太湖流域管理局。

治理绩效。根据环保部公布的《2013 中国环境状况公报》，全国地表水总体为轻度污染，部分城市河段污染较重。长江、黄河、珠江、松花江、淮河、海河、辽河、浙闽片河流、西北诸河和西南诸河等十大流域的国控断面中，Ⅰ～Ⅲ类、Ⅳ～Ⅴ类和劣Ⅴ类水质断面比例分别为 71.7%、19.3% 和 9.0%。低于三类水质的河段仍接近三成。流域突发水事件也频繁发生。纵观目前流域环保政策的执行状况，主要存在以下困境。

其一，碎片化管理的问题突出，流域环保政策执行牵涉的部门众多，各层级负有执行职责的组织交错，比如在信息发布上，水利部和环保部各有一套检测系统，各有一支采集队伍，各自发布公报，这在一定程度上浪费了管理资源，碎片化的管理模式也增加流域环保政策执行的协调难度，制度性摩擦较大，冲突不断，降低了执行效率。

其二，跨界流域的管理职责不清，流域管理在造成碎片化的责任分裂的同时，还存在流域跨界地区的责任真空，上游污染由下游买单，下游治污上游却可不理不问，河流交界处的居民往往因为河流污染问题发生激烈冲突，这种跨界治污的难题缺乏有效的协调机制来加以解决，致使冲突不断，环保政策在行政交界处的执行往往效果较差。

其三，环保政策执行的主体不明确，责任分散和责任真空导致的结果就是责任落实不到具体的执行主体，流域环保政策既归水利部下设的流域机构的水污染保护局来监督管理，又归各省份的环保部门执行，还受环保部下设的五大区域环保督查中心干涉，这种多头执行的结果便是谁都可以执行，谁都不用对执行结果负责，职责无法落实，责任无法追究。

三　流域环保政策执行的反思与改革

从以上对于流域环保政策执行的困境来看，权责界定不清和权责过于分散是导致政策难以落实的主要原因。从近几年流域管理体制的改革来看，无论是部门机构及其职能的调整，还是建立水污染防治目标责任制，设立“河长制”等，都是在寻求流域管理的权责关系优化，解决流域管理权责过于分散，责任主体不明确，责任难以追究落实的问题。流域环保政策的执行体制未来的变革方向应该追求执行主体的明确、纵向责任的分化、府际协调的建立和执行手段的创新。

（一）明确执行主体

在部门的职能规定上，对于流域环保政策的落实，根据《中华人民共和国水污染防治法》的要求，应充分赋予环保部门统一的执行权限，其他部门在环保政策的执行上给予必要的帮助。在流域和地方层面上，跨省流域和省内流域应采用不同的执行模式，在跨省流域中，按照国际上大河流的治理经验，有美国的田纳西河流域管理局的集全模式、法国的水议会模式和澳大利亚的流域理事会模式等，中国目前适宜借鉴流域理事会模式，将现有的流域防治污染领导小组作为流域重大事务的决策机构，对环保部负责，将流域机构作为领导小组的执行机构，强化流域机构的执行职能，监督执行相关决议和政策方案。而对于省内流域，则可以通过借鉴国内一些地区已成功实施的“河长制”的经验，明确每一河段的地方领导的责任。按照这种划分，则能有效明确流域环保政策的执行主体，从而使责任落实到具体的组织和个人，增强政策执行的动力。

（二）优化责任的纵向分布

“美国地方水污染治理体制为，水污染防治以流域为单位，质量由地方政府负责，各级环境保护局（Environmental Protection Agency，EPA），水质控制委员会是监督管理部门。美国的 EPA 分为四级，即联邦 EPA、州 EPA、县 EPA、市 EPA。各级 EPA 之间没有行政隶属关系，是业务上的上下级关系。联邦 EPA 制定高层的水污染保护政策法规，兼有一定的管理职能，具有较强的财务能力；州 EPA 的职责是监督管理、贯彻实施联邦 EPA 制定的政策法规，负责实施州内的污染防治规划，并制定州内的相关政策、标准等；地方环保机构主要提供废物处理的服务，负责建设运营污水处理厂、固体废物处理站等。"[①] 中国流域的纵向层级的责任雷同，职责同构的现象过于严重，上级环保部门和水利部门与下级机构的职能基本一致，各层级的工作难以突出重点。从当前需要来看，可以由中央层面的环保部，负责提供政策导向和制度建设；各大流域领导小组负责流域政策方案的设计和操作化；各大流域机构协同环保部门执行领导小组意见，监督政策方案的执行状况；市级环保部门由于具有较大财力，可负责废物和排污处理、筹建污水处理厂等基础设施；县区级环保部门则进行微观事务管理，负责排污许可审批、排污检查和处罚等。

（三）建立有效的府际协调机制

府际协调的目的在于通过一系列的制度安排，较好地协调中央政府与地方政府之间、地方政府之间和部门和部门之间的关系，从而保障政策的顺利实施。近年来各地做了一些有益的尝试，在中央与地方政府之间，强调中央政府避免用计划指令的方式，而是充当一个组织者、协调者和裁判者的角色。比如在安徽和浙江千岛湖水质保障生态补偿试点中，规定在监测年度内，新安江流域水环境补偿资金为每年 5 亿元，其中，中央

---

① 王亚华等：《水环境管理责任机制研究》，第 10 ~ 11 页。

财政出 3 亿元，皖浙两省各出 1 亿元，以两省交界处水域为考核标准，上游安徽提供水质优于基本标准的，由下游浙江对安徽给予补偿，劣于基本标准的，由安徽对浙江给予补偿。在这个过程中，中央政府并不直接干预地方水务，而是通过裁判者的角色来进行调控，是一个很好的尝试。另外，在太湖流域的联席会议制度中，环保部领导任领导小组组长，浙江、江苏、上海等省市政府环保行政部门领导任成员，在这个过程中，中央政府和部委起了一个协调统筹的作用。这些府际协调的措施，能较为有效地克服划地为界的分块执行困局，实现了权责关系的动态平衡。

可见，在目前中国的政策执行中，政府体制扮演着非常重要的角色，而权责关系又是影响执行体制效率的最重要一环。从中国流域环保政策执行的实践来看，我们能得出三条经验。第一，权责过于分散将会导致政策执行最终无法落实到具体的主体，一项政策应由一个主要部门来主导落实，并要对管理权限进行适当的集中；第二，在权责关系的层级上，要突出政策执行的不同任务和重点，不然就会将任务层层积压到基层，不利于政策执行的分工；第三，要改变以往各管一摊的思维，特别是面对跨界公共问题，要注重协调机制的建设和利益关系的调节，从而实现权责关系的动态平衡。

第四节 重塑政策执行力的整体性构思

提升政策执行力是一个系统性的工程，从政策执行力的影响因素来看，我们需要从宏观上把握政策环境的变化和整个“政治 - 行政”系统的变革方向，在此基础上探索中观的执行体制的调整和完善。另外，组织机制作为政策执行的微观基础，对它的改善也是必不可少的环节。从上述思路出发，我们将尝试提出政策执行力提升的整体性构思。

一　政府执行环境的宏观趋向

中国正经历着市场化、城市化、信息化、工业化和法治化的进程，所面临的公共问题也越来越带有系统性和复杂性，许多问题牵一发而动全身，在这种背景下，“政治－行政”系统必将经历深刻的变革。总体上看，政府所处的治理环境将经历从任意揽权向制度化授权、从单向统治向合作治理、从硬性权力向软性权威的历史性转变。

（一）因责定权：从任意揽权向制度化授权转变

张康之等通过对公共行政概念的深入探究，认为政府的形态要经历从专制、管理到服务三个发展阶段[①]，当政府发育到一定程度，“服务型政府”将必然成为未来政府的发展诉求和方向，而服务型政府的背后是责任政府，责任政府要求政府行为应该是以责任为导向的，政府的一系列权力也只有在责任确立的前提下才能赋予。只有在确立“因责定权”逻辑的前提下，才能明确权力的边界，界定不同政府组织之间的关系，降低组织间的权力冲突，从而克服任意揽权的现象。具体地，政策执行要从任意揽权向制度化授权转变，首先要正视自由裁量权的问题，应该赋予基层政府和工作人员足够的决断权，来保障政策执行的灵活性和弹性；其次要充分重视组织和制度建设，对政策执行的相关程序和环节做具体详细的规定，明确操作人员权责，形成操作手册，以便在授权过程中有章可循；最后，要做到制度化授权，对于责任的追究环节是必不可少的，当权责配属明确时，则要确立对责

① 张康之、张乾友等：《公共行政的概念》，中国社会科学出版社，2013。

任的追究机制，政策执行哪个环节出问题，就追究哪个环节的责任，使权力失去任意收放的空间，最终达到规范权力的目的。

（二）责任共担：从单向统治向合作治理转变

当明确了政府的朝责任型政府的发展方向，也就强化了责任的优先确定原则，那么，责任确定的内容和形式应该是怎样的呢？这是一个行政体制需要回应的重大问题。人类社会自工业化时代以来，经济发展与社会建设取得了空前的成就，与此同时，人类社会也面临着日益复杂的公共问题。在我们看来，人类对公共事务的管理，已悄然进入了"治理时代"。在治理时代中，权力责任的划分和配置形态亦发生了重要的变化，以往责任分割，各负其责，划地为界的责任配属已不能应对新时期变化迅速和跨界公共问题的挑战，公共管理不可避免地要走上责任共担的阶段，以往的单向统治模式将向着合作治理不断演变。与此同时，责任共担亦将改变责任碎片化的现状，在这个过程中，权责关系将越来越趋于细化、动态和紧密。政策执行需要各个行动主体的通力合作，如何在责任共担的治理时代下处理好各行动主体之间的权责关系，减少合作的体制性障碍，是政策执行研究和实践要进一步探索的时代命题。

（三）权力行使：从硬性权力向软性权威转变

在因责定权与责任共担的前提下，权力基本上能得到优良的配置，接下来需要解决的是权力如何行使与落实方式的问题。以往的权力行使广泛应用强制执行的方式，虽然这种权力的行使方式保障了事务落实的刚性和推进的效率，但这种方式却因与执行对象的心里不相契合，往往会引起不满和抵触，新的时代背景下，权力行使越来越需要依靠软性的措施和手段，通过宣传和人性化执法，强化对价值观的引导，提升政策落实的自觉性，从而有效提升执行绩效。因此，在政策的执行过程中，我们强调要提升政府的软执行力，所谓软执行力指的是政府“尊重并顺应管理和服务对象的社会心理和个体情感等因素，运用‘价值播种’、舆论宣传、文化传导、说服教育、精神感召等柔性手段”[①]来落实政策目标的程度。强化对政策的软执行，要求我们要关注民众的心理需求，将民众的需求作为管理和服务的出发点，在执行中强调与民众之间的沟通，注重对政策进行解读和宣传，创新执行和服务手段，让民众感受便利，提升履行政策的自觉性，在合作的基础上借助多方力量共同参与，提升政策执行效能和服务质量。

二 政策执行体制的权责关系优化

对于组织间关系的管理，任务和权限范围的明确界定是至关重要的。对党组织与政府组织之间、中央政府与地方政府之间、政府各部门之间、职能部门与地方政府之间等几个层面的权责关系优化，目的是构建一个合理、细化、集中、统一和平衡的权责体系，确保执行体制的顺畅运转。

（一）党政关系

所谓党政关系，根据朱光磊的解释，是指中国共产党与“政权、政府、政协、行政”等之间的一组政治关系，它包括党和人大、行政机关、人民政协以及司法机关之间的关系[②]，在政策执行中，我们主要探讨的是党与政府之间的关系。目前在党政关系中存在的主要问题是权责分离，即党委往往有权无责，而政府却有责无权，党管人却不管事，政府管事却管不了人，这种分裂的权责配置导致在政策执行过程中步调不一，政令不畅。在因

① 麻宝斌、董晓倩：《从法治到心治：政府社会管理中的软执行力》，《天津社会科学》2012 年第 3 期。

② 朱光磊：《当代中国政府过程》，天津人民出版社，2002，第 60 ~ 61 页。

责定权的原则下，党委和政府两者担负着不同的任务，党的责任是“讨论本地区范围内的重大问题并作出决议”[①]，政府的责任是“执行本级人民代表大会及其常务委员会的决议，以及上级国家行政机关的决定和命令”[②]。因此，党政关系主要解决的是决策权限和执行权限的划分问题，在决策环节中，要重视落实党的决策责任，决策出了问题要对党委加以追究，避免让政府背负无限的责任；而在执行环节中，地方层面的党政部门可以做适当调整，对党政职能重合的部分可以进行归类整合，合署办公，提升执行效率。

（二）层级关系

在执行体制的纵向层级关系上，要实现权责的有机统一，从改革财政管理体制入手，是一个可行的选择。无论是中央与地方关系，还是地方政府之间的关系，在基本原则上都应该是体现财权与事权相匹配，以事权定财权，以责任定财权。要保证财力支出向公共服务倾斜，向基层倾斜，切实增强基层政府履行职责和提供公务服务的能力。具体地，要合理分配中央和地方的税收分成和税种分配，进一步提高一般性转移支付的比例，提高地方政府的收入占比。深入推进省级以下分税体制的建设，缓解基层政府的财政困境。建立规范的地方政府举债融资机制，把地方政府性债务纳入预算管理，推行政府综合财务报告制度，防范和化解债务风险，逐步赋予地方举债权，增强地方经营的自主性。中央

① 内容引自《中国共产党章程》第二十五条“党的地方各级代表大会的职权”中第三项“讨论本地区范围内的重大问题并作出决议”及第二十六条相关内容“党的地方各级委员会在代表大会闭会期间，执行上级党组织的指示和同级党代表大会的决议，领导本地方的工作，定期向上级党的委员会报告工作”。

② 内容引自《中华人民共和国地方各级人民代表大会和地方各级人民政府组织法》第八条“县级以上的地方各级人民代表大会行使下列职权”中第一项“在本行政区域内，保证宪法、法律、行政法规和上级人民代表大会及其常务委员会决议的遵守和执行，保证国家计划和国家预算的执行”。

及中间层次的政府要更多地承担新增公共服务和社会管理职能的事责，比如社会养老保险、教育、医疗保障、环境保护等的责任，切实减少地方财政的支出负担，集中基层政府的财政资源，提升地方政府回应民众需求的能力，从而有效化解社会矛盾和风险。

（三）部门关系

对于横向各部门之间的关系，要做两个方面的调整，一方面，应该对部门行政中的决策、执行和监督三项权限做适当的区分，也就是通常所说的“行政三分”，规定发改委部门和政策研究室等决策部门只担负进行政府决策和咨询的职能，取消项目审批等执行类职能；提高专门部门，如国土与建设部门、农业部门、民政部门，执行各自业务领域政策的权限；强化监察部门、审计部门对政策执行的监督职能。以政策文本、程序手册、执行绩效合同等形式来确定决策部门和执行部门各自的权责范围，监督部门依据这些文本对决策和执行部门进行考核和监督。另一方面，可以通过整合执行职能的办法，使执行的权限相对集中到某些部门，目前的做法是相对集中行使行政处罚权。事实上，行政处罚权与行政检查权、行政调查权是密切相关的。下一步的行政改革应以集中行政执行权为基本方向。在中央和地方政府分别建立行政执行机构。

（四）“条块”关系

对于“条块”关系的优化，应该对因职责同构而形成的“上下一般粗”的管理体制和压力型体制下的责任下沉等问题做出切实的调整，这方面的工作一直推进较慢，地方政府承担着辖区内社会经济发展的全面而无限的责任，这对地方治理而言显然是不利的。“块”的重心在执行，“条”的中心在监督，目前，要把握好垂直管理的限度，实施垂直管理的必要性应该充分论证，不能随意增设，盲目地扩大垂直管理会加剧央地之间、条块之间的矛盾。应通过全面清理和大幅减少行政性审批，弱化传统的由“条条”部门配置资源的权力，减少因“条块分割”导致的职权冲突，增强地方政府从事社会管理的能力和责任。国税、地税、国土、工商、技术监督、药品监督等职能部门应重新归置给县市一级政府，并根据当地实际科学整合。同时，对纪检、监察、审计、统计等部门实行垂直管理，加大上级党委政府依法监督的力度，防止下级政府可能出现的滥用职权的局面。

三 为了政策的分析：强化组织的执行机制安排

有一个运转良好的政策执行体制，只是解决了“可以执行好”的问题，但是还没有解决“该如何执行”的问题，一项政策的有效执行还需要有一套良好的方法和强有力的工具。在此我们强调“为了政策的分析”（Analysis for Policy），它指的是通过检验政策或建议的实质，来看它的目标、可能的影响以及需要什么样的资源来贯彻落实这个政策或建议等。“为了政策的分析”聚焦每一项具体政策的特殊问题，关注“街区层面”的政策管理活动，具有强烈的问题意识和现实导向。

（一）进行政府执行预评估

在政策制定过程中，首先，要进行成本效益分析。不仅要考虑政策制定成本（制定政策所消耗的全部人力、物力、财力和时间等），还要研究其实施后的执行成本和社会成本。其次，要进行社会效益分析，包括社会稳定风险评估、服务公平性评估、服务便利性评估、社会性别差异及影响评估等。再次，要进行政策可执行性的评估。政策可执行性的评估一般应包括三个方面：一是政治可行性，即某项政策可能被多数政治团体或大多数社会公众接受，政治风险不高；二是经济可行性，即政策实施方案所必需的资源是能够充分获取的，不会产生难以承受的经济负担；三是技术可行性，即将政策方案付诸实施在技术上是可行的。另外，我们还建议增加组织能力维度的评估，侧重考察政策执行主体是否具备执行某项政策的能力和资格。特别地，要将执行的难处在政策形成时予以考虑，从一开始就建立起一些能将具体政策执行过程中的干扰变数最小化的体系。

（二）确立执行政策和计划的组织机制

在执行具体政策的层面，构建一个结构合理、权责明确的组织机制对于提升政策执行力是十分必要的。就目前而言，政策的执行在政府的一线机构一般采用部门制的分块落实模式或者领导小组的协调落实模式，分块落实的模式使一个部门负责某项政策的一个环节，虽明确了部门责任，却容易导致权责过于分散；领导小组的模式使政策执行更具权威，却容易导致决策、执行、监督的权责不清。可以考虑在推进“行政三分”改革的前提下，采用类似企业的项目组的组织形式来替代分部门的执行，或者组建专职执行的行政执行局，来解决权责分散的问题。总之，正如管理大师德鲁克所言，“除非某项任务已成为机构行为的一部分，否则任务根本无法完成，这就是说，只有当机构里的人都能将此项任务当成自己的任务，并已学会用新办法来处理老事情，人人都觉得有必要承担新任务，并已将新的决策当成自己的日常工作时，任务才有可能完成”①。而要做到这一点，需要不断探索一个结构合理的、权责明确的组织机制，谁做事谁负责，谁做成谁受益。

---

① 〔美〕彼得·德鲁克：《卓有成效的管理者》，第113~114页。

（三）重视采用新的执行手段

手段和目标两者的有效配合是政策取得预期效果的重要保证，其中，手段作为政策执行的方式方法，应得到充分的重视。随着执行环境的不断变化和政府变革的不断推进，以往运动式、强制性、简单化的执法手段已不能取得良好的政策效果。当前的政策执行迫切需要新的执行手段来加以支撑，在提供服务上，可以通过与第三方的合作，比如通过熟悉社区状况的快递公司为低保户配送食品和衣物，政府也经常借助电信部门向民众发送天气警报和重大事项消息等来提升服务质量。在与政策对象的沟通上，行政机关可以借助政策行销相关手段，比如通过与公交公司合作，在地铁站、公交车体上投放宣传节约水资源的广告，政府还可以通过与动漫公司开展合作，开发卡通人物和制作动画，向儿童宣传环境保护、保健卫生等知识来增进沟通的效果。另外，还可以通过开通网上缴税业务、增设垃圾箱的数量等手段来提升政策落实的便利度，降低人们执行政策的成本和难度。

（四）加强监控与“现场管理”

要保证政策执行取得良好的效果，需要关注和监控执行现场的相关活动，我们可以借鉴企业管理中的“现场管理”的理念和方法来改善政策的执行。“现场”是指企业在为顾客设计、生产、销售、服务及与顾客交流的地方，现场管理的目的是要保证现场的各项生产经营活动高效、有序进行，及时解决现场出现的问题，不等、不拖、不把问题与矛盾向上传递。现场管理的内容包括现场布置、日常工艺管理、劳动组织、信息管理等。[①] 对于政策执行来说，现场管理一方面要求执行者及时解决执行现场出现的问题，要求取得即刻的效果，不拖延；另一方面，现场管理

① 陈国华主编《现场管理》，北京大学出版社，2012，第2～3页。

要求执行者重视反馈一线信息，一些新情况和难以处理的问题需要执行者及时向更高层级反映，让实际问题在决策层得到解决，从而改善服务。现场管理还要求执行者具备“米提斯”的素质[①]，能敏锐洞察现场问题，感知执行环境，灵活调整执行策略，因地制宜执行政策。

总而言之，对于提升政策执行力的具体措施的探讨，也蕴含着对权责关系的重视和调整。具体来看，在前置环节应力图预判政策执行过程可能产生的新问题，筹备相关执行资源，提前做好权力责任的配属；在执行环节要重视组织机制的安排，使权责关系更为平衡统一，确保执行过程流畅；在后续环节则要重视监控和反馈，保持对权力行使进行问责追究的压力。

---

① 〔美〕詹姆斯·C. 斯科特：《国家的视角》，第428~430页。

第九章　政策执行力*

——以“十一五”时期浙吉两省节能减排政策执行为例

第一节　问题的提出

一　节能减排政策执行研究的背景与意义

（一）节能减排政策执行的研究背景

资源和环境是人类社会发展的必要保障。随着经济社会的快速发展，能源消耗逐渐增多，随之而来的排放量增多、环境污染、生态平衡遭到破坏等一系列问题也已经到了不容忽视的地步。以能源为例，1990～2010年的20年间，石油消费由1.15亿吨增加到4.5亿吨。2008年，世界煤炭消费量为67.57×10^{8}吨，其中，中国煤炭消费量为27.4×10^{8}吨，占世界煤炭消费总量的40.56%。[①] 按目前探明储量和开采能力测算，中国煤炭、石油、天然气的可采年限，分别只有80年、15年和30年。[②]

---

* 本章初稿由段易含、马文飞共同撰写完成，由笔者修改定稿。感谢浙江和吉林两省发展和改革委员会相关负责同志对项目调研工作的支持。

① 张静：《中国GDP与煤炭消费量的相关性研究》，《科技创新与生产力》2010年第9期。

② 李楠：《淄博市张店区节能减排的困境与出路研究》，硕士论文，山东大学公共管理专业，2010，第10页。

能源面临枯竭的同时，环境的污染和生态平衡的破坏给人类的社会生活造成了重大影响甚至是伤害。因环境问题而引发的群体性事件在世界各地都引起了很大的轰动。其中最有影响的群体性事件有比利时马斯河谷事件、美国洛杉矶烟雾事件、美国多诺拉事件、英国伦敦烟雾事件、日本水俣病事件、日本四日市废气事件、日本爱知糠油事件、日本富山痛痛病事件等。[①] 面对一系列环境问题引起的恶性事件和能源短缺的巨大压力，世界各国都把目标聚集到了能源和环境问题上，不同规模的关于能源和环境问题的国际会议先后在各地召开。

中国从开始重视资源、环境、生态等问题到节能减排政策的出台，也经历了漫长的过程。改革开放30多年来，中国在政治、经济、科技等各方面都取得了世界瞩目的成就，尤其是经济发展之迅速更是让世界刮目相看。然而粗放的增长方式也给中国社会带来了很多严重的问题：资源的巨大消耗、生态平衡的严重破坏、环境的重度污染，等等。这些不争的事实给中国人民敲响了警钟，在几次有关环境议题的世界会议的影响下，在一系列现实问题的压力下，中国对能源和环境问题的认识逐渐加深，有关节约能源、保护环境的相关政策陆续出台。中国从20世纪70年代开始，就有相关政策的出台。到了90年代初，节约资源、保护环境已成为中国的一项基本国策。然而，随着人口的快速增长和工业的迅猛发展，人类掘取的资源和排放的污染物大量增加，更有一些恶意破坏资源和环境的行为对生态平衡造成了灾难性后果。为此，中国政府在《国民经济和社会发展第十一个五年规划纲要》中明确提出：“十一五”时期，中国单位GDP能耗降

① 《世界著名公害事件》，《中国减灾》2007年第3期。

低20%左右，全国主要污染物排放总量减少10%。[①]“十一五”政策出台后，各地方政府纷纷响应号召，根据本地区实际情况制定了许多具体的措施，期望达到“十一五”规划中所要求的指标。现如今，“十一五”规划已经结束，因此对节能减排政策的执行情况进行评估将具有重要的意义。

（二）节能减排政策执行的研究意义

1. 理论意义

总结“十一五”期间的成绩，单纯从数字上衡量，绝大多数地方都圆满完成任务，甚至有些地区超过了国家规定的指标。以往的学术研究也都是以数字指标的完成情况为标准，来评估节能减排政策的完成情况，然而，衡量一项政策执行的效果，并不能单纯地追求表面上的数字，而是要看它实际达到的效果以及在社会上起到的作用。节能减排政策在数字达标的背后也出现了拉闸限电、上千官员蹲守在用电户电表旁边严控用电量以求完成减排任务的闹剧。因此，本章在评估节能减排政策执行情况的时候，不同于以往的学术研究单纯以数字为依据，来评判政策的执行，而是力求深入研究数字背后的真实的行为和效果，找出数字指标与实际效果不符的原因，以及政策目标出现偏差的症结所在，并总结出传统模式下政策执行中存在的缺点和不足，为今后制定和执行其他政策提供新的思路和理论依据。

2. 现实意义

浙江省位于中国东南沿海，经济发达，各种产业在此地高度聚集，生产规模相对其他省份较大，能源的消耗和污染物的排放也较多。而吉林省属于东北老工业基地之一，产业结构以重工业

---

① 《中华人民共和国国民经济和社会发展第十一个五年规划纲要》，http://www.gov.cn/gongbao/content/2006/content_268766.htm，最后访问日期：2013年12月20日。

为主，能源消耗与污染物排放总量巨大，是名副其实的能耗大省与排污大省。因此，想要完成节能减排政策所设定的指标存在很多困难，面对很大压力。虽然两省在节能减排指标制定与实施上都做出了较大努力，完成上尚属圆满，但也出现了很多问题。本章选取两省为研究对象，以两省的客观现状以及节能减排的实施情况作为切入点，深入分析节能减排政策给浙江和吉林两省的生产、生活等各个方面带来的实际影响，以及它所带来的长远的效果。在研究中，本章将对节能减排政策本身以及政策执行中的各个因素进行深入剖析。其中不仅涉及执行政策的主体——各地负责执行和监督的政府部门，还将涉及政策客体，即政策客观环境及政策本身。希望为解决节能减排所面临的实际问题提供有效的帮助，并为节能减排政策下一步的执行提供现实依据。

二　节能减排政策执行力研究现状

（一）政策执行力的研究现状

1. 国外关于政策执行力的研究

政策科学诞生于20世纪50年代，当时的政策科学偏重于政策的制定研究，学者们认为，如果一项政策本身是科学合理的，那么只要分配适度的经费和相关人员去执行该政策，一定会顺利达到政策目标。然而自20世纪60年代末开始，政策执行失败的例子频频出现，公共政策的执行逐渐引起了学者们的重视。陈振明认为，西方政策执行力研究的理论主要有四种途径：“自上而下”“自下而上”“政策/行动连续统”途径以及工具选择途径。[①] 在这里，我们将其总结为“自上而下”途径、“自下而上”途径以及综合途径。

① 陈振明：《西方政策执行研究运动的兴起》，《江苏社会科学》2001年第6期。

第一，“自上而下”（top-bottom 或 top-down）的研究途径。这是政策执行的第一代研究方法，这种途径认为，政策是由上级制定的，制定后的政策被分解和具体化为各种指标，由下级官员来执行。这种途径关注的焦点是政策制定者，认为制定者的行动是政策是否生效的关键。代表人物有史密斯（Smith，1975）、米特与霍恩（Meter & Horn，1975）、萨巴蒂尔与梅兹曼尼恩（Sabatier & Mazmanian，1979）、爱德华三世（Edwards Ⅲ，1980）。

第二，“自下而上”（bottom-top 或 bottom-up）的研究途径。这是政策执行的第二代研究方法。该途径以组织中的个人为出发点，政策执行链条中最底层的执行人员被认为是政策执行的关键因素，强调政策的成功与否主要取决于政策直接执行者的态度、方法和行为。贺恩（Benny Hjern）和波特（David O. Poeter）对执行结构的研究是此研究途径的主要代表。

第三，综合途径。这种途径被称为政策执行的第三代研究方法。第三代研究试图综合和超越第一代和第二代的理论。第三代研究范围扩大到政府间以及各组织间的关系层面上。研究方法和研究工具也逐渐多样化，运用制度分析、政策网络、治理理论等分析工具，认为政策执行不仅关系政策的制定者和执行者，同时还包括政策所涉及的各个组织间的关系层面。代表人物有郭锦（Malcolm L. Goggin）等人。萨巴蒂尔的宣导联盟框架是整合模型的典型代表。

2. 国内关于政策执行力的研究

中国学者对政策执行力的研究开始较晚，20 世纪 90 年代中期才逐渐出现一些关于政策执行的研究。中国政策执行力研究是在引进西方政策科学研究成果上产生的，并伴随着党和国家领导人对政策执行认识的加深和态度的变化而发展起来的。2007 年，温家宝在十届全国人大五次工作会议上所做的政府工作报告中提到了政策执行力，强调“全面提高行政效能，增强政府执行力和公信力”，这都充分说明了党和政府对政策执行力的能力和效力问题的高度重视。

有一部分学者从政策执行阻滞及其消除的角度对政策执行进行研究。如丁煌在《政策执行阻滞机制及其防治对策——一项基于行为和制度的分析》一书中从行为与制度方面来研究政策执行者存在阻滞的原因及防治对策；金太军、钱再见等在《公共政策执行梗阻与消解》一书从政策执行系统入手，对政策主体、政策客体、政策环境的因素进行分析，同时对政策的过程及结果进行评估，找出政策执行的梗阻，并提出多方面的建议。

有一部分学者则侧重理论在实践中的应用，他们以具体问题为出发点，对某一项具体政策的执行进行不同角度的评估。刘军在《淮河水污染治理政策执行评估》中运用博弈论模型对政策执行进行评估。吴泽斌、刘卫东在《耕地保护政策执行力的测度与评析》一文中运用定量分析的方法评价中国耕地保护政策的执行力。

还有一部分学者从非线性理论的角度对政策执行力进行研究。如傅广宛认为，政策执行过程中的许多现象表现出非线性的特征，如滞后特征、共振特征、临界慢化特征以及多值响应等特征。[①] 从非线性角度研究政策执行中的复杂现象，可以使研究视角更加多元化，为深入进行公共政策的量化研究打下良好基础。

（二）节能减排的研究现状

国外关于环境保护的研究可追溯到 1962 年。美国生物学家

① 傅广宛：《非线性视角中的公共政策执行过程》，《中国行政管理》2003 年第 5 期。

雷切尔·卡森发表了她的著名论著《寂静的春天》，作者运用生态学中的食物链原理提出了人类对于鸟虫等生物的杀害，会对环境产生破坏，影响人类的生活甚至是生存。雷切尔·卡森的这本书引起了极大的轰动，唤起人们对自然环境的关切和重视，改变了人们头脑中传统的自然观念，从而影响了历史的发展进程。

1972 年 6 月 5 日，“联合国人类环境会议”召开。此次会议是首次全世界范围内的关于人类环境的会议，在世界环境保护史上具有重要意义。丹尼斯·米都斯在《增长的极限》中提出，我们对于能源的利用已经给地球造成了沉重的负担，未来的人口、粮食、不可再生资源的利用和环境污染等问题都是人类将面临的重大考验。

1987 年，由 21 个国家的社会活动家和科学家组成的世界环境与发展委员会正式成立。该委员会用了近三年的时间，在全世界的范围内，广泛听取了政府领导人、科学家、专家、有关公民组织以及成千上万的农民、棚户区居民、青年、企业家、土著和部落居民就环境和发展问题发表的意见，在此基础上完成了报告——《我们共同的未来》。报告中，作者分析了当前世界在自然与人的发展上存在的问题，并正式提出了“可持续发展”的模式。

20 世纪 90 年代末，全球气候变暖引发了全世界人民的环境保护意识，节能减排的观念越来越受到推崇。伴随世界范围内的理论研究的深入，各国的节能减排活动也日趋盛行，日本、美国以及北欧诸国等作为节能减排的先行国家，在实践中也积累了丰富的经验，为其他国家节能减排提供了参考。

中国对节能减排的研究始于 20 世纪 80 年代初，在借鉴国际经验的基础上，运用不同的理论方法，从不同视角对节能减排进行了分析和研究，试图总结出适用于中国的节能减排道路。

有些学者针对国外节能减排相关政策进行研究，从中找出值得中国借鉴的经验。比如，张炜、樊瑛（2008）总结了德国的经验。张通（2008）针对英国节能减排政策的特点进行分析和研究。杨勇、曹睿（2010）总结并分析了美国节能减排的主要措施。杨书臣（2008）对日本节能减排的特点进行了分析研究。

有些学者则运用数据和模型的方法，对中国的经济增长与能源环境问题的关联程度进行分析。比如，郎志正（2007）对中国经济增长与能耗的关系进行分析，并与国外的先进水平进行比较，分析中国的现状。郑玉歌和马纲运用 CGE 模型，对在中国通过征收碳税以减少 CO_2 的排放量进行了成本分析。雷明（2001）构造了中国的资源 - 能源 - 经济 - 环境系统投入产出表，分析了征收环境税费对能源价格的影响，试图寻求解决能源环境问题的新途径。

还有很多学者从某一个具体的行业入手，研究节能减排政策。根据不同行业的特点，从技术创新、管理模式、政策机制等方面入手分析该行业在节能减排方面的特点，找出现阶段存在的不足，分析原因，并提出相应的解决对策。比如，徐春锦（2002）、吴志彪（2008）等人分析了建筑行业的能耗现状，期望从建筑的规划设计、建筑材料的创新和选择等方面实现节能减排。

此外，还有部分学者研究税收等相关政策对节能减排政策的影响，并为构建科学合理的客观环境提出建议。比如，周金荣（2009）、张文（2009）等提出了建立和完善与节能减排相关的税收政策的建议。刘伟、鞠美庭、肖元真（2008）等认为，优化产业结构能促进节能减排政策的更好实施。

三 节能减排政策执行力的相关概念

节能减排：节能，即节约能源，提高能源的使用效率，降低能源消耗的速度；减排，即减少污染物（包括废气、废水、固体污染物、光化学烟雾以及噪声等）的排放，同时也意味着对已排放污染物的有效处理。节能减排一词出自中国“十一五”规划纲要，纲要提出了“十一五”期间单位国内生产总值能耗降低20%左右、主要污染物排放总量减少10%的节能减排目标。

政策执行力：一般是指公共政策执行主体为了达到政策目标，通过对各种政策资源的调度、控制和使用，有效地执行公共政策的能力和效力。[①] 在本书中，我们把政策执行力理解为特定政策主体实现其政策目标的实际程度。

政策评估：政策评估就是政策评估主体依照一定的标准，运用特定的方法，对政策的科学性、可行性及其实施后的效果、效益与效率进行的分析、比较与综合后所做出的一种价值判断，以此作为决定政策继续、调整或终结的依据。[②]

第二节 浙吉两省节能减排政策的制定与执行

一 吉林省与浙江省节能减排政策制定的背景及现状

“节能减排”出自中国“十一五”规划纲要。纲要提出，在“十一五”期间，中国单位国内生产总值能耗需降低20%左右，单位工业增加值用水量降低30%，主要污染物排放总量减少

---

① 申喜连：《论公共政策执行力：问题与对策》，《中国行政管理》2009年第11期。

② 陶学荣、崔运武主编《公共政策分析》，华中科技大学出版社，2008，第295页。

10%。2006年开始，全国进入“十一五”规划的实施阶段。为实现国家规定的节能减排目标，各省市区的相关政策也相继出台。吉林省作为东北老工业基地之一，以往高能耗高污染的工业生产模式必然不适应当下可持续发展趋势，因此，吉林省的振兴与发展必然离不开节能减排目标的实现。减少高能耗、高污染的生产方式，转变经济增长的方式和驱动力，这是摆在吉林省面前亟待思考和解决的难题。迫于现实压力，早在“十一五”规划提出节能减排政策之前，吉林省很多企业就已经开始在生产中采取节能措施，以降低成本，提高经济效益。浙江省地处中国东南沿海地区长江三角洲南翼，是中国发展最早的区域之一，浙江省经济发展速度快，但浙江的陆域矿产资源尤其是能源资源贫乏，伴随经济的快速增长，各种原材料的使用量不断增加，资源与能源短缺的问题日益加剧。因此，很多企业主动采取措施，提高使用效率，减少燃料等消耗品的使用量，以求降低成本，提高经济效益，使循环经济得到进一步发展。各行各业都积极利用行业特点，努力实现低能耗、低排放。

要判断政策执行的程度和水平，首先要了解政策予以执行的现实环境，既包括具体地区的能源资源状况，同时更要清楚与能耗息息相关的经济水平、产业结构以及消费结构。在这里，我们通过对比吉林省与浙江省在这几个方面存在的异同，来充分了解在节能减排政策制定与实施的政策环境中各自有哪些特点，从而更加客观地评估政策本身、政策执行以及政策结果。

（一）经济发展水平

经济发展水平代表一个国家、地区、城市等创造经济价值与财富的能力，同时也代表同外界的竞争力以及对外部投资者的吸引力。从经济实力来看，吉林省属于东北老工业基地，改革开放以来，随着中国经济增长方式的转变，吉林省经济发展速度放缓。2011 年，吉林省地区生产总值为 10568.83 亿元，占全国 GDP 的 2.23%。[1] 浙江省一直以来是经济大省，临近东海，航运交通便利，地处中国东南沿海地区长江三角洲南翼，是中国最早发展的地区之一。同时，浙江省受上海地区经济发展的辐射，在国家政策和招商资源上更具优势。据统计，2011 年浙江省的地区生产总值为 32318.85 亿元，是同年吉林省地区生产总值的 3 倍。[2] 由此可见，浙江省的经济实力与发展水平是远高出吉林省的。从引进外资方面来看，吉林省在引进外资方面一直较为重视，并出台了一系列的政策法规等为外资的引进提供便利条件，但是由于地处中国的东北部，区位相对封闭，因此在招商引资方面缺乏长江以南地区所具有的区位优势。浙江省位于中国的江淮地区，拥有良好的经济基础和便利交通，更易吸引外资。同时，由于 30 多年来，西方发达国家逐步实现了经济转型，将产品加工与生产向发展中国家转移，而浙江省作为具有良好区位优势和充足劳动力的经济大省，更受到外资企业的青睐。

（二）能源、资源储备

能源和资源的储备往往决定了一个地区的产业组成和消费方式。从吉林省来看，油母页岩、石油、天然气等能源储量可观，水力、电力、风力等资源较为丰富。据统计，油母页岩初步探明蕴藏量为 174.5 亿吨，占全国的 56%，位居全国第一。水电资源主要集中在全省东部，如松花江、图们江、鸭绿江等流域水力资源丰富，水电装机容量为 500.81 万千瓦。相比之下，煤炭、铁矿石等主要消费能源储量较为不足，且近年来开采速度加快，资源利用已超过多半。2009 年吉林省煤炭储量为 12.8 亿吨，仅

---

① 中华人民共和国国家统计局编《中国统计年鉴（2012）》，中国统计出版社，2012，第 44 页，第 56 页。

② 中华人民共和国国家统计局编《中国统计年鉴（2012）》，第 56 页。

占全国储量的0.4%。全省铁矿石储量为2.4亿吨，不足全国铁矿总储量的1.2%。吉林省人口有2700多万，每年能源消费量巨大，煤炭、铁矿作为主要消耗能源，开发利用前景不容乐观。相比之下，浙江省尽管具有丰富的太阳能、风能、水能、地热能、潮汐能，但是传统能源匮乏。据统计，在2008年全国各地能源生产总量的排名中，吉林省能源生产总量为3773.4万吨标准煤，而浙江省能源生产总量为1228.8万吨标准煤。[①] 由此可见，浙江省的能源产量并不如吉林省，是名副其实的资源小省。作为一个资源小省，经济发展迅猛的大省，必然需要以大量的能源与资源的消耗为基础，因此能源与资源的严重紧张必然成为浙江省发展过程中的难题，节能减排至关重要。

（三）产业结构

产业结构和能源总量、能耗强度、环境污染状况、污染物排放之间有着明显的关联性，据专家测算，结构节能对总节能量的贡献率为60%～70%。这说明产业结构转型升级是推动节能减排的主导因素，因此了解当地区域产业结构，对于改善高能耗、高污染状况，提高能源使用率，具有关键性作用。吉林省作为东北老工业基地之一，是能耗密集型的产业结构。从宏观上看，工业仍是能耗消费的主体，耗能较低的第三产业发展相对缓慢、比重偏低。2005年，全省工业企业终端能源消费总量为4014.6万吨，占全省能源终端消费总量的68%。从工业内部结构看，工业经济增长仍主要依靠重工业的增长来拉动。2005年，吉林省重工业实现增加值占全部工业的比重高达79.8%，比全国平均水平高12个百分点，轻工业仅占20.2%。2010年，全省重工业增加值为2707.8亿元，而轻工业实现的增加值则不到重工业的

① 《新中国六十年统计资料汇编》，中国统计出版社，2010，第308、444页。

一半。由此可见，吉林省的轻重工业比重明显不合理。2010 年，浙江省三大产业的产值比重为5.0∶51.9∶43.1，而三大产业能耗比重为 2.4∶81.5∶16.1，显然，第二产业的工业比重过大，耗能过高，产业结构和转型升级问题亟待解决。在工业领域中，浙江省产业结构以轻工业为主导，轻纺、机械、电子、食品、皮革、纺织、工艺品、服装等行业在国内甚至国外市场具有较强的竞争优势。但也存在重工业规模逐年扩大，比重渐渐上升的现象。传统产业如石化、水泥、火电、冶金等的工业产值占全部工业产值的 1/3 左右，但相应的能耗总量占全省工业总能耗的 80%。高能耗、高污染的产业比重和能耗比重过大，需要向第三产业和现代服务业转型。

（四）消费结构

吉林省属于温带季风气候，冬季寒冷且时间较长，煤炭在冬季取暖上起到重要作用，因此对煤炭的消耗量巨大。此外，因具有以煤炭为主的低级消费结构，煤炭消费在总能源消费结构上的比重也是非常大的，而石油、天然气所占比重则偏低，但对外贸依存度依然很高，一旦国际上这些资源的价格发生波动，对吉林省的影响将是巨大的。浙江为亚热带季风气候，夏季炎热，冬季较冷，但煤炭供暖较少，依靠电力取暖较多，空调等成为降暑与避寒的重要方式。浙江省的能源结构同样是以煤炭为主。其中，煤炭占62%，石油占21.6%，天然气占1.4%，水电、风电和核电占8.1%，其他能源品种占6.9%。由此可见，浙江省的能源结构呈现高碳化特征，化石能源占一次能源的比重达 84%。此外，浙江省在家庭能源消费结构上也存在高碳化问题。浙江省的汽车保有量是 500 万辆，私家车极大地改变了家庭能源的消费结构，同时也引起了极大的碳排放问题。这些不合理的消费结构都将成为节能减排过程中亟待调整和解决的问题。

二 吉林省与浙江省节能减排政策的制定

针对具体省情，吉林省和浙江省都制定了相应的节能减排政策，以期完成“十一五”规划的目标，节能减排政策在各省内陆续开展起来。

(一) 吉林省的政策内容

为了完成“十一五”国家下达的约束性任务，出台了《吉林省节能“十一五”规划》和《吉林省节约能源条例》，发布了《吉林省人民政府关于印发节能减排综合性工作方案的通知》，确定了“十一五”时期吉林省节能减排的目标：单位 GDP 能耗下降22%，主要污染物化学需氧量（COD）下降10.3%、二氧化硫（SO_2）排放量下降4.7%。

在省委、省政府的领导下，吉林省各市县积极响应刚性目标的号召，并依据具体情况制定了各市县节能减排政策措施。如长春市政府成立了节能减排工作领导小组，并制定了《长春市节约能源条例》《节能目标考核责任书》《主要污染物减排责任书》，分别把全市节能减排的目标任务、权责内容细化到各个区、县及重点工业部门、主要企业等，切实做到权责统一、责任明确、统筹发展、区域协调。吉林市政府办公厅下发了《关于吉林市节能减排工作目标体系及责任分工的意见》，其主要目标包括“十一五”时期节能减排综合指标和2007年综合指标削减量，明确了主要任务和责任分工。松原市则进行了资源性城市加快经济发展方式转变的思考，在正视市情基础上，制定了“一二三四”战略：抓住科学发展和转变经济发展方式的一条主线；紧扣促进经济结构转型和实施富民惠民工程两大任务；突出重点推进工业化、城镇化和农业现代化的三个重点；强化推进大项目建设、推动创新发展、深化改革、实施人才强市战略的四项措施。

(二) 浙江省的政策内容

浙江省的节能减排任务具体分为两个方面来执行。

在节能方面，浙江省开展了“十百千”行动。“十”，围绕十大节能工程，利用先进的节能技术对高污染和高能耗行业的设备和生产方式进行节能改造；“百”，即每年投入专项资金，支持100项重点的节能项目的研发和推广；“千”，即对1311家大型用能企业进行重点的关注，加强用能管理，推广节能技术，让这些重点用能企业的经验和成效为其他企业起到带头示范作用。具体措施包括改进装备设置、加快技术创新、推进建筑节能、倡导新能源利用等。

在减排方面，浙江省提出通过“811”环境污染治理工程解决环境问题。“811”是对浙江省已受污染区域的概括。“8”是指以钱塘江水系为主的8大水系；“11”是指浙江省内的11个省级环境保护重点监管区。随着时间的推移和环境的不断变化，“811”工程的内涵也在不断变化，新一轮的“811”工程被赋予新的任务和使命。“8”指要实现污染减排，工业污染防治，城乡污水、垃圾及其他固体废弃物处置等8个方面的工作目标。“11”既指省级督办的11个重点环境问题，又指加快经济发展方式，从源头上解决环境问题等11项保障措施。浙江省先后出台了多项政策法规以及综合性文件以保证“811”工程顺利实施。

三 吉林省与浙江省节能减排政策的执行

(一) 吉林省的执行情况

1. 节能情况

(1) 单位GDP能耗呈下降趋势

“十一五”期间，吉林省单位GDP能耗呈持续的下降趋势，规划开始的前四年，单位 GDP 能耗分别比上年下降 3.32%、4.41%、5.02% 和 6.19%。数据统计显示（见表 9－1），2009 年吉林省全社会综合能源消费总量为7697.77 万吨标准煤，单位 GDP 能耗为 1.209 吨标准煤，单位 GDP 能耗呈逐年连续下降的态势。与 2005 年相比，2009 年能源消费总量增加了 2382.37 万吨标准煤，年均增长 595.59 万吨标准煤，万元 GDP 综合能耗下降约 0.26 吨标准煤，累计下降 17.66%。2010 年预期目标为单位 GDP 下降 5.6%，而在第一季度就完成了能耗下降目标，节能成效显著，继续保持下降势头。

表 9－1 吉林省 2005～2009 年单位 GDP 能耗及降低率

年份	能源消费总量（等价值为万吨标准煤）	万元 GDP 综合能耗（吨标准煤）	环比降低率（%）	累计降低率（%）
2005	5315.40	1.468		
2006	5908.21	1.419	3.32	3.32
2007	6557.34	1.357	4.41	7.58
2008	7221.41	1.289	5.02	12.22
2009	7697.77	1.209	6.19	17.66

资料来源：《吉林统计年鉴（2010）》。

（2）单位 GDP 电耗持续下降，并维持较低水平

在表 9－2 中，2005 年吉林省万元 GDP 电耗指标为 1044.75 千瓦时，而到 2009 年万元 GDP 电耗则为 811.13 千瓦时，减少了 233.62 千瓦时，累计下降率为 22.55%，比全国平均水平低 30% 以上。2006～2009 年四年中，环比降低率分别为 5.15%、3.39%、7.49% 和 8.64%，呈现逐年降低趋势。

表 9－2　吉林省 2005～2009 年单位 GDP 电耗及降低率

年份	电力消费总量（万千瓦时）	万元 GDP 电耗（千瓦时）	环比降低率（%）	累计降低率（%）
2005	3782271	1044. 75		
2006	4124577	990. 91	5. 15	5. 15
2007	4626384	957. 23	3. 39	8. 37
2008	4964888	885. 93	7. 49	15. 23
2009	5152544	811. 13	8. 64	22. 55

资料来源：《吉林统计年鉴（2010）》。

（3）工业节能效果明显

吉林省一直以来都将减少工业领域的能源消耗作为全社会节能降耗工作的重中之重，为突破工业高耗能、高污染的瓶颈，使节能工作迈上一个新的台阶，全省积极组织落实国家“十大节能工程”，并结合省情布置重点节能工程措施，为节能降耗工作提供依据。“十一五”期间，为保证全省经济持续较快发展，降低单位 GDP 能耗，将第二产业作为突破口，着力调整工业内部产业结构，淘汰不符合国家节能要求的企业，加大技术资金投资力度。到 2010 年，全省规模以上工业企业万元增加值综合能源消耗同比降低 12. 0%，工业节能效果显著，并为全省各行各业的节能降耗起到了积极的示范效果和良好的带动作用。①

长期以来，吉林省粗放式的经济增长方式带来了严重的环境污染和生态破坏，盲目追求经济总量的增长而忽视了与环境生态的协调发展。为了使污染物排放不超过环境承载量，扭转环境持续恶化的危险局面，吉林省在“十一五”期间推行了一系列减

① 《吉林省 2010 年国民经济和社会发展统计公报》，http：//www. ce. cn/macro/more/201103/09/t20110309_ 22284094. shtml，最后访问日期：2013 年 6 月 19 日。

排环保政策，积极构建和谐的城市环境。

2. 减排情况

（1）主要污染物总量减排取得一定成效

2008 年 10 月 29 日，吉林省正式成立了化学工业循环经济示范园区，其最大特点是实行环境保护一体化，对工业生产所带来的废气、废水、固体废弃物等主要污染物进行统一集中处理，成效较为显著。在表 9－3 中可以看到 2006～2010 年这五年中，化学需氧量持续下降，二氧化硫排放不断减少，截至 2009 年已提前完成“十一五”规划时期的节能减排预期任务。2010 年全省化学需氧量（COD）排放量 35.2 万吨，比上年下降 2.5%；二氧化硫（SO_2）排放量 35.6 万吨，同比下降 1.9%，两项指标分别完成“十一五”时期削减任务的 130.5%、142.8%。

表 9－3　吉林省 2006～2010 年主要污染物总量情况

单位：万吨

时间	2006	2007	2008	2009	2010
化学需氧量	41.7	40.0	37.4	36.1	35.2
二氧化硫	40.9	39.9	37.8	36.3	35.6

资料来源：《吉林统计年鉴（2010）》和《吉林省 2010 年国民经济和社会发展统计公报》。

与此同时，吉林省政府为加大减排的力度，出台了减排保障奖励办法，对超额完成年度减排目标的，将按照减排目标额度标准分别予以一、二、三等奖的表彰奖励。对未完成 COD 和 SO_2 任一项目标的工业企业部门，将给予通报和处罚。在政府的大力号召下，各工业企业积极响应，减排状况得到进一步的改善。

（2）工业污染治理能力显著提高

“十一五”时期，工业污染治理受到全省高度重视，尤其是工业三废的减排能力逐步提高。在工业废水的治理上，2009年废水治理设施由2005年的681套下降到638套，而设施的处理能力由2005年的170万吨/日提高到282万吨/日，废水排放总量也由41189万吨减少到37563万吨。在工业废气和固体废弃物的整治上，废气中烟尘去除量、粉尘去除量、烟尘排放量明显减少，固体废弃物的综合利用量显著增加。工业三废治理取得的成效也推动了水污染防治的进程。2010年，全省列入松花江流域“十一五”时期水污染防治规划的86个项目已全部完成。列入辽河流域“十一五”时期水污染防治规划的26个项目已完成21个。全省17条江河的64个监测断面中，好于Ⅲ类水质断面的占56.3%，有9个断面水质好于上年，占断面总数的14.1%。松花江流域出省界断面稳定保持国家规定的水质要求。①

（二）浙江省的执行情况

自2005年节能减排目标提出开始，浙江省根据国家的要求，结合自身情况制定了节能减排相关政策，并分解目标，将节能减排工作落实到具体的工作中去。根据分解后的任务指标，浙江省应实现每年单位GDP能耗降低4%，主要污染物排放总量每年减少2.5%的目标。

（1）节能情况

表9-4为2005~2010年浙江省万元GDP能耗的情况，经过对比分析发现，与2005年相比，从2006年开始，浙江省万元

① 《吉林省2010年国民经济和社会发展统计公报》，http://www.ce.cn/macro/more/201103/09/t20110309_22284094.shtml，最后访问日期：2013年12月1日。

GDP 能耗开始显著下降，但是 2006 年能耗下降率为 3.5%，并未实现全省每年单位 GDP 能耗降低 4% 的年度目标，加大了 2007 年乃至更长一段时间内完成节能减排任务的困难。

表 9-4　浙江省万元 GDP 能耗（吨标准煤）情况（2005~2010 年）

年　份	2005	2006	2007	2008	2009	2010
万元 GDP 能耗(吨标准煤)	0.9	0.87	0.83	0.78	0.74	0.72
万元 GDP 能耗下降率(%)(与上年比)		3.5	4.6	6.0	5.1	3.2

资料来源：浙江省统计局。

（2）减排情况

表 9-5、表 9-6、表 9-7 分别表示 2005~2010 年，浙江省废水、工业废气和工业固体废物的排放及再利用情况。通过分析我们发现，三废的排放量总体呈现逐年递增的趋势。二氧化硫、烟尘和粉尘的排放量逐年递减。三废的重复再利用率逐年递增。且增幅明显。

表 9-5　废水排放及处理利用情况（2005~2010 年）

单位：万吨

年　份	2005	2006	2007	2008	2009	2010
废水排放总量	313196	330694	338101	350377	365017	394828
生活及其他	120770	131101	136890	149889	161575	177402
工业	192426	199593	201211	200488	203441	217426
工业废水排放达标量	185978	172414	173220	182094	193847	209195
工业重复用水率(%)	37.95	48.36	63.00	62.20	60.60	57.40

资料来源：浙江省统计局。

表 9-6　工业废气排放及处理利用情况（2005~2010 年）

单位：万吨

年　份	2005	2006	2007	2008	2009	2010
工业废气排放总量(亿标立方米)	13025	14702	17467	17633	18860	20434
燃料燃烧废气排放总量	8148	9216	11542	8881	11913	13480
生产工艺废气排放量	4877	5486	5925	6143	6947	6954
二氧化硫排放量	83.1	82.90	77.59	71.59	67.70	67.80
烟尘排放总量	19.9	19.50	17.20	16.49	17.97	17.40
粉尘排放总量	23.10	22.00	20.30	17.13	16.83	13.90

资料来源：浙江省统计局。

表 9-7　工业固体废物排放及处理利用情况（2005~2010 年）

单位：万吨

年　份	2005	2006	2007	2008	2009	2010
工业固体废物生产量	2514	3096	3613	3785	3910	4268
工业固体废物排放量	5.64	5.18	1.44	1.67	0.78	0.62
工业固体废物综合利用量	2336	2855	3334	3498	3586	4033
工业固体废物贮存总量	24.61	90.15	101.06	222.53	74.70	68.90
工业固体废物处置量	157.65	161.91	179.06	180.61	255.96	174.48
工业固体废物综合利用率(%)	92.56	91.77	92.23	92.19	91.55	94.31

资料来源：浙江省统计局。

从上述各种指标的变化趋势我们可以看出，节能减排的各项指标都是朝着“十一五”规划的目标趋近的，然后从变化幅度我们可以看出，2005 年和 2006 年是“十一五”规划的开端，各项指标朝着良好的方向发展，但是变化幅度较小，且 2006 年万元 GDP 能耗没有达标。但是由于节能减排前期压力小，很多手段可以应用，所以节能减排工作相对轻松。2008 年以后的节能减排工作空间趋小，潜力受限，加上受国际金融海啸的影响，不少企业经营受困，资金短缺，节能减排挖潜受阻状况进一步加剧。尽管如此，浙江省节能减排工作并没有松懈。对于一些离目标差距较大的项目，在2010年开始了冲刺。尤其是到了2010年最后一个季度，因为还有部分节能减排任务未完成，节能减排的工作力度明显加大。

第三节　浙吉两省节能减排政策执行中存在的问题

节能减排政策在全国开展以来，取得了良好的效果和一定的成绩，但是在实施的过程中也存在一些问题和不足。吉林省和浙江省根据本区域的状况制定了一系列的应对办法，颁布了相关政策法规，力求将节能减排政策落到实处。综观“十一五”时期的节能减排成果，从政策计划与制定、政策实施与执行，再到对政策结果的评估，两省在政策本身、政策执行主体、政策执行对象以及政策环境这几个方面都存在一定的共同性问题，同时由于省情不同，也存在一些特殊性问题。

一　共同性问题

（一）政策本身

第一，高额的节能减排成本为政策执行造成一定的压力。

一项政策的执行需要支付较高的政策成本，不仅包括政策投入的人力、物力、财力的成本，同时也包括由于政策实施所引起的预期经济效益的折损。节能减排政策是由政府自上而下推行的，在政策执行过程中，不仅涉及各级政府部门，同时也包括不同产业部门、私营企业、公民个人。因此，平衡好不同主体的利益，减少政策推行的阻力，必然需要较高的政策成本作为支撑。另外，由于节能减排政策的实施，一些以高能耗为主的生产受到了极大的限制，高能耗不再产生高经济效益的增长，也使得一部分企业承担了政策所带来的潜在效益的损失。“十一五”期间，浙江省实施节能重点工程，五年间，浙江全省平均每年对节能减排的专项投入都在 50 亿元左右，2010 年更是高达 82.07 亿元。累计投入近 280 亿。执行政策的人数众多，其中包括直接负责政策执行的各级政府人员、基层工作人员、监督人员、技术创新的科技人员，等等。此外，节能降耗实施以来，浙江经济增长受到限制，在一定程度上阻碍了经济发展，造成了一定的经济损失。这是节能减排所带来的负面效应。类似的是吉林省的化工、火电在“十一五”期间，由于受到节能减排政策的影响，生产上受到了较大的冲击，使其经济效益受到了一定的影响。

第二，忽视经济因素的政策目标致使经济发展放缓。

政策目标的制定离不开经济的具体情况，节能减排政策是一项长期而艰巨的任务，也是一项系统工程，并不是通过一段时期的努力便可一蹴而就、一劳永逸的。因此，节能减排不可急功近利，应顺应经济的发展状况适时地进行调整，以达到节能减排与经济发展之间的平衡。浙江省在过去很长一段时间都是靠粗放型的经济增长方式来获取经济利益，电力、冶金、印染、建材等高污染行业企业数量众多。节能减排政策实施以来，对这些企业进行整改，“十一五”期间关停小火电机组 526.8 万千瓦、淘汰落后炼钢产能 230.8 万吨、炼铁产能 13.2 万吨，落后造纸产能 60 余万吨，淘汰低效工业锅炉 2100 台，关停粘土砖瓦窑 2547 座，削减产能 164.7 亿块标砖，全部淘汰水泥机立窑产能 770 万吨，水泥小磨机产能 1400 万吨。[①] 这些举措对浙江经济发展和全省经济总产值造成了很大的影响，尤其在经济危机期间，节能减排

① 《浙江省“十一五”节能减排工作情况和“十二五”工作思路》，http://www.doc88.com/p-297290592534.html，最后访问日期：2013 年 11 月 5 日。

政策更是使浙江经济“雪上加霜”。

（二）执行主体

第一，政策执行进度安排不合理。

根据“十一五”规划的要求，浙江省将节能减排目标进行分解，执行阶段性目标：全省每年单位GDP能耗降低4%，主要污染物排放总量每年减少2.5%。通过上述数据显示和相关分析我们可知，浙江省并没有按规划进度完成各阶段任务。执行主体对节能减排政策的前期认识不到位，对“十一五”期间节能减排政策的执行过程缺乏全局的统筹和规划，由于政策执行前期监管不够，节能减排政策的执行出现了“前松后紧”的现象，2006年、2007年政策进度缓慢，造成了后期节能减排任务加重，尤其是2010年，时值“十一五”规划末期，全省节能减排政策压力过大，导致了拉闸限电等极端手段。吉林省的执行情况恰好与浙江省相反，在前期的节能减排过程中，各地虽依据当地具体情况制定了符合本地状况的节能减排目标，但是一些地区出于超额完成的心理，在原有目标的基础上加大执行幅度，在“十一五”前期不仅完成了既定目标，同时还超额完成任务，致使节能减排工作出现了前紧后松的现象，导致节能减排政策的后劲不足。

第二，政策执行方式单一。

政策执行方式会对政策的实施效果产生直接的影响，也在一定程度上决定了政策受众对政策的接受程度。节能减排政策是自上而下实施的，因此，浙江省和吉林省节能减排政策实施过程中，政府均处于主导地位，企业、居民个体及其他政策对象都处于被动接受的地位。执行方式是传统的“上传下达”。由政策执行者将政策的要求和具体措施以“命令”的形式传达给政策对象，政策对象只能无条件接受，并且按照“指示”执行。在执行过程中，政府扮演监管者的角色，对于那些不符合政策要求的行为，或执行结果没有达到要求的客体，会采取强制措施，迫使政策客体按政策的要求完成任务，对于那些拒不配合的企业或单位，按情节较重程度给予一定的惩罚。同样，也会对超额完成任务的政策客体给予一定的奖励。从以上情况可以看出，浙江和吉林两省节能减排政策实施过程中所采取的方式都属于“命令控制型”。这种单一的管制型的政策工具存在一定的弊端，整个政策过程完全由政府主导，忽略了市场这只“无形的手”的作用，没有充分发挥和利用市场“激励型”政策工具的作用。管制型政策工具不仅使政府的工作压力增加，还容易造成政策对象的抵触情绪，更缺乏自愿性节能减排政策工具的优越性，因此，这种单一的政策执行方式给整个执行带来了很大的阻力。

（三）政策对象

第一，公众认识不到位减弱政策执行影响力。

节能减排并非仅靠政府机构的率先垂范、经济部门和环保部门的积极配合就能够完成的，这也需要社会力量的广泛参与，公众认识的日益提高。自“十一五”规划推行节能减排以来，虽倡导了低碳环保的社会风尚，但公众对于节能的重视程度仍有待提高。2008 年，为了了解吉林省广大家庭对节能减排的认识情况，在下半年省妇联以调查问卷、座谈、走访等形式，在全省范围内进行了一次家庭节能减排情况调查。从这份调查中可以看出，全省一般家庭对节能减排基本上形成共识，但仍有一些人认识模糊，或缺乏减排的相关知识，或没有养成节能减排的习惯。造成这一现象的原因多种多样，大体上可归纳为几点：传统观念根深蒂固和个别人素质不高；社会宣传教育力度不够；家庭节能减排产品亟待开发和推广；监督和奖惩机制不到位等。“节约光荣、浪费可耻”的良好风尚还有待树立。

第二，公众的参与性不高。

节能减排政策涉及范围非常广，既涉及了各个企业，也涉及了机关、医院、学校等公共事业单位，还涉及每个居民的日常生活。一般来说，目标团体接受政策的态度越积极，政策执行过程越顺利，结果往往越成功；目标团体对政策的态度越抗拒，政策执行受到的阻碍就越大，效果越不理想，甚至会以失败告终。

在浙江省杭州市的走访过程中，随机选取50位普通市民，针对节能减排政策的参与情况进行了调查。结果如下（见表9－8、表9－9）。

表9－8　对节能减排政策的了解情况

了解程度	完全了解	基本了解	一般了解	基本不了解	完全不了解
人数(人)	4	21	19	5	1
百分比(%)	8	42	38	10	2

资料来源：浙江省节能减排政策实地调研。

表9－9　节能减排政策参与情况

参与度	全程参与	大部分参与	部分参与	较少参与	没有参与
人数(人)	3	13	19	11	4
百分比(%)	6	26	38	22	8

资料来源：浙江省节能减排政策实地调研。

由表9－8、表9－9可以看出，大部分普通居民对节能减排政策是了解的，完全不了解的人数比较少，仅占总人数的4%，其中基本了解和一般了解的人数较多。参与到节能减排政策中的普通居民也占多数，但是多数都停留在日常生活中的节水、节电等，积极主动参与政策各个环节的居民比较少，相比之下参与到节能减排政策执行过程中的大多数是企业。

第三，企业对政策存在抵触心理。

企业生产一直以来都是耗能与污染的重要源头，特别是工业生产企业更成为节能减排整治的重要对象。节能减排政策实施的程度和落实情况都与企业的重视程度密切相关，但是企业更倾向于经济效益，因此政策实施与企业利益相冲突时，企业一般会对政策产生抵触心理。浙江省政府将政策的执行的主要对象确定为各个企业。节能减排政策本身就具有利益偏好，企业作为以营利为目的的主体，其利益受到政策偏好的影响，尤其是高污染高能耗的企业，消耗能源和排放废弃物的“主力军”，节能减排政策给其造成了一定的经济损失，因此它们会对政策持抵触的态度。对于这样的企业，目前缺少硬性约束指标和相应的惩罚性措施。

（四）政策环境

第一，技术支撑不足。

节能减排技术手段较为落后，节能降耗的实施及其科学评估存在困难。从目前中国的情况来看，能源利用效率远远低于世界先进水平，节能降耗的技术还较为落后，新技术的开发研究、应用推广等面临着较大的现实阻力。这是由于中国关于这方面的研究较晚，起点较低，还需从基础性研究入手。然而基础性研究在人员和资金上投入较大，且收效较慢，中国在人员和财政支持上力度不足，造成技术研究发展缓慢。此外，现有的节能降耗产品的价格偏高，企业和居民难以接受，使新产品的推广受到阻碍，没有形成研发—推广—反馈—再研发的良性循环。技术上的落后也给监管和考评工作带来了诸多不便。现有的考核评估，都是通过简单的数字计算来实现的，缺少科学的技术手段，评估也缺乏准确性、客观性和公平性。

第二，监督机制不健全。

一项政策落实的程度与力度离不开监督机制的作用。良好的监督机制能够在政策实施过程中对政策的落实情况进行及时审查，找出存在的问题并进行纠正，确保政策在既定正确的方向上前进。一方面，吉林省与浙江省在节能减排政策实施过程中都建立了监督部门，但是组建节能减排监察机构都处于刚起步阶段，能源统计体系还不完善，现有技术装备水平、人员配备和业务能力远远满足不了当前节能工作的需要，省政府与地方各级政府职能划分、机构设置的统一性与灵活性的处理上存在矛盾。另一方面，各地方政府为了经济总量的持续增长，对于浪费能源、超标使用能源的重点单位不能及时查处，地方保护严重，节能进程缓慢。有的企业尚未安装电力、用水等标准计量器具，而是每月定量交费，这势必造成能源资源的浪费；有的企业虽然配备了污染治理设施，但仍有违规运营现象发生，且屡禁不止。

二 特殊性问题

（一）浙江省在投入资金分配上缺乏合理安排

在资源的投入和使用上，省内各市县普遍设立了节能减排专项资金。每年用于环境监测系统建设的金额大约1亿元，污水和垃圾处理的补助金额约为1.75亿，节能奖励资金约为2000万元。组建了能源、环保等省级专业标准化技术委员会，集聚了一批节能减排领域的标准化专家，为节能减排工作提供强有力的技术支撑。利用浙江省标准信息公共服务平台，建立了新能源专题标准数据库，形成了节能减排标准信息服务网络，及时为企业提供能耗限额、新能源发展等方面的标准信息查询服务。为了更好地监督节能减排政策的实施，还组建了以省委领导为组长的监管小组，对各地的节能减排工作进行定期的检查和监督。

从以上资源配备情况分析可以看出，浙江省的节能降耗资源投入大致分为两个方面。一是技术方面的投入，包括排放废弃物的处理、设备的淘汰和更新、新能源新技术的开发等。二是监督管理方面的投入，包括组建各个项目的专家小组、组织人员进行监管、相应的奖励等。在资源投入上我们可以看出，技术方面的投入明显多于监管方面的投入。

（二）吉林省区域发展差异影响政策执行力度

从宏观上看，吉林省在2009年完成“十一五”规划的节能减排任务，提前一年实现了预期目标，到2010年年底，化学需氧量和二氧化硫两项指标分别累计完成了预期目标的130%和150%。但从微观上看，吉林省9个地区节能减排能力与经济发展水平都很不均衡，在处理环境保护与经济发展的关系上存在一定的差异。

首先，作为经济欠发达的城市，为加快经济发展速度必然会大力招商引资，极力促成新项目上马。而新上项目大都伴随着高能耗、高污染，使处理污染和治理关系陷入两难。为使能耗总量和污染指数持续降低，实现城市功能的不断转型，经济发展较好的城市会将能耗高、污染大的工业生产类型项目向经济发展慢的地区转移，这也拉大区域发展间的差距，造成经济建设和环境保护关系的不平衡。其次，对于一些主要污染物排放基数较低的城市来讲，在较低的基数上完成省里下达的任务指标，削减本身就会处于劣势。例如长春市的“万元增加值综合能耗”指标远低于全省平均水平，位于吉林省所辖的9个市级单位最末。按照全省“十一五”综合能耗降低30%的要求，长春市同样要再下降30%。本来长春市的燃煤硫分就较低，对于较低的硫分燃煤再进行脱硫，效率自然也会降低，在这种情况下长春市则拥有较为繁重的节能减排任务。这种“政策一刀切”的方式使各地在执行政策时倍感压力，一些地区不惜用拉闸限电的方式来完成任务。再次，较好完成节能减排任务目标的城市在接下来的“十二五”

时期是否依然会具有较强的降耗潜力，这同样也是值得商榷的。例如，吉林省松原市在“十一五”期间各项目减排已尽最大限度挖掘，很难再形成更大的减排能力，面对“十二五”减排的严峻形势，压力巨大。

全省节能减排工作是涉及改善各市县人民生活质量，关乎民生发展性和协调性，经济整体性和全局性的重要问题，因而需要省内各市县间的相互帮助与协同合作。污染的治理并非仅靠某个城市、某个项目就能得到根本解决，如何处理好省内地方政府竞合问题是解决节能减排工作的关键。

总的来看，节能减排政策的执行取得了较大的成绩，但也日益暴露出不可忽视的问题，从政策本身、政策主体，到政策客体、政策环境几个方面，都有不足和需要重新审视的问题。政策本身目标制定的合理性、成本的分析考量直接决定政策是否能够科学进行。政策执行主体之间关系的平衡、执行手段的选择以及执行的责任感和态度也都影响政策执行的效果。政策受众对政策的了解和参与度、企业的支持度都影响政策执行的公平性和顺利推进。把握政策环境的整体性将对政策执行起到巨大的促进作用。

第四节　浙吉两省节能减排政策执行中存在问题的原因

中国的节能减排步伐相较西方发达国家来讲尚处于起步阶段，需要针对具体国情来不断探索节能减排的道路，因此也不可避免地存在需要解决和改进的地方。分析既存问题的原因，将有助于从更深的层面上解决政策执行不力问题，从而提高节能减排政策的执行效果。

一 政策问题及政策本身对政策执行产生影响

节能减排问题涉及的目标群体规模较大且分散，执行存在困难。能源匮乏、环境破坏是一个存在已久的问题，造成能源环境问题的原因也十分复杂。涉及的目标群体不仅包括几乎所有从事生产活动的企业，还包括医院、学校、政府机构等，因此节能减排称得上是“全民运动”。从地域上说，节能减排涉及了省内的每一个角落，无论是进行工业生产的城市还是从事农业劳动的乡村，无论是居民密集的生活区还是企业密集的工业生产区。节能减排无处不在。这就意味着节能减排工作从宣传到落实再到具体实施是一个漫长而艰难的过程。

现行任务指标的制定存在问题，不符合地方实际情况。一方面，节能减排政策制定的任务指标是全国统一的，对于不同省份具体情况缺乏针对性。另一方面，省内在政策目标的制定上也没有考虑区域的差异性，在分解目标落实任务的时候没有充分考虑到各地的实际困难。往往 GDP 产值越高，该地区的企业就可能越多，能耗和污染就越多，因此节能减排的难度就越大。对于这样的地区，政府下达的节能减排任务可能更重，这样的政策指标是不适用的。此外，同样的节能减排任务，如果完成得好，则下一次分配的任务就会增加，指标提高。这样就出现了“鞭打快牛”的现象，导致越是完成得好的地区，则下一阶段的节能减排任务越是艰巨，压力越大。越是任务完成不好的地区，下一阶段的任务反而更轻松，导致了不良循环。

二 执行主体对政策执行产生影响

管理体制不健全，执行机构任务不明确。从 2005 年国家提出建设服务型政府以来，各省也在不断地进行政府管理体制改革，在体制机制法制方面取得了较大突破，伴随节能减排政策的深入贯彻，行政管理体制尚不健全的问题逐渐显现。节能减排政策从制定到实施的主体涉及众多的省级部门。尽管这些部门各司其职，各有分工，但是很多项政策的具体执行中存在职能交叉的情况，各部门间缺乏沟通机制，出现多头监管的现象，政府职能缺失、错位和权责脱节等问题仍然突出。

执行人员缺乏责任心和专业性。长期以来中国制定的公共政策很多，然而以往的政策，由于颁布之后对执行过程和执行效果关注甚少，往往都不了了之。由此造成了地方官员对中央政策的理解出现偏差，存在侥幸心理，节能减排政策执行前期对政策重视不足，缺乏责任心。加之经济增长与节能减排之间存在着不可避免的矛盾，在经济发展面前，节能减排容易被轻视。尤其是在金融危机席卷中国的时候，浙江的经济严重受阻。为了保持经济增长，有的地方放松对企业污染物排放和能源消耗的监管，甚至纵容一些高污染、高能耗的项目进入。此外，节能减排政策的执行过程中，执行人员缺乏专业知识，政策内容成了刻板的条条框框，使政策执行起来缺乏科学性，缺少人性化的随机应变，影响政策效果。

三 执行客体对政策执行产生影响

社会公民总体的节能减排意识薄弱。从社会和公众的层面看，节能减排政策尚未在全社会形成合力。从 2011 年 9 月我们到浙江省杭州市调研的结果看，很多人对节能减排政策缺乏了解。在对普通市民的随机调查中发现，很多人认为节能减排是企业的事，跟居民生活没有太大的关系，他们认为企业是耗能和排污大户，居民生活上的能耗和污染排放是微乎其微的，不需要过多追究；有些人认为节能减排只是暂时性的政策，过了这阵子就会没事了；甚至有的人对节能减排一词感到很陌生，认为是离自己很远的事。由此可见，作为政策执行客体的一部分，普通公民对节能减排缺乏了解、较少参与，对节能减排政策执行造成了一定负面影响。

企业维护自身利益，被动接受或消极抵抗。节能减排政策的实施对多数企业来说都会产生或多或少的影响。企业的节能减排主要有两个方面的措施，一方面是提高能源使用效率，减少污染物的排放率。这主要依靠技术手段对现有的生产设备进行改造，并且引入废水、废气和固体污染物的处理装置。这对企业来说，需要付出一定的成本，尤其对高能耗，高污染的企业来说，彻底改造或淘汰现有的装置设备，对企业来说无疑是一笔很大的投资，然而以现有的技术来说，提高能耗的使用率的程度是有限的，因此这笔投资不一定能够按期收回它应有的效益。对于以获取利益为最终目的的企业来说，付出大于回报的事情，是很难实现主动执行的。另一方面的措施是减少生产总量，从而减少能源的使用量和污染物的排放量。这项措施实质目的就是让企业减少生产量。这无疑会使企业蒙受经济上的损失，进而招致企业的消极抵抗，可能出现企业隐蔽生产或佯装减产的现象。

四　客观环境对政策执行产生影响

浙江省是经济大省，国家统计局资料显示，自1994年以来，浙江省GDP在全国一直名列前茅，企业数量众多。目前，浙江省产业结构仍以轻工业为主导，轻纺、机械、电子、食品、皮革、纺织、工艺品、服装等行业在国内甚至国外市场有较强的竞争优势，且重工业规模在逐年扩大，比重渐渐上升，现已接近轻工业的规模。这种以第二产业为主导拉动经济增长的方式势必要以消耗能源、排放废弃物为代价。要实现降低能耗、减少废弃物排放的目标，就意味着要对从事工业生产的企业加以限制，这不仅使各个企业蒙受一定的经济损失，也给整个浙江省的经济带来沉重的打击。加之企业数量多，遍布全省，节能减排的政策的执行难度过大。

政策法规等监管体系不健全。节能减排政策的实施不仅需要完善的执行过程和执行方法，同时更需要其他相关的法律法规的支持和保护。目前节能减排相关的法律体系还有待健全。表现为节能减排政策执行的市场化机制相对滞后，支持和引导企业节能减排的财税、金融、投资、价格、产业等配套政策措施还没完全到位，一些节能减排关键技术的研发和应用还缺乏足够的政策引导，有利于节能减排的市场服务体系还没建立起来。单靠政府采取行政措施加以推动，阻力较大。相关标准和管理制度还不完善，尤其是在不同行业的能源环境管理问题上，还缺乏相应的能耗和污染排放标准，这些都将直接影响到浙江省节能减排政策的有效推进。

第五节　提高节能减排政策执行力的对策建议

上文已经提出政策执行中存在的问题，并且分析了存在问题的原因所在，本节将针对问题产生的原因提出相应的改进对策。改进对策主要从以下四个方面入手：完善政策自身内容、加强政策客体的配合及参与意识、优化政策执行的客观环境、提高政策主体的执行力以求从多个方面对节能减排政策执行进行改进。

一　政策执行的改进对策

“十一五”规划已经结束，全国的节能减排工作总体取得了显著成效。全国单位国内生产总值能耗降低19.1%，二氧化硫、化学需氧量排放总量分别下降 14.29% 和 12.45%，基本实现了“十一五”规划纲要确定的约束性目标。[①] 然而不同省份，对“十一五”规划完成的质量还是存在很大的差别。在全国 31 个省区市中，提前或超额完成节能减排目标的有 8 个省区，没有完成规划的有 8 个省区，其余省区均按规划完成节能减排任务。吉林省和浙江省在“十一五”期间节能减排政策的执行中取得了一定的成效，同时也暴露了一些问题。对于“十一五”期间两省在节能减排政策执行中所取得的经验和好的做法是值得学习和推广的，然而在政策执行过程中所暴露的问题和缺陷也是值得我们深思和反省的。因此，有必要从两省“十一五”期间节能减排政策执行中总结经验、积累教训、获得启示，提出政策执行的改进对策，为“十二五”乃至更长远的节能减排工作提供参考。

（一）完善政策自身内容

分区域，节能减排目标的制定和执行应因地制宜。经济发展与节能减排密切相关，经济发展较快的区域，能源消耗和污染物的排放通常较大，节能减排压力也就相对较大。在制定各地区节能减排指标时，应首先统计出各地区现有的节能减排情况，其中包括每年的气体、液体和固体废弃物的排放总量，单位 GDP 能耗，现有节能产品的使用率等。在保持经济增速不变的情况下，根据现有指标，每年都在上一年的基础上完成一定的比例。

分行业，在节能减排任务指标的设定上应区别对待。不同行业的节能减排能力、潜力、具体方法和侧重点也不相同。针对不同行业、具有不同节能减排潜力和特点的企业，节能减排政策指标的制定不能一概而论。有些企业，在“十一五”期间对节能

---

① 《“十二五”节能减排综合性工作方案》，http：//www.gov.cn/zwgk/2011－09/07/content_1941731.htm，最后访问日期：2013 年 10 月 16 日。

减排政策较为重视，投入较大，已经取得了很好的成效，可发掘的潜力不大，如果再强制给它们加压，制定过高的指标，不但不能为节能减排做出贡献，反而会影响企业的正常运作，容易造成经济上的损失。这种影响不仅会造成当地 GDP 下降，减少政府财政收入，甚至造成失业率高、社会动荡等更加严重的后果。因此，在节能减排政策的制定过程中要细化政策内容，重视政策的针对性，避免“一刀切”，为政策的执行提供便利，提高政策的有效性。

重总量同时重强度。政策内容不仅应包含固定时期内要完成的任务指标，更要对政策过程进行规定。在政策执行过程中对具体项目的指标（如产业结构调整达到什么样的目的，政策环境达到什么样的目的等）、政策执行进度、政策执行方式等进行规定。

（二）加强政策客体的配合及参与意识

节能减排是一项政策，更是一种号召、一种使命，是全社会的责任和义务，若要顺利执行节能减排政策，离不开其他社会主体的支持。增强公众的节能减排意识，树立节能减排风气，实现政策客体从被动接受到主动接受再到积极自觉的行为，是实现节能减排的有效途径。

首先，建立长期有效的节能减排宣传机制，通过电视、广播、报纸、网络等多种宣传教育手段，强化社会公众的节能减排意识，使节能减排理念贯穿生产、生活的各个领域。讲解节能减排的相关知识，包括节能减排的相关要求，生产、流通、建设、消费等领域涉及的节能减排技术和方法。其次，利用舆论压力，将一些典型的节能减排行为公开化。对一些在节能减排过程中表现良好的企业进行通报表扬，给予鼓励，帮助企业树立正面的公众形象；对节能减排任务完成不好的企业进行适当的通报批评，以示警告，提高企业的重视程度。对公民自发组织的节能减排活动和良好的节能减排习惯进行宣传，在群众里树立榜样；相反，对破坏环境浪费能源的行为进行批评教育，在社会上树立正确的节能减排观念。最后，完善节能减排设施，为节能减排创造良好的硬件环境。建立方便群众使用的相关设施，净化相关市场环境，诱导群众采取合理的消费方式。形成良好的节能减排社会风气，提高群众的参与度和政策执行过程中的配合程度，实现全社会的节能减排。

（三）优化政策执行的客观环境

调整产业结构、转变经济增长方式是实现清洁、高效、低污染的经济增长，实现可持续发展，实现节能减排政策目标的最根本、最有效、最长远的方式。一方面建立健全行业准入机制，在产业的选择上，选择优先发展节能低耗的高新技术产业，把能耗和污染物排放的标准作为行业门槛，严格控制高污染、高能耗产业的进入。对招商引资也要加以控制，严禁设立不符合能耗标准的新项目。充分利用服务业等第三产业能耗低、污染小的特点，通过第三产业拉动经济增长，在不影响 GDP 的前提下降低能耗、减少污染，实现节能减排目标。另一方面要重视发展节能减排的新技术，鼓励运用新技术，通过改造现有设备、改变生产方式等手段优化现有的传统产业。同时运用技术手段开发清洁高效的新能源，充分利用废弃物，走循环经济的道路。此外，要强化社会监督机制，发挥第三部门的监督作用。如果说激励机制是政策执行的催化剂，那么完善的监督机制就是保证激励效果的护航器。在完善监督机制上，既包括政府对外部主体的合理监督，也需要社会组织的积极参与，以实现监督主体的多元化。

（四）提高政策主体的执行力

健全管理体制，各部门分工明确，实现权责一致。一是进一步将节能减排政策法律化。各地方政府适时制定和完善适合自身实际情况的节能减排实施办法等相关的法规，将节能减排的理念、指标、措施、机制以及监管考核等各个方面，通过法制的方法加以确定，使节能减排的整个过程实现法制化管理。二是加强节能减排政策的监管。认真实行节能减排专项检查和监察行动，对违反政策规定的行为视情况给予不同程度的警告或惩罚，对恶意的违法行为实行重罚，情节恶劣或造成严重后果的要追究刑事责任，通过严格的监管减少乃至杜绝节能减排政策执行中存在的漏洞，切实解决“违法成本低、守法成本高”的问题。

加强各级地方政府对节能减排政策的重视程度，强化节能减排意识，切实解决以往“得过且过”“不了了之”的心理。以往一些政策制定之后，中央对过程和结果的关注较少，地方政府容易“蒙混过关”，这使包括节能减排在内的一些新政策制定后，地方政府都会溯及以往“经验”，对政策缺乏重视。因此，加强政策过程和政策结果的监管和考核，对节能减排政策乃至今后其他政策的执行都具有十分重要的意义。健全的考核体制是节能减排政策执行的推动力，它推动政府树立节能意识、认真贯彻政策要求，深化管理体制改革，加强监管。建立完善的考核体制，一是要完善和健全考核内容，除了对节能减排数字指标进行考核，还要对政策执行过程和执行的实际效果进行考核，综合评定；二是制定科学的考核方案，考核过程本身要具有科学性和可行性；三是要完善统计制度和统计方法，使统计信息真实有效；四是执行明确的奖惩措施。通过考核监督，推动节能减排政策顺利进行，同时加强对其他政策的重视程度，加强监督管理，树立公共政策的威信和地位，使地方政府和各级官员认识到公共政策的重要性，为节能减排政策以及其他类似政策的执行打下良好的基础。

二　对节能减排政策执行力的未来展望

节能减排是一项具有社会性质的政策，在目前中国的管理体制和社会现实条件下，需要由政府以政策性方式提出，并靠约束性机制去监督实施，其他社会主体都处于被动接受的位置。然而政府的能力是有限的，这使节能减排工作存在很多阻碍，无形中增加了政策执行的成本，影响了节能减排的实际成效。现阶段的中国正处于由管制型政府向服务型政府转变的阶段，服务型政府将从管理理念、管理制度、管理职能、管理手段和行为方式等方面入手，实现根本性转变。理念上，以服务群众和社会为根本目标；制度上，以加强公共服务为准则；职能上，以健全和完善管理、监督和参与制度，依法行政为己任；手段和行为方式上，以经济的发展方向的指导者和经济关系的协调者自居。政府在转型的同时，会将更多的权交还给社会，由社会进行管理和调节。其他社会主体的力量也会逐渐强大，最终将找准自己的社会角色，担负起各个角色应有的社会使命和社会责任。届时，节能减排任务将由政府、专业机构、行业组织以及企业和个体共同完成，真正拥有健全的治理机制，实现多主体共同治理的局面。

第一，拥有正确的管理理念和完善的管理制度。节能减排的相关法律健全，法规完善，覆盖经济社会的各个方面，囊括生产和生活的各个环节和细节，从原料采购到产品生产，从产品上市到消费者消费，都纳入节能减排相关法律法规的监管范围。除此之外，政策能够随社会环境的变化而改变，当国际环境、资源含有量、技术创新等发生变化时，政策和相关法规能够及时更正，始终保持其实用性、准确性、科学性和有效性。

第二，拥有清晰的管理职能和合理的管理结构。政府、专业机构、行业组织以及企业和个体在共同参与节能减排政策的同时，能够各司其职，权责一致，保证政策执行的高效性和有效性。其中政府职能部门仍处于主导地位，主要负责监管政策的执行过程，利用其权威为政策的执行作保障。专业机构和其他社会组织辅助政府进行政策的制定和监管，企业、个人与其他社会主体共同参与政策的执行。

第三，拥有科学的管理手段和执行方式。一方面，利用法律等强制性手段进行“硬性约束”，对那些污染物排放量大、能源使用效率低的行为和违反节能减排政策相关规定的企业加大惩罚力度。另一方面，建立完善市场机制，利用市场准入机制、财政政策、税收政策、金融贷款政策等进行“软约束”，通过市场调节，引导企业主动地引入低污染、低能耗的项目，鼓励个人自觉开展有利于节能减排要求的活动和工作。

第四，拥有技术精湛的专业治理主体。引进专业化的技术团队，在政策制定前期，对各种环境和实际情况进行前期研究和分析，收集大量的数据作为相关政策制定的依据。建立完善的监督机制，保证利用科学的检测手段，对政策执行的全过程进行密切、准确的监督。在政策执行后期，利用科学、完善的统计方法和严格的统计过程进行数据统计，对环境效益、经济效益、社会效益等维度进行综合评价。在专业化团队对节能减排的各个环节进行数据统计的时候，保证数据采集的过程中公平公正。让专业化、技术化贯穿整个政策过程，以充分、准确的数据和资料服务于政策制定和执行。

节能减排政策是一项长期的政策，是有利于中国未来发展乃至人类生存的伟大举措。放眼未来，节能减排政策会随着社会的进步、经济的发展、科技的创新、管理体制的转变而逐渐成熟和完善。然而，在未来发展的道路上，节能减排政策还存在多层矛盾：政策需要和技术落后的现实之间的矛盾，经济增长方式转变中存在的矛盾，政府管理与市场调节之间存在的矛盾……归根结底，节能减排政策未来的路上，最根本的矛盾是 GDP 与能源环境的矛盾，自人类社会出现开始，人类的每一步发展都是以自然资源为依托的，通过资源的攫取和利用发展经济，创造社会文明。未来的经济要发展，人类社会需要不断进步，对资源的攫取便不会停止，污染物的排放也不会停止。不能单纯为了保护能源环境而放弃发展，也不能为了发展肆意破坏资源环境。节能减排政策的最终目标是要实现二者的动态平衡，实现资源环境和经济发展的良性互动，最终真正实现可持续发展。

第十章　中国保障性住房政策执行力问题研究*

——以吉林省为研究对象

第一节　保障性住房政策执行力问题的提出

住房对于每一个公民来说，不仅是生活资料和物质享受，同时还是最基本的生存资料。住房的性质决定了仅仅依靠个人的力量来解决住房问题，不仅成效甚微，还会给社会和谐稳定带来一定的隐患。由于住房是价值量大的超耐用消费品，购买或租赁都要花费较大的代价，低收入者如果按市场价格购买或租赁住房则会难以负担，由此会出现部分住房困难户，甚至“无家可归者”。在中国，随着城市化进程加快，失地农民不断增多，大量农村人口涌入城市，使住房保障问题变得更加突出，建立基本的住房保障制度体系显得日趋紧迫。

保障性住房是与商品性住房相对应的一个概念，保障性住房是指政府为中低收入住房困难家庭所提供的限定标准、限定价格或租金的住房，一般由廉租住房、经济适用住房和政策性租赁住

* 本章由笔者与杨宇、卞菲合作完成，同时，在调研过程中得到了吉林省住建厅、长春市和公主岭市住建局有关负责同志的大力支持。

房构成。中国虽然在结束福利分房政策的同时就提出了建立住房保障制度的任务，但实际上迟至2007年才开始着手建立以经济适用房、廉租房和公租房为主的住房保障体系，并把这项工作作为宏观调控的重要内容，纳入党和国家的议事日程中来。[①] 对住房保障制度重要性的认识和重视体现了政府社会管理和公共服务职能的回归，为解决低收入家庭的住房问题提供了社会性的住房保障方式，弥补了中国住宅市场的缺陷和不足，提高了中下阶层居民的生活水平。经过多年的摸索，住房保障政策在各地的实践中取得了一定成就，但与政策的基本目标要求相比，各地仍不同程度地存在政策执行扭曲和执行不力等问题。[②] 2011年年初，1000万套保障房的年度计划被列入政府工作报告，中国启动了世界历史上最大规模的保障性住房建设工程。为了保证保障性住房政策真正落到实处，取得切实效果，就需要及时总结过去该项政策的执行经验，加强对保障性住房政策执行力问题的研究。

政策执行力问题属于广义上的政府执行力的研究范畴。2006年，温家宝总理在十届全国人大四次会议《政府工作报告》中明确提出“建立健全行政问责制，提高政府执行力和公信力”[③]。“执行力”概念第一次被写进中国政府文件，如何提高“政府执行力”成为众多学者思考的问题之一。在我们看来，政府执行力是指政府在贯彻执行法律法规、制度纪律、政策决策和组织战

① 《国务院关于解决城市低收入家庭住房困难的若干意见》，http：//www.gov.cn/xxgk/pub/govpublic/mrlm/200803/t20080328_32758.html?keywords=，最后访问日期：2013年10月17日。

② 有资料显示，2009年中国计划建成保障性住房310万套，最后仅完成了2/3。深圳、广州曾在2006年推出保障房五年规划，但到2009年年底深圳仅完成10%，广州则为32%。2010年，国家下达的保障性住房建设计划，全国需要投入1676亿元，其中地方负担1183亿元，但很多地方都以种种借口不予实施。

③ 《2006年国务院政府工作报告》，http：//www.gov.cn/test/2009-03/16/content_1260216.htm，最后访问日期：2013年10月17日。

略中完成目标与任务的实际程度。这意味着，执行力不等于执行能力，有执行能力未必就有实际执行效果，二者之间存在一个变现系数，即执行力等于执行能力与变现系数的乘积。[①] 变现系数则取决于三个方面：一是执行主体（组织或个人）的执行意愿；二是执行主体间（权力结构、组织结构）的传递效率；三是执行环境的影响。

从政府执行的对象角度来看，主要包括法律制度和公共政策两个方面。由此，我们将政府执行力划分为制度执行力和政策执行力。政策执行力是政府执行力的一项内容，是重要表现之一，是指政府在执行政策时，受政府执行效率、政府执行该政策的态度以及执行主体之间的传递效率和政策执行环境等因素综合影响下的实际执行效果。在中国现实的政策执行过程中，经常出现“政策出不了政府大院”“上有政策，下有对策”、歪曲执行、盲目执行、机械执行等问题，也就是人们常说的“政策执行不力”。政策执行力问题的核心在于，不同政策有不同的执行效果，那么，到底是哪些因素在影响政策执行效果呢？在本章中，我们选取吉林省保障性住房政策作为研究个案，通过分析该项政策制定与实施的过程，评估其执行效力，找出影响政策执行力的主要因素，同时也为提高吉林省保障性住房政策执行力提出具体的建议。

第二节　吉林省保障性住房政策的制定及实施

一　国家保障性住房政策的背景、目标与实施

（一）政策背景

在社会主义经济体制改革进一步推进的背景下，1998 年，

---

① 连云尧：《实战执行力》，第 34 页。

《国务院关于进一步深化城镇住房制度改革加快住房建设的通知》（国发［1998］23号）发布了新的深化城镇住房制度的改革，其基本内容有：停止住房实物分配，逐步实行住房分配货币化；建立和完善以经济适用住房为主的多层次城镇住房供应体系；发展住房金融，培育和规范住房交易市场；等等。这标志着在中国延续了近半个世纪的、大福利时期形成的、城镇居民住房基本由所在单位解决的住房方式发生了根本变化，单位福利分房制度成为历史。如图10－1所示，从1998年7月3日取消福利分房开始，房地产开始市场化。但一方面是针对住房商品化的完全市场化，这主要是针对高收入者，且在房价上涨过度时，需出台限价政策；另一方面是由政府主导的住房保障体系，主要是针对不同收入家庭实行不同的住房供应政策：最低收入家庭租赁由政府或单位提供的廉租住房；中低收入家庭购买经济适用住房；其他收入高的家庭购买、租赁市场价商品住房。

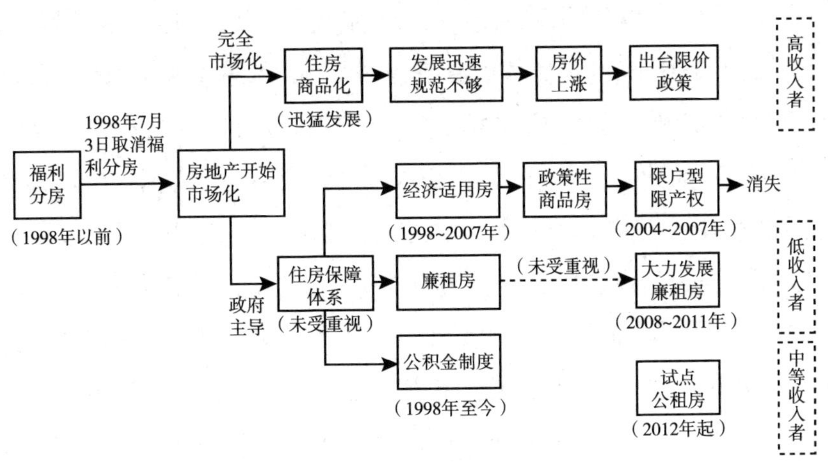

图10－1 中国住房政策演变及原因

在1998～2007年期间，中国的住宅市场经历了由复苏走向繁荣的过程，这一时期成为住宅市场发展的黄金十年。但是城镇住房制度改革过于强调住房建设拉动经济增长的作用，而忽视其社会保障的基本功能，偏重将住宅市场作为一个产业来看待。住房的居住功能弱化，创利和出租的功能被强化。住宅成为单纯的商品，在市场竞争追逐利润最大化的规律下，土地大量出让，地价飙升，住房价格急速上涨。与此同时，城市廉租住房制度建设相对滞后，经济适用住房制度不够完善，政策措施不配套，部分城市低收入家庭住房困难问题日趋严重。因此，2007 年国务院开始强化住房保障工作。《国务院关于解决城市低收入家庭住房困难的若干意见》（国发［2007］24 号），对进一步做好住房保障工作提出了一系列要求。

（二）政策目标

为实现广大群众住有所居的目标，中国政府提出在“十二五”期末力争使城镇中等偏下和低收入家庭住房困难问题得到基本解决，新就业职工住房困难问题得到有效缓解，外来务工人员居住条件得到明显改善。建立和完善多层次城镇住房供应体系，保障中低收入群体的住房需求，使“居者有其屋”成为保障性住房政策的主要目标。2007 年 11 月，建设部、国家发展和改革委员会、国土资源部、中国人民银行等联合发布了《经济适用住房管理办法》（建住房［2007］258 号）标志着住房保障政策开始走上正轨。2008 年，国家在扩大内需措施中明确提出加快保障安居工程建设，加大了廉租住房支持力度。2009 年城乡建设部提出了三年建设 518 万套廉租住房的规划，2010 年又提出当年建设 580 万套廉租住房。2011 年年初，1000 万套保障房的年度计划被列入政府工作报告，世界历史上最大规模的保障性住房建设随即启动。该计划的核心内容是中国政府在“十二五”期间兴建 3600 万套保障房，到 2015 年前，让 2.18 亿个城市家庭中的近五分之一，住上有政府补贴的住房。

就在 2011 年，我国首次在住房供应方面，保障性住房超过了商品住房。此前的 2004 年，保障性住房在中国住房销售中所占份额为 10%；2008 年，这一比例下滑为 6%。到 2009 年，全国商品住宅竣工套数是 555 万套，2010 年全国商品住宅销售数是 900 万套，2011 年首次在住房供应方面，保障性住房超过商品住房。①

（三）政策过程

自 20 世纪 90 年代以来住房改革的步伐和力度逐步加强，中国现行的住房保障政策在住房商品化的过程中不断调整并逐渐成形。1994 年，《国务院关于深化城镇住房制度改革的决定》（国发［1994］43 号），宣布保障性住房政策改革初步启动，在全国范围内确立住房社会化的改革方向，开辟了中国从制度上探索解决住房问题的途径。

为了摆脱福利分房给政府和国有企业带来的沉重负担，1998 年《国务院关于进一步深化城镇住房制度改革加快住房建设的通知》（国发［1998］23 号）颁布，在政策实施上建立住房市场化体制，同时提出把保障性住房产业建设成经济支柱产业。该通知具有标志性的意义，它初步勾勒出中国城镇住房保障体系的结构和层次——由廉租房制度、经济适用房制度和公积金制度构成的分层保障体系。在这一时期，经济适用住房是住房供应体系的主体部分。1998 年 8 月之后，有关经济适用房制度的相关细则接连出台。建设部等相关部门相继联合下发了《关于大力发展经济适用住房的若干意见》（建房［1998］154 号）、《关于进一步加快经济适用住房（安居工程）建设有关问题的通知》（计投资［1998］1474 号）、《经济适用住房开发贷

① 资料来源：长春市住房保障和房地产管理局住房保障处调研。

款管理暂行规定》（银发［1999］129号）、《住房公积金管理条例》（1999年国务院令第262号）等规范性文件，明确了与经济适用房建设相关的土地政策、货币信贷政策、税收政策、价格政策和房改政策。但是此时的经济适用房实质上是一种政策性商品住房，原则上只售不租，目的主要是缓解国有企业职工以及政府和事业单位职工的住房需求，并未覆盖到没有单位组织关系的大多数普通民众。

2003年之后，全国各地相继完成了由福利分房到住房商品化的过渡，基本上解决了城市困难职工和公务员的住房问题[①]；与此同时不少地方也爆出了一些单位滥用经济适用房中的政策优惠，盲目建设大户型住房的现象，并未真正实现保障城市低收入家庭拥有住房的政策目标。2004年建设部下发了《关于印发〈经济适用住房管理办法〉的通知》（建住房［2004］77号，简称《通知》），明确了经济适用住房要严格控制在中小套型，中套住房面积控制在80平方米左右，小套住房面积控制在60平方米左右。2006年之后，中国的房价开始逐年升高，不少地区又开始出现经济适用房交易混乱，甚至出现开宝马住经济适用房的现象[②]，这明显违背了国家建设经济适用房的政策初衷。2007年《经济适用住房管理办法》（建住房［2007］258号）取代了原先的《通知》，明确了经济适用房的供给对象为低收入住房困难家庭并详细规定了城市低收入家庭的申购条件，并规定经济适用房的产权状况为有限产权，5年内不可上市

① 2003年8月下发的《国务院关于促进房地产市场持续健康发展的通知》指出，政府及企事业单位的国有住宅已经基本销售给了公务人员或企业职工，根据城镇住房制度改革进程、居民住房状况和收入水平的变化，应逐步实现多数家庭购买或承租普通商品住房。

② 《长沙健全公示制度　杜绝开宝马富人买经济适用房》，http：//news.xinhuanet.com/legal/2007－02/14/content_5738342.htm，最后访问日期：2013年10月15日。

交易。

2007 年，《国务院关于解决城市低收入家庭住房困难的若干意见》（国发［2007］24 号）颁布，明确提出经济适用住房制度不够完善，供应对象必须与廉租住房用户衔接，并详细规定新建廉租住房套型建筑面积控制在 50 平方米以内。此后，住房和城乡建设部等又先后下发了《关于印发 2008 年廉租住房工作计划的通知》（建保［2008］141 号）和《关于印发 2009 年廉租住房保障工作计划的通知》（建保［2009］40 号），要求各地多渠道加大廉租住房筹集力度，重点落实在经济适用住房、普通商品住房项目中配建廉租住房的政策。至此，经济适用房政策开始逐渐消失，保障性住房政策开始倾向于廉租房的建设。2009 年，住房和城乡建设部等发布了《关于印发 2009 ~ 2011 年廉租住房保障规划的通知》（建保［2009］91 号）。中央财政开始加大对廉租住房的补助力度，当时提出的任务是力争在 3 年内完成 747 万户廉租房的建设。

2010 年的“两会”提出三种住房制度：针对低收入人群的保障性住房制度、针对中等收入家庭的公共住房、公共租赁住房制度和针对高收入家庭的商品住房体制，并把政策目标调整为解决夹心阶层的住房问题。为此，2012 年 5 月，住房和城乡建设部令第 11 号公布了《公共租赁住房管理办法》，公共租赁住房由政府或公共机构所有，用低于市场价或者承租者承受得起的价格，向新就业职工出租，包括一些新的大学毕业生，还有一些从外地迁移到城市工作的群体。从 2012 年开始，廉租房政策也开始逐步细化，为做好保障性住房信息公开工作，住房和城乡建设部发布《关于做好 2012 年住房保障信息公开工作的通知》（建办保［2012］20 号）。为了以多种方式引导民间资本参与保障性安居工程建设，解决资金短缺问题，住房和城乡建设部等又发布

《关于鼓励民间资本参与保障性安居工程建设有关问题的通知》（建保［2012］91号）。随着国家法律法规的不断出台，中国保障性住房政策的演变将越来越科学化、合理化，更好地适用于中国实际，更有利于保障困难群体的基本居住权利，促进社会的和谐稳定和快速发展。

二 吉林省保障性住房政策体系与保障措施

（一）政策体系

吉林省是东北老工业基地，由于经济欠发达、历史欠账多等因素，长期以来全省城乡居民住房困难问题十分突出。为使改革发展成果更好地惠及广大人民群众，吉林省委、省政府按照党中央、国务院的部署，从构建和谐吉林的全局出发，把实施保障性安居工程作为保持经济平稳较快发展、政府履职尽责和改善民生的重要工作任务来抓。各地各部门密切配合，团结协作，不断完善政策措施，积极筹措建设资金，全力推进项目建设，全省保障性安居工程工作取得了显著成效，2006～2008年，吉林省先后实施了城市棚户区、煤矿棚户区、林业棚户区、农村泥草房改造和廉租住房保障工作，着力改善广大群众特别是住房困难群众住房问题。2009年，吉林省政府整合各路安居工程，逐步形成“五路安居”的政策体系。2010年，根据国家统一安排部署，吉林省启动国有工矿棚户区改造，保障性安居工程从“五路安居”扩展到“六路安居”，同时进行了公共租赁住房建设试点。2011年，正式启动公共租赁住房建设和国有垦区危房改造，全省保障性安居工程扩展到“八路安居”，实现了住房保障从城市到乡村、从矿区到林区、垦区的全覆盖，保障性住房建设进入统筹推进的新阶段。

第一阶段：2006～2008年着力进行国有棚户区改造。为了解决东北老工业基地城市棚户区困难群体的住房问题，根据建设部《关于推进东北地区棚户区改造工作的指导意见》（建住房［2005］178号），2005年吉林省提出争取用两三年时间，完成9个州市1500万平方米棚户区改造任务，并发布了《吉林省人民政府关于城市棚户区改造的实施意见》（吉政发［2005］34号）[①]。2007年，开始实施“煤矿棚户区改造”；2008年，纳入“林业棚户区改造”，并逐步形成了“五路安居”工程。截至2009年年底，吉林省共改造城市棚户区3605万平方米，有55万户、170万城市居民住上了新房；改造煤矿棚户区578.1万平方米，安置居民9.62万户；改造农村泥草房1472万平方米，18.8万户农民改善了居住条件，全省重点林业局开工建设回迁房30万平方米，已建成14万平方米。[②] 在此期间，吉林省也进行了一些经济适用房的建设，但是工作重点主要放在棚户区改造方面。

第二阶段：2008～2011年大力推进城镇廉租住房建设。自2008年开始，为了响应中央号召，吉林省成立保障性住房领导小组，逐步加大了对廉租房的投入和建设，并发布了《关于下达2008年度吉林省廉租住房建设计划的通知》（吉保房［2008］1号）、《关于印发〈吉林省2009～2011年廉租住房保障规划〉的通知》（吉建保［2009］28号）等文件。2009～2011年，吉林省三年新建廉租住房34.4万户、发放租赁补贴30.9万户，到2011年年底基本完成十七大时期制定的全省城镇廉租住房的建

① 吉林省建设厅长柳青在河北干部培训班上的讲稿，http：//www.doc88.com/p－319626651745.html，最后访问日期：2013年10月4日。

② 王祖继副省长在吉林省保障性安居工程领导小组办公室第一次工作会议上的讲话（2009年5月4日）。

设任务。[①]

第三阶段：2011～2012 年正式启动公共租赁住房建设。2011 年 5 月 9 日，《吉林省人民政府关于印发公共租赁住房管理暂行办法的通知》（吉政发［2011］18 号）颁布，对吉林省行政区域内公共租赁住房规划、计划、建设、房源和资金筹集、分配、使用及监督管理作了详细说明。2012 年吉林省共有 9500 套、52 万平方米公租房预计在年底竣工，4.5 万城市中等偏下收入家庭、新就业大学生、外来务工人员可望喜迎新居。[②]

综上所述，吉林省保障性住房政策实施的进程可用图 10－2 来表示。保障性住房政策以 2006 年的棚户区改造拉开序幕，其内容主要包括城市棚户区改造、煤矿棚户区改造、林业棚户区改造和农村泥草房改造。自 2008 年开始大力推进城镇廉租房建设，在此期间，又进行了国有工矿棚户区改造。自 2011 年开始，吉林省正式启动公共租赁住房建设。到 2012 年，吉林省委、省政府更加重视保障性安居工程建设，将其作为重要的民生工程，纳入重点工作目标责任制，提出了保障性安居工程建设的新思路，即以城市棚户区改造为主线，以煤矿、林业、国有工矿棚户区和国有垦区危房、农村泥草房改造为支撑，通过各路联动和市场化运作，逐步建立和完善以廉租住房、公共租赁住房为主体，多渠道、多层次、覆盖城乡的住房保障体系。

（二）政策实施的组织保障

为切实解决全省城市低收入家庭住房困难问题，进一步做

① 《吉林省保障性安居工程总体工作方案》，http：//www.doc88.com/p－99336123040.html，最后访问日期：2013 年 9 月 17 日。

② 《吉林省首批 9500 套公租房年底竣工》，http：//www.jlradio.cn/contents/2908/191544.html，最后访问日期：2013 年 11 月 18 日。

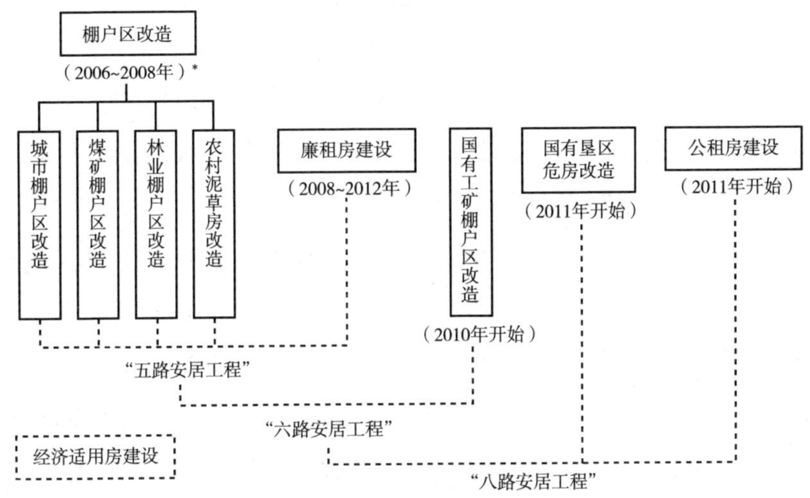

图 10－2　吉林省保障性住房的政策体系

＊2008 年后棚户区改造依然进行，但不再作为吉林省保障性住房建设的内容。

好全省保障性住房建设和管理工作，按时完成建设部交付的任务，吉林省对保障性住房政策的实施做了明确的分工，采取了多项必要措施。如图 10－3 所示，为保障吉林省保障性住房政策的有效实施，成立吉林省保障性住房领导小组，并由其直接管理各州、市领导小组（县以下结构相同）。同时，吉林省保障性住房领导小组还协同吉林省发展改革委、城建局制定保障性住房的相关计划，协同各州、市领导小组、审计局及各监察部门进行有关保障性住房政策执行的监督考评。并与吉林省发展改革委、财政局、国土资源局、城建局、街道办事处、劳动保障局、民政局、审计局和各监察部门共同协作，从资金、工程建设和资格审批等各个方面保障吉林省保障性住房政策的有效实施。以下为吉林省保障性住房政策实施的组织结构的具体剖析。

（1）机构设立和人员保障方面。到2012 年，在全省60 个县

（市、区）中，已经正常设立机构 54 个（其中行政处室 6 个，全额拨款事业单位 28 个，自收自支事业单位 20 个），没有设立机构的 6 个。共有 597 名工作人员服务于住房保障工作，其中在编人员 327 人，借调人员 270 人，为保障性住房政策的有效执行提供了有力的组织保障和人员支持。

（2）计划制定和开工准备方面。在每年年末由各市县包括延边朝鲜族自治州的建设部门申报本年度住房保障建设计划，再由基层发展和改革委员会审核后上报，最终由吉林省保障性住房工作领导小组和协调小组统一分配各市（州）、县（市）的建设任务，保证了建设计划与地方实际需求的有效契合。与此同时，各市（州）、县（市）均超前做好项目储备，提前办理立项、规划、土地、施工许可等审批手续，实行一站式办公和“绿色通道”制度，积极供应建设用地，极大地加快了项目开工建设进度。由于改造建设计划安排合理并且准备充分，吉林省保障性住房建设的工期大大缩短。

（3）资金支持和工程建设方面。由财政部门负责住房保障资金的筹集、管理、分配、拨付和监督检查以及资金预决算管理，中国人民银行长春中心支行负责研究制定保障性住房项目的相关金融信贷优惠政策的指导意见，开发银行吉林省分行负责对满足贷款评审条件的保障性住房项目提供贷款支持，有效地保证了保障性住房建设的资金供应。为了保证保障性住房的工程建设的有效管理，由国土资源部门划定土地，建设部门负责工程的招牌挂，并作为工程的甲方直接参与保障性住房的建设实施。

（4）居民的资格审核方面。采取“三审两公示”的方式，首先是向当地的街道申请，街道对申请人的情况进行第一次审查，然后将申请人的情况在所住的街道和住区进行公示（具体到社区居委会)。公示期满且无异议后，交由住房建设部门对申请人各项的收入情况进行核实。符合条件的，交由民政部门进行低保户资格审查并最终反馈给住房建设部门，经过这三次审查之后，符合条件的再进行公示。在此基础上吉林省还要求劳动保障部门做好城镇低收入家庭就业档案或就业状况的收集、整理和变更工作，及时准确反映保障家庭的就业变化情况，加强动态管理，为保障性住房的退出机制建立依据。

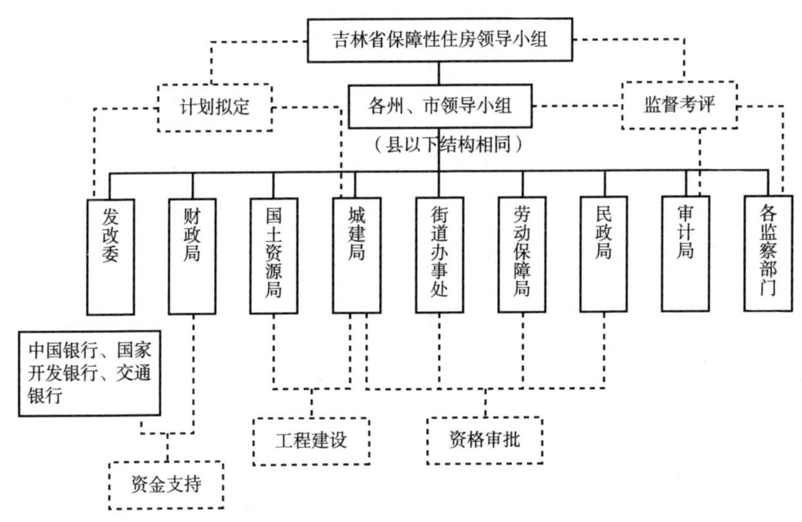

图 10-3 吉林省保障性住房政策实施的组织结构

(5) 执行监督和奖励方面。由审计部门负责保障性住房资金的审计监督；监察部门主要负责查处保障性住房建设和分配管理中权钱交易的腐败、玩忽职守等行为。并且，由省市的住房保障领导小组定期组织开展保障性住房监督检查和指导工作；总结和推广各地保障性住房先进的经验和做法，编制工作简报；制定住房保障工作的标准和评选办法，对每年评选出的先进单位和先进个人予以奖励。

第三节 吉林省保障性住房政策执行力评估

对吉林省保障性住房政策执行效果的评估首要工作就是明确保障性住房政策的目标。在目标上，中国各级政府保障性住房政策的目标是一致的——建设一定数量的保障性住房，并且将这些住房分配给急需的群众。因此，吉林省保障性住房政策执行力可以从两个方面进行评估：一是从保障性住房建设数量上进行考察，主要看建设和改造任务是否完成，在多大程度上实现了预定的目标；二是从受益群体上看，已经建成的保障性住房是否分配给了最需要的群众，受益群众在所有困难群众中所占的比重如何。

从2006年开始，吉林省委、省政府先后实施了城市棚户区、煤矿棚户区、林业棚户区和农村泥草房改造，并最终完善为“八路安居”工程。总体上看，2006～2011年，吉林省共建设保障性住房1.49亿平方米，直接投资1882亿元。通过“八路安居”工程的深入实施，全省231万户、670万住房困难群众从中受益，户均增加财产性收入15万元左右，全省超过1/5人口的住房条件得到明显改善。吉林省实施的保障性安居工程覆盖面之广、建设量之大，受益人之多，走在了全国的前列。通过几年来的保障性安居工程建设，完善了基础设施，改善了人居环境，在平抑房地产价格，实现低收入、中低收入住房困难家庭住有所居的梦想的同时，也保持了房地产市场平稳健康发展，推进了城镇化进程，促进了社会和谐稳定，同时也拉动建材、建筑、装饰、运输等30多个关联产业，已成为推动国民经济发展的重要增长点，为社会提供了大量就业岗位。

第一，从吉林省保障性住房的建设数量上看，各路安居工程都得到了长足的发展，取得了可喜的成绩。

（1）城市棚户区改造。按照《吉林省人民政府关于城市棚户区改造的实施意见》（吉政发［2005］34号），2006年开始在市（州）政府所在地城市实施，2007年全面扩展到县（市）。到2011年年底，全省改造5884.2万平方米，安置居民86.7万户，完成投资984.51亿元。

（2）煤矿棚户区改造。按照国家发展和改革委员会《关于下达吉林省中央下放煤矿棚户区改造配套基础设施工程2007年中央预算内专项资金（国债）投资计划及有关事项的通知》（发改投资［2007］2525号），2007年开始实施。到2011年年底，全省改造1126.7万平方米，安置居民19.1万户，完成投资154.84亿元。

（3）农村泥草房改造。按照《吉林省人民政府办公厅关于推进农村泥草房改造安居工程试点工作的指导意见》（吉政办发［2007］32号），2007年开始试点。到2011年年底，改造5776.8万平方米、76.8万户，完成投资426.83亿元。到2011年全面完成改造任务。

（4）林业棚户区改造。按照《吉林省人民政府办公厅关于转发省建设厅制定的吉林省林业棚户区改造试点方案的通知》（吉政办明电［2008］102号），2008年开始试点。到2011年年底，全省改造650.6万平方米，安置居民13万户，完成投资105.38亿元。

（5）城市廉租住房保障。按照《吉林省人民政府关于解决城市低收入家庭住房困难的实施意见》（吉政发［2007］37号），2008年开始实施。到2011年年底，全省新增廉租住房1152.8万平方米、25.1万套，完成投资166.69亿元。发放租赁补贴32万户。

（6）国有工矿棚户区改造。按照住房和城乡建设部等五部委《关于推进城市和国有工矿棚户区改造工作的指导意见》（建保［2009］295 号），2010 年开始实施。到 2011 年年底，全省改造 140.9 万平方米，安置居民 2.9 万户，完成投资 25.45 亿元。

（7）国有垦区危房改造。按照农业部、国家发改委、财政部、国土资源部、住房和城乡建设部《关于做好农垦危房改造工作的意见》（农垦发［2011］2 号），2011 年开始启动，已改造 46 万平方米、0.76 万户，完成投资 3.7 亿元。

（8）公共租赁住房建设。按照住房和城乡建设部等七部门《关于加快发展公共租赁住房的指导意见》（建保［2010］87 号），2010 年开始试点。到 2011 年年底，开工建设 76.4 万平方米、1.26 万套，完成投资 14.63 亿元。

第二，从保障性住房的受益群体的数量上看，吉林省保障性住房政策的执行效果显著，每年均有大量的低收入群体成为该政策的受益者。

2007 年，吉林省超额完成全年棚改任务，使 30 万居民走出棚户区；市（州）完成年度计划的 204.55%，县（市）完成年初计划的 123.55%，9 个市（州）和 1/3 的县（市）超额完成指标。[①] 2008 年，吉林省开工建设廉租房面积 81.83 万平方米，超额完成年初下达的 80 万平方米新建廉租房任务。[②] 2009 年，新建廉租住房计划完成 9 万户，实际完成 12 万户，发放租赁补贴 26.94 万户，建筑面积 390 万平方米。其中，城市廉租住房

① 《吉林省超额完成全年棚改任务　30 万居民走出棚户区》，http://chinaneast.xinhuanet.com/2007-11/16/content_11683587.htm，最后访问日期：2013 年 11 月 18 日。

② 《今年吉林省廉租房建设超额完成　明年建 80 万平米》，http://news.sohu.com/20081229/n261467182.shtml，最后访问日期：2013 年 11 月 18 日。

125 万平方米，地方国营农、林场廉租住房 54 万平方米，棚户区改造解决廉租住房 211 万平方米。2010 年，新建廉租住房 12 万户，发放租赁补贴 29. 3 万户；2011 年新建廉租住房 10. 4 万户，发放租赁补贴 24. 9 万户。总体来说，各路安居工程到 2010 年年末一共改造完成 1. 17 亿平方米，受益户数达 215 万。①

2011 年，是吉林省保障性安居工程改造面积最多、任务最重、难度最大的一年，国家下达的建设改造任务由 27. 72 万套增加到 31. 51 万套，加上吉林省自行安排的农村泥草房改造 16. 6 万套，全省总任务量是 48. 11 万套。从实际完成情况看，全省保障性安居工程开工建设 49. 7 万套、3214. 5 万平方米，竣工 29. 09 万套、1968. 07 万平方米，完成计划的 105%，完成投资 480 亿元，开工率在全国排名第 5 位。这一年，全省 48. 11 万户、150 万住房困难群众受益。吉林省提前两个月超额完成了国家下达的建设任务，达到了国家提出的“三个确保”的工作要求，全面完成了国家和省委、省政府下达的各项目标任务。至此，吉林省已经基本完成全省城镇低收入住房困难家庭应保尽保的目标。

2012 年，吉林省保障性安居工程计划任务为 30. 38 万套。其中，城市棚户区改造 12 万套，煤矿棚户区改造 4. 65 万套，林业棚户区改造 4. 16 万套，国有工矿棚户区改造 3. 2 万套，廉租住房新增 4 万套，公共租赁住房建设 1. 2 万套，国有垦区危房改造 1. 17 万户。同时，农村危房改造 10 万户。发放廉租住房租赁补贴 30 万户（其中，新增 2 万户）。截至当年 9 月底，按照国家下达的建设任务，全省已开工建设 31. 43 万套，开工率达到

① 《吉林省保障性安居工程总体工作方案》，http：//www. docin. com/p - 111662663. html，最后访问日期：2013 年 8 月 15 日。

103.39%；竣工14.03万套，竣工率78.17%，完成投资305.61亿元。因此，无论是从历年来保障性住房建设的任务完成情况来看，还是从受益群众的范围和数量方面来看，吉林省保障性住房政策都体现了很高的执行力，总体表现是每年都按时并超额完成建设任务，受益群众数量逐年攀升。

第四节　吉林省保障性住房政策执行力的保障因素

从一般意义上说，影响政策执行力的因素主要有执行主体和政策对象两个方面，同时，政策执行模式和政策执行环境也都发挥着重要作用。以吉林省保障性住房政策为例，该项政策之所以执行力高，主要是以下几个方面因素发挥了关键的保障作用。

一　有力的组织领导是提高政策执行力的基本前提

2007年以来，吉林省政府每年都把保障性安居工程作为重要民生实事之一，列入政府重点工作目标责任制，与各市州政府签订工作目标责任状，做到年初有部署，年中有检查，年底有验收。2009年省政府对城市棚户区、保障性住房、采煤沉陷区、农村泥草房、林业棚户区等领导机构进行整合，成立了以省长为组长的吉林省保障性安居工程领导小组，下设办公室和4个推进组。2010年以来，时任省委书记孙政才同志多次召开专题会议并做出批示，在视察保障性安居工程时明确要求：要努力让人民群众特别是困难群众住有所居，住得温暖。时任省长王儒林同志几次召开专题会议，研究部署住房保障工作。分管副省长则多次主持召开会议，及时听取安居工程建设情况汇报，深入各地研究解决工作中遇到的困难和问题。当然，仅有高层领导的重视还是不够的，政策执行力还需要所有政策执行主体的积极参与和配合。而执行主体的主观意愿、工作积极性、自身素质都会影响政策执行力的高低。2009 年，吉林省政府对在全省保障性安居工程工作中做出突出贡献的各级政府、相关部门，参与保障性安居工程的企事业单位和个人进行了表彰，授予长春市人民政府等 255 个单位“吉林省保障性安居工程先进单位”称号；授予刘大平等 522 名同志“吉林省保障性安居工程先进个人”称号。[①] 这些措施起到了表彰先进、鼓舞士气、激发干劲的积极作用。

二 健全与完善的政策体系是提升政策执行力的必要条件

政策执行力高低首先取决于政策自身的系统性、完备性与可操作性。吉林省在国家保障性住房政策的指导下，根据自身实际情况制定了一系列切实可行的保障性住房政策。政策的制定符合吉林省实际需求，目标明确，内容具体，可操作性强，具有较强的适用性，所以取得了良好的执行效果。吉林省主要做了几个方面工作：一是健全政策制定程序。吉林省虽然较多地体现了自上而下的政策执行模式，即首先由中央政府提出解决住房问题的目标、方式、总体方向，向地方下达指示，再由地方政府将总体政策目标进行分解，明确政策执行的环节和步骤，落实给执行部门工作任务，使政策有条不紊地进行。但在省以下的保障性住房建设任务分配上则是先由各基层单位上报计划，再由省保障性住房领导小组与发改委统筹之后下发任务。在一定程度上体现了整合型的政策制定与执行模式，更广泛地吸纳了不同层次执行主体的政策意愿。二是建立健全政策体系。先后出台了《吉林省人民

① 《吉林省人民政府关于表彰全省保障性安居工程先进单位和先进个人的决定》，http：//zc. k8008. com/html/jilin/shengzhengfu/2012/0103/150248. html，最后访问日期：2013 年 11 月 20 日。

政府关于城市棚户区改造的实施意见》等100多项有较强指导性的省级政策文件，形成了完善配套、覆盖城乡的政策体系。三是突出政策的针对性和可操作性。比如，针对廉租住房政策理解不一致问题，出台详细的政策解读文件汇编；针对廉租住房建设管理、房源筹集、收入认定工作中遇到的实际问题，出台了《吉林省城镇低收入住房困难家庭廉租住房保障办法》《吉林省廉租住房配建实施办法》等规定，规范了各项工作要求，在新建住房项目中按5%比例配建廉租住房；出台了《吉林省廉租住房使用管理暂行办法》《关于加强棚户区建后管理的指导意见》，加强建后管理，提高管理水平。各市区县也根据本地实际，出台了相应的政策措施和实施细则，对政策进行深入细化。四是突出政策的实效性。比如，为适应新情况、新问题的出现，以省政府文件形式出台了《吉林省公共租赁住房管理暂行办法》，为发展公共租赁住房提供强有力的政策支撑。五是大胆进行政策创新。比如，探索实施廉租住房按份共有产权，减轻了地方政府资金压力，扩大了住房保障面，增加了保障对象的财产性收入，完善了保障对象退出机制。实施了棚户区改造与廉租住房建设的有机结合，推广了农村泥草房改造和新式农居建设双推进改造方式，建立了林场搬迁整合与生态还林相结合的林业棚户区改造模式，促进了城乡住房困难家庭住房问题的有效解决。

三　执行主体所掌握的资源与能力是政策执行力的内部保障因素

对保障性住房政策执行而言，破解资金瓶颈问题是核心环节。吉林省采取“政府补一点，政策减一点，企业出一点，个人拿一点，市场筹一点，银行贷一点”的办法，积极筹措建设资金。一是争取国家支持。2006～2011年，共争取国家补助资金 139.1 亿元用于保障性安居工程建设，极大地缓解了地方资金紧张的矛盾。二是加大省级财政投入。截至 2011 年年底，省财政共用于安居工程建设资金达 83.9 亿元。三是争取信贷支持。先后在国家开发银行、交通银行、中国银行等金融部门帮助地方政府协调贷款 108 亿元，有效地缓解了资金紧张的压力。四是加大地方投入力度。各地采取加大财政预算投入和政策性减免等措施，累计对安居工程建设投入 570 亿元。五是鼓励和引导企业和居民个人出资，吸引民间资本参与保障性安居工程建设。

四　政策对象的理解与支持是政策执行力的外部保障条件

政策最终要作用于一定的政策对象才能发挥其分配价值和调节人们行为的功能。一般来说，政策对象会基于利弊衡量、避免惩罚、政治社会化、政策合法化、顾全大局观念、道德压力、情势变化等因素而顺从政策；同样，政策对象也会基于价值观念和行为模式的冲突、利益冲突、同类团体的影响、舆论影响等因素而阻碍政策执行。吉林省与国内其他省份一样，在保障性住房建设过程中面临着一个突出的难题——土地征收与房屋拆迁。吉林省在创新工作机制，破解拆迁难题方面做了大量探索：一是切实保护被征收群众利益。实行“征一还一，不找差价，合理扩大面积部分收取成本价，对低保家庭免费赠送”的补偿安置政策，同时各地不断出台新的补偿办法，提高补偿标准，赠送补偿安置面积，加大补偿奖励力度，使被拆迁群众普遍得到实惠。坚持先建回迁安置房，后建商品房；有条件的市、县，实行先安置后征收。二是阳光和谐拆迁。做到宣传引导、拆迁程序、信息公开、安置补偿等“四到位”。实行规划方案图、小区鸟瞰图、回迁楼单体效果图、回迁楼建筑平面图和回迁安置公示板等“四图一板”公开制度，实行先签协议、先搬迁、优先选房的“两先一优”政策及给予相应的奖励政策，使房屋征收拆迁工作公开透明、家喻户晓，有效地化解拆迁矛盾。2011 年年底，经省编办批准，建设厅设立了省房屋征收经办中心，在建设厅房地产市场监管处加挂征收管理处牌子。各地市也参照这一做法，明确房屋征收行政科室，成立征收实施单位。按市、县人口的一定比例核定编制数量，最小的县（市）也要保证全额事业编制 10 人以上。

五　执行主体间的协同机制是提高政策执行力的关键环节

这不仅涉及各级政府、政府各部门间的协调机制建设，也涉及政府与企业、社会组织乃至公民个人的协同机制问题。首先，保障性住房政策的执行需要政府各部门的通力合作。《吉林省保障性住房实物配租与租赁补贴分配管理暂行办法》是由吉林省政府办公厅会同民政厅、财政厅、监察厅共同出台，以省政府办公厅文件转发各地，并组织多次培训班对官员进行政策执行法规的相关培训，信息传输效率很高。在吉林省保障性住房建设过程中，政府各部门间充分体现了密切协作配合。省安居办发挥着组织协调、综合指导的作用，各推进组牵头部门则分工负责，切实做好牵头和组织推进工作。住房城乡建设部门负责做好相关规划设计、施工组织管理等；发展改革部门负责做好项目立项和资金申请工作；财政部门负责组织资金筹措，确保及时下拨到位，加强资金使用监管等；国土资源部门对保障性安居工程建设用地实行计划单列，优先保证供应。法院、税务、民政、林业、农委、监察、审计、环保等部门也都认真履行好各自职能。其次，保障性住房政策的执行也需要政府与银行、企业、社区组织、新闻媒体和广大人民群众的密切合作。比如，在落实资金方面，除了省住房城乡建设、发改、财政、林业等相关部门积极主动上报项目，协调国家有关部门争取补助资金，及时安排省级补助资金外，各地政府、各相关部门都在千方百计地筹措配套资金，财政投入、政策性减免、市场化运作、配建经营性用房等方式，都是建设资金的来源渠道。这充分体现了多元主体合作治理的发展趋势。另外，新闻单位也是治理网络的重要组成部分，在及时宣传工程建设好的典型、好的做法方面发挥了作用，充分利用电视、广播、网站等新闻媒体，积极宣传国家和地方政府的相关优惠政策，发挥宣传舆论的正确引导作用，促进全社会形成支持工程建设的良好局面。

第五节　对提升吉林省保障性住房政策执行力的建议

2012～2015 年，吉林省保障性安居工程规划任务为 91.59 万套，其中建设改造 83.59 万套，新增租赁补贴 8 万户，到“十二五”期末，全省将再有 375 万人受益。全省“十二五”规划任务在全国排第 15 位；全省保障性安居工程建设计划总投资 1406.6 亿元，拉动房地产业投资 3757.7 亿元，带动关联产业增加社会投资 11200 余亿元。尽管从总体上看，吉林省保障性住房政策的执行力是高的，但面对越来越艰巨的建设与改造任务，面对人民群众日益增长的住房意愿与要求，立足前期工作中存在的诸多问题，我们认为，仍有必要着力抓好以下几个方面工作。因为，在保障性住房政策总体执行态势良好的情况下，执行的细节就会成为影响整体政策执行效果的关键因素。

第一，继续提高政策执行主体的执行意愿、工作能力，强化其人民公仆的角色意识，在保证速度和数量的同时也要保证住房的质量和后续管理的完善。吉林省政府在保障性政策的执行方面十分积极并且取得了优异的成果，各个部门在政策执行时的热情度很高，工作能力也很强，但是吉林省经济实力有限，资金投入上有一定困难，同时，地处东北严寒地带，对房屋的质量与供暖设施的要求都比较高，建设和后续管理的任务繁重。这就要求各地政府官员树立正确的政绩观和价值认同感，把解决普通群众的住房问题作为自己义不容辞的职责，纳入经济社会发展目标责任制，增强地方政府官员的责任感和紧迫感，强化政策的落实力度，建立对执行不力者的责任追究机制，把述职、提职、免职与执行政策的实际表现结合起来。

第二，在政策执行上要根据吉林省自身状况建立适合自身的保障性住房政策执行方案和措施，并且要根据实际情况不断进行政策调整。不少地方负责人都反映，近年来地方保障性住房建设的规模不断加大，其他社会保障职责也越来越多，地方可支配的财政资金却增长有限。事权和财权增长不匹配，导致地方政府在推行保障性住房政策的时候捉襟见肘。国务院在 2011 年举行的几次加快保障房建设的座谈会上，多省负责人提出，要强化政府在解决住房问题上的职责，必须继续深化住房制度改革和相关财政、金融、税收制度的改革，在某些方面给地方更多的自主权。住房政策并非一成不变，随着各种情况的变化，住房政策也要不断调整，住房制度的改革也将进一步深化。“十二五”规划建议提出，加大保障房建设、发展公租房、增加中低收入居民住房供给、完善住房体制和政策体系、推进房地产税改革。

第三，在政策执行内在机制上继续加强各部门之间的分工合作，在提高信息传递效率、完善政策执行程序的同时也要提高政策执行的效率。“三审两公示”制度虽然在确保保障性住房分配公平上起了不可或缺的作用，但是如何确保公示本身的效果，缩短政策执行的周期也是我们必须考虑的问题。因此，在提高保障性住房政策执行力上，我们不但要确保每年保障性住房的建设任务的超额完成，也要制定保障性住房入住数量的相应标准，实现其解决低收入家庭住房困难的政策目的。

第四，在保证项目建设速度的同时，保证工程质量安全。吉林省地处东北严寒地带，房屋的质量与供暖设施对居民尤为重要。同时，东北地区因气候原因工程施工期短，如何在较短的施工时间内，高质量地完成建设任务，就成为一项重中之重的工作。在这方面，吉林省先期采取了“三个超前”“两个保证”的措施。“三个超前”：一是超前做好项目储备。对拟改造地块，提前编制修建性详细规划，提前做好前期工作，为加快推进项目建设做好准备。二是超前做好土地供应。按照年度土地供应计划，实行计划单列，优先安排保障性安居工程建设用地，确保土地供应。三是超前做好项目审批。实行一站式办公和“绿色通道”制度，缩短办理审批手续时间。“两个保证”：一是保证工程质量。把工程质量作为安居工程建设的头等大事来抓，工程质量实行“零容忍”，层层落实质量责任，严格执行国家工程质量规范标准，健全质量保证体系，在规划设计、施工管理、竣工验收等环节严格把关，确保安居工程质量安全。做好竣工验收工作，竣工项目设置永久性标牌，建立用户质量回访制度。二是保证工作有序推进。在项目实施过程中，建设部门通过开展工作检查和督查，确保各路安居工程的顺利实施。2011 年省政府确定“6 月底前开工率达到 60% 以上，9 月底前全部开工建设”的工作目标。为加快保障性安居工程建设，省政府建立了约谈问责机制，并将其纳入省政府绩效考核体系。省安居办及四个推进组实行周简报、月通报、季报告制度，对组织不力、进展缓慢的地方政府分管领导进行了约谈。省安居办组织省直相关部门，在项目实施过程中，每年于 6 月和 9 月分别组织开展两次全省范围的监督检查，12 月组织一次全年工作验收，对项目实施、工程进度和质量等工作进行重点检查和验收，确保完成各项工作任务。

第五，在政策执行方案上要充分考虑共有产权制度，加强保障性住房政策体系建设。吉林省并非经济大省，建设资金不足是困扰吉林省保障性住房建设的重要问题。2009 年 7 月 24 日吉林省住房和城乡建设厅印发了《吉林省廉租住房按份共有产权实施管理办法》的通知，个人可以拥有 40% 的产权，3 年之后可根据 3 年前的市场价格取得 100% 的产权，并规定廉租房的申请人员必须为城市低保人员，以此来解决城市中特别困难群体的住房问题。经过吉林省政府对中央政策的延伸之后，虽然可以解决一部分低保无房人员的住房问题，但是很多人也因为交不起 40% 的房价无法申请实物配租，只能选择住房补贴。并且由于该政策规定个人可以取得 100% 的产权，所以该政策只能对低收入群体的住房紧张状况起到临时性缓解作用，几年之后政府手中的廉租房将出售殆尽，仍会有大量低收入群体处于无房状态。对于这些现实问题，都需要进一步深入研究并加以解决。

第六，坚持公平公正，切实做好房屋公平分配工作。公平分配是保障性安居工程的“生命线”，也是民心工程的关键。几年来，吉林省共受理住房保障申请 43.5 万户，其中有 42.88 万户符合条件，被纳入廉租住房保障体系。具体为：实物配租 11.5 万户，发放租赁补贴 31.38 万户。在审计部门的专项审计工作中，也发现吉林省保障性住房分配过程中存在一些不符合保障条件的家庭享受到了住房保障的问题。这就给有关部门敲响了警钟。如果分配不公，不仅会事与愿违，甚至会造成新的社会矛盾。只有做到分配公平，才能使真正困难的群众享受到住房保障，才能防止不符合准入条件的家庭侵占公共资源，最终实现政府保基本的政策初衷。今后还要坚持“三审两公示”制度，认真履行申请、审核、轮候、公示程序，通过公开抽签、摇号以及聘请当地人大代表、政协委员监督等办法，这有利于切实做到分配过程公开透明，并保证分配结果的公平公正。各地、各部门还要下大力气健全分配、管理机制，坚持保障房源、准入条件、轮候顺序、办事程序、分配方案、分配结果“六公开”，做到“严格准入、程序正当、过程透明、结果公开、技术支撑、及时纠错”。明确界定和坚决把住“廉租住房保障的对象是低收入住房困难群众”这个基本条件，在申请、审核、公示、公证等环节严格把关，主动接受群众、社会和媒体监督。目前，吉林省的信息支撑系统还不完善，个人收入和住房信息比对平台还未建立，保障对象的个人信息很难查对，必须抓紧建设相关信息比对平台，尽早实现联网，全面真实准确地掌握申请家庭、入住家庭的收入及住房等相关信息，提高分配的效率和准确性。同时，还要加强动态监管，建立和完善退出机制，对弄虚作假或因收入水平变化不再符合保障条件的家庭，要及时予以清退。各地政府每年都要组织有关部门，对保障家庭准入、实物配租分配、租赁补贴发放进行一次年度审查，确保分配公平。

第七，积极探索，切实加强建后管理。保障性住房建后管理工作是完善住房保障制度、解决保障家庭住得起、管得好问题的关键环节。在这方面，吉林省出台了《棚户区改造建后管理的指导意见》，进一步创新棚户区建后物业管理的新模式，通过政府扶持、配建经营性用房、以工代费、提供公益性岗位等办法，切实解决棚户区改造建后管理难题。通过协调省有关部门，明确为全省自助式物业管理小区按每 5000 平方米配备 1 个公益性岗位等措施。各地也结合实际，坚持政府扶持与属地化、市场化、专业化物业管理相结合，探索实施“自主管理加专业协助”等物业管理新模式，提高广大回迁安置群众的生活幸福指数。2012

年，全省范围内已经开展了保障性安居工程建后管理试点工作。进一步创新保障性建后物业管理的新模式，通过政府扶持、配建经营性用房、以工代费、提供公益性岗位等办法，提高保障性住房建后管理水平。同时，今后还要积极探索建立用户回访制度，及时解决保障对象在居住中的实际困难。长春市、吉林市、四平市在建后管理方面都进行了有益的尝试，比如，长春市向人力资源和社会保障部门申请300名住房保障专干；四平市落实了200个公益性岗位；吉林市在每个社区都设立了1名社区主任助理，专门从事保障性住房管理工作，其工资由政府负担；吉林市还对足额缴纳相关费用的保障家庭，实行报销一定比例的物业费补贴政策。

第十一章　制度执行力探析*

近年来，制度执行力问题逐渐受到理论界和政府部门的关注和重视。从“中国知网”的搜索结果来看，理论界对制度执行力问题的研究主要集中于两个方面：一是反腐倡廉制度的执行力问题，强调通过加强宣传教育、严格监督问责以及加大惩处力度等途径改善其执行效果；二是执政党的制度执行力问题，强调通过培育党员干部的制度意识、责任意识、执行观念以及执行能力等提升党的执政能力。从党和国家领导人在一系列重要会议中的讲话可以看出①，政府部门对制度执行力问题的关注也主要集中于前述两个方面。然而，作为现代社会运行的基础，制度包含了一系列约束人们行为及相互关系的行为规则。从外延来看，它包括整个社会运行过程中的政治、经济、社会等各类制度规定。这就使得制度执行力问题更显宏大和复杂。在本章中，我们将从

---

* 本章以系列论文的形式发表于《天津社会科学》2013 年第 3 期（原题为《制度执行力探析》，与钱花花合作）和《理论探讨》2013 年第 2 期（原题为《再论制度执行力》，与段易含合作）。

① 2010 年 1 月 12 日，胡锦涛同志在十七届中央纪律检查委员会第五次会议上指出：“抓好反腐倡廉制度建设，必须不断提高制度执行力”；2010 年 3 月 23 日，温家宝同志在国务院第三次廉政工作会议上发表以“加强重点领域反腐倡廉制度建设，切实提高制度执行力”为题的重要讲话；2011 年 1 月 9 日，胡锦涛同志在十七届中央纪律检查委员会第六次会议上的讲话中强调要加强对中央重大决策部署执行情况的监督检查；2011 年 3 月 1 日，习近平同志在中共中央党校春季学期开学典礼上专门做了题为“关键在于落实”的讲话。

“制度”和“执行力”两个概念入手，对制度执行力的基本内涵进行解析，进而分析影响制度执行力的主要因素，最后，分析指出制度执行力的提升路径。

第一节　制度执行力的概念解析

理论界对制度执行力的研究，大多关注反腐倡廉制度的执行力以及党的制度执行力问题，其研究内容主要集中于制度执行力的现实意义与表现、影响因素及提升路径等方面，尚缺乏对制度执行力概念的界定。陈满雄认为，制度执行力就是探求制度“如何在现实社会中得以实现”，并将其界定为“实现制度目标过程中速度、质量和效能的综合体现”[①]；莫勇波、张定安将其理解为“制度本身所具有被执行落实的强制力、执行效力，以及相关组织在执行相关制度时的执行力量和执行效力”[②]。我们认为，要准确理解制度执行力的概念，首先应当对“制度”和“执行力”两个概念进行深入剖析。

对制度执行力内涵的剖析应首先着眼于“制度”。“制度”的内涵宏观而宽泛，目前学界尚未形成统一认识。相对来说，制度经济学的相关研究较为系统。比如，旧制度经济学派凡勃伦（Thorstein B. Vablen，1857－1929）在1899年的《有闲阶级论》中指出：“制度，实质上就是个人或社会对有关的某些关系或某些作用的一般思想习惯，而生活方式所构成的是在某一时期或在社会发展的某一阶段通行的制度总和。”[③] 诺思（Douglass

① 陈满雄：《提高制度执行力》，《中国行政管理》2007年第11期。

② 莫勇波、张定安：《制度执行力：概念辨析及构建要素》，《中国行政管理》2011年第11期。

③ 〔美〕托斯丹·邦德·凡勃伦：《有闲阶级论》，蔡受百译，商务印书馆，1982，第139～140页。

C. North）则分析了制度的组成部分，认为制度由正式的规则、非正式的约束（行事准则、行为规范和惯例）以及它们相对应的实施机制这三部分组成。社会学制度主义扩大了制度的内涵，将制度等同于一定的文化模式及其表现出来的、为人的行动提供“意义框架”的符号、规则、象征系统、认知模式和道德模板等。[①]

诺思将制度定义为“一个社会的博弈规则，或者更规范地说，它们是一些人为设计的、形塑人们互动关系的约束”[②]。在社会交往和互动的过程中，人类往往无法获得关于他人行为的完全信息，而且每个人在选择、处理以及组织相关信息的过程中存在一定心智能力上的局限，因此交易过程中必然存在大量机会主义行为，交易后果必然具有较大的不确定性。为了防止这种机会主义行为和减少不确定性，就需要一系列旨在简化处理过程的规则和程序，也就是各类制度。制度通过形成人们行为以及人与人之间关系的基本结构，降低了社会交往过程中行为的不确定性，使人们对自己以及他人的行为能够形成稳定的预期，并通过成本收益计算进行有效的行为选择，从而降低交易成本。因此，诺思认为，制度由正式的规则、非正式的约束（行事准则、行为规范和惯例）以及它们相对应的实施机制组成。正式制度是人们有意识建立起来的并以正式方式加以确定的各种制度安排，它通常是成文的并由权力机构来保证实施，如法律、法规、政策、规章和契约等。非正式制度则产生于由个体互动形成的社会关系网络，并被演进变化中的社会关系所强化，如习俗、传统、道德伦

① 何俊志：《结构、历史与行为——历史制度主义对政治科学的重构》，复旦大学出版社，2004，第168页。

② 〔美〕道格拉斯·C. 诺思：《制度、制度变迁与经济绩效》，杭行译，格致出版社，2011，第3页。

理、意识形态等。非正式制度是正式制度形成的基础，人类的许多正式制度都是在非正式制度的基础上确立起来的；同时，它也是正式制度有效发挥作用的必要条件。无论正式制度还是非正式制度，其实施都至关重要。因此，诺思将实施机制纳入制度内涵之中，并置于和正式制度、非正式制度同等重要的位置。总之，人们基本是把“制度”理解为规范和约束人的行为的各种规则，体现为法律法规、行为准则、道德观念等多种形式。本章所研究的制度执行力仅限于正式制度，是通过强制约束力保证实施，要求人们自觉接受并服从的正式规范。正式制度的基本功能是塑造或影响人们的社会行为。在不同的社会环境中，制度影响或改变个人或集体行为的程度不同，那么，又是什么因素在其中发挥作用呢？这就构成制度执行力研究的核心命题。

“执行力”概念主要应用于行政法学、企业管理、公共行政和政策科学领域。最早是在 20 世纪 50 年代，行政法学普遍认为“执行力”是指对具体行政行为予以强制执行的强制力或法律效力。20 世纪 90 年代，这一概念被广泛应用于工商企业管理领域，执行力被看作一整套行为和技术体系，它能够使组织产生独特的竞争优势，即在形成决策、制订具体的计划之后，达成目标的具体行为就是执行，而确保执行完成的技术、能力和手段构成执行力。公共行政领域的“执行力”则主要建立在“政治与行政两分法”的基础上，认为政府的公共行政，就是公共事务的执行；行政活动的目的，则是使公共计划得以最迅速、最经济、最圆满地完成，肯定了执行之于政府公共行政的重要性。20 世纪七八十年代，以普雷斯曼（T. L. Pressman）和韦达夫斯基（A. Wildavsky）为代表的政策科学研究的学者们提出了各种关于执行研究的途径、理论及模式，拓展了政策科学的研究范围，丰富了政策科学的理论内容。

基于上述分析，笔者认为，制度执行力是指在特定的社会文化环境中，正式制度得以落实的程度，它既取决于强制性执行主体的执行意愿与能力，也取决于执行对象自愿遵行的意愿强度。

第一，制度执行力是政府执行力的一种形态。所谓政府执行力，是指政府在贯彻执行法律法规、制度纪律、政策决策和组织战略中完成目标与任务的实际程度。“从执行对象角度看，政府执行力可分为制度执行力和政策执行力；从执行主体角度看，政府执行力包括个人执行力和组织执行力。”[①] 或者说，制度执行力，也就是指政府的制度执行力，其执行主体是掌握公共权力的组织和个人。从理论上看，制度包含了一系列约束人们行为及相互关系的行为规则，这些行为规则涉及政治、经济以及社会等领域。在此意义上，制度的执行主体是多元的，包括政府组织、社会团体（如非政府组织、村民组织、社区组织、企业团体等）以及社会公众等。若着眼于公共行政学的学科视角，则研究者的关注焦点就在于掌握公共权力的政府组织及个人在贯彻实施相关法律、规章、条令等时表现出来的执行力。

第二，制度执行力的执行内容，主要指政府出台的各类正式制度。尽管制度由正式制度和非正式制度构成，且在实际运行中，非正式制度对于正式制度的形成与落实往往发挥至关重要的作用，但从执行过程和执行效果来看，正式制度的可观察性和可控性较高，尤其是在公共行政领域。在本章中，制度执行力的执行内容主要是指由（广义的）政府出台的，以促进公共利益为目标的正式制度。具体包括两类：一是政府组织及个人履行例行性职能、处理日常性事务过程中所遵循的各类法律、规章和条令等；二是为实现特定目标所出台的各类专项法律、法规和政策

---

① 麻宝斌、丁晨：《政府执行力的多维分析》，《学习论坛》2011 年第 4 期。

等。需要说明的是，在现实运行中，许多公共政策往往以制度的形式体现出来；反之，制度有时也是以政策的形式体现出来，二者之间往往存在相互包含、相互交叉重叠的关系。因此，制度执行力的执行内容，有时会与政策执行力的执行内容相重合。

第三，制度执行力中的“力”，可以从力量、能力和效力等不同角度来理解，但我们更倾向于从“效力”的角度来理解执行力。“力量”是指掌握公共权力的政府对执行对象的支配力量以及获得其服从的影响力，它既可以体现为以强制性为基础的控制、决定、处置的权力（power），又可以体现为以正当性为基础的行动权威（authority）。虽然两种方式均有利于提高制度执行力，但获得认同和服从的重要途径在于公共权力具有合法性并获得正当性的认同，形成执行权威，政府具有必要的权威，才可以有效提升执行效果。“能力”是指政府部门和个人在制度执行过程中所表现出来的技术、方式和手段，具体可分为“制度设定力、标准设定力、时间规划力、岗位明确力、过程控制力、结果评估力六个层次”[①]。“效力”是指某一具体制度执行的水平和效果，也就是通过实施某项制度在多大程度上塑造或影响执行对象的社会行为。从执行对象的角度来看，“只有当一种制度达到这一程度时，才能说它是有效的：该制度的运作能促使行为体改变其行为，而不存在该制度或该制度被其他制度安排替代的情况下则不然”[②]。

第四，制度执行力有多种表现形态。宏观上看，它突出表现为一个国家或地区的法治化程度和民众的法治观念。在高制度执

---

① 陈满雄：《提高制度执行力》，《中国行政管理》2007 年第 11 期。

② 〔美〕奥兰·R．扬：《国际制度的有效性：棘手案例与关键因素》，载〔美〕詹姆斯·N．罗西瑙主编《没有政府的治理：世界政治中的秩序与变革》，张胜军、刘小林等译，江西人民出版社，2001，第 187 页。

行力的社会，人们对宪法与法律给予普遍的尊重，高度依赖法律和制度来调解纠纷和利益冲突，自觉遵守明文颁布的各项法律法规，社会交易和运行成本趋于降低。反之，在制度执行力低的社会，制定法律与遵守法律是两码事。无论是执法者还是守法者，都会倾向于从自身利益或社会关系去选择是否尊重或遵行法律。可以想象，如果执法部门只执行对自己有利的法律，公众也只遵守对自己有利的法律，法律也就难免沦为一纸空文。微观上看，制度执行力表现为特定组织或团体的管理规范化程度。规范化程度高意味着组织中的工作高度制度化、标准化，也就是完成这项工作的人对工作内容、工作时间、工作手段没有多大自主权。规范化程度高的组织，依靠正式制度而不是领导的个人权威来规范组织行为，组织成员也可以依靠制度而不是与掌权者的关系来保护自己的利益。

第二节　制度执行力的影响因素

在行政过程中，执行处于管理的末端，是公共管理众多环节和因素复合作用的结果。因此，影响制度执行力的因素必然是多方面的，既包括制度安排自身特性方面的因素，如制度本身的科学性和可操作性、制度执行程序的合理性等；又包括特定制度安排运作于其中的广泛的社会条件或其他环境条件方面的因素，如制度执行主体的观念和能力、制度执行对象对制度的认同感与遵行的自觉性、制度执行所处的各种社会环境等。下面，我们分别从制度因素、人的因素和环境因素三个方面做简要分析。

一　制度因素

制度是执行的依据和前提，没有制度，就无所谓执行，更谈不上制度执行力。制度自身是否科学合理、是否具有可操作性，以及制度执行程序的合理性如何，对制度执行力大小有着根本性的影响。

科学的制度应当是一个有机的系统，包含四个方面的内容[①]：第一，科学的制度必须有为全体利益主体认可的、公平公正的关系规范和行为规范，它体现的是原则公平问题；第二，科学的制度必须有科学的执行程序，它体现的是运行科学问题；第三，科学的制度必须有保证制度公正执行的受控机制（监督机制），它解决的是制度操作公平问题；第四，科学的制度必须有制度公正执行的自控机制，它解决的是制度正义的自动实现问题。由此看来，科学的制度设计过程必然包含四个相互联系的阶段：确立公平的制度实体，制定科学的制度执行程序，设计制度公正执行的受控机制以及设计制度公正执行的自控机制。

制度的可操作性，是指决策者不仅要考虑到制度本身的科学合理，更要考虑特定制度安排运作于其中的广泛社会条件或其他环境条件方面的因素，包括执行制度可使用的资源（包括资金、人员、物质条件以及信息等）、所面临的客观环境、组织的执行能力、相关部门与人员之间的协调、制度随环境变化而不断变革甚至废止的条件以及提升组织执行能力的相应措施等。系统全面、科学合理的制度体系固然重要，但不符合实际情况、脱离组织实际执行能力的制度也不会有良好的执行效果。

一项制度从制定到实施需要经历诸多环节，各环节科学有效、紧密相扣，才能保证制度执行到位。因此，程序在制度执行

---

① 陈朝宗：《论制度设计的科学性与完美性——兼谈我国制度设计的缺陷》，《中国行政管理》2007 年第 4 期。

中是必不可少的，科学合理的执行程序对制度实施的质量具有保障作用。主要包括以下几个方面：一是详细的制度出台和实施程序，对制度的研究、立项、制定、审查、颁发、实施、考核、监督等环节统一规划、有效实施，以保证制定的制度规范、严谨，符合社会现实，具有可执行性。二是明确的制度执行监督检查程序，制度中不仅要明确其宗旨、目的、依据、内容、适用范围、实施和监督部门、实施日期等，还应有制约性条款，如监督检查制度执行情况的方式、违反规定时处理的依据和责任追究等规定。三是完善的制度梳理、修订和补充程序，随着社会环境的发展变化，定期对各项制度进行梳理，对不适用的制度及时废止，对不完善的制度及时修订，对缺失的制度及时制定，使制度管理紧跟形势和社会发展需要，与社会发展同步。此外，可将上述提到的制度制定、实施、监督检查以及完善等步骤流程化，将相关环节以流程图的方式表现出来，注明具体的工作任务、涉及的部门、负责的部门和岗位以及需要进行的决策等，实现对制度执行过程的动态管理。

二 人的因素

在实际运行中，制度不仅由人制定和执行，也需要人的认同和遵守，所以，制度执行的效果事实上取决于制度执行主体和制度执行对象两个方面因素。

制度执行力的执行主体主要指掌握公共权力的政府组织和个人，而影响制度执行力的执行主体因素，则主要体现在执行意愿和执行能力两个方面。一方面，中国的制度执行主体主要包括领导干部和基层执行者。作为各项制度的决策者和首要执行者，领导干部对制度的重视和认知程度，直接影响到制度执行力。可以说，制度执行力首先取决于领导干部是否能起到模范带头作用。

要求党员干部做到的，领导干部应能首先做到；要求下级做到的，上级应能首先做到；领导干部要求别人做到的，自己应能首先做到。基层执行者处于管理体系的底层，也是制度贯彻落实的直接操作人员，主要负责贯彻执行制度决策者的指令，调动相关资源，完成制度规定的各项具体目标和任务指标。因此，具体执行者的价值观、利益倾向、认知水平和工作能力，也直接决定着具体制度的执行效果。这就要求基层执行者：充分认识到制度执行的重要性、紧迫性；具有强烈的执行意识和执行意志；明确岗位职责，有责任感；具有较强的执行观念和行动力；具有较强的实践规划和过程控制的能力；具有较强的沟通协调，团队合作的能力。

另一方面，执行主体所掌握的执行资源情况，也影响到制度执行力。执行资源包括制度制定和实施过程中所需的物质、资金、信息以及技术条件等。充足适用的执行资源是制度执行成功与否的基础性条件。当各种资源准备充足且性能优异时，如执行过程中所需的物质资源和资金完备、信息技术条件充分等，就有可能实现较高的制度执行力；反之，如果相关执行资源缺乏，如物质条件和资金缺乏、信息技术不完备，高效的制度执行就很难实现。比如，2011 年 5 月 1 日，卫生部《公共场所卫生管理条例实施细则》（简称“80 号令”）正式生效，禁止在室内公共场所吸烟。但各地的实际情况基本上展示出禁烟令的无效。其实，早在卫生部颁布的“80 号令”之前，全国已有 157 个城市出台了公共场所控烟的地方法规，除了上海、杭州等极个别城市外，其余城市的制度执行都面临着尴尬。原因是多方面的，法律层次低，法律规定不细，教育不足和独特的送礼文化等都是问题的关键，但执法者缺乏必要的执法手段和能力，无疑也是导致制度执行不力的重要因素。

从制度执行对象的角度来看，中国缺乏法治传统和习惯，造成了民众对制度的普遍漠视与怀疑，这是中国制度执行不力的重要原因。一方面，民众缺乏自觉遵循制度的行为习惯。行为习惯是人们在长期的社会生活中形成的，被人们所共同接受和遵守的准则。行为习惯是历史文化的产物，并通过对前人行为习惯的承袭加以延续。这种承袭不但稳定有序，而且所需成本代价极低，也更加扩大了行为习惯的传播和影响。一项制度若与人们的行为习惯相背离，其执行难度势必大打折扣。比如，近些年从中央到地方都在倡导建设服务型政府，提高官员的服务意识。但受长期以来形成的官本位文化影响，机关工作作风的转变并不尽如人意。另一方面，普遍存在的从众心理也会导致社会成员丧失自身对问题的判断力和辨别力，或是出于躲避惩罚成本的侥幸心理或"法不责众"的考虑而做出违背制度的行为。归根结底，这些又都与执行对象对自身利益的追求有关。比如，国务院《娱乐场所管理条例》中有关于"凌晨 2 点到上午 8 点，娱乐场所不得营业"的规定，自生效以来，出现的却是"北京禁不住、上海不好禁、广州没怎么禁"的窘境。造成法律规定慢慢进入"休眠"状态的原因，除了执法部门没有足够的执法力量之外，恐怕也和这些大城市中社会上广为存在的"通宵娱乐"行为有关，仅靠一纸法令要改变社会公众长期以来形成的行为习惯是很难的。

三　环境因素

环境影响因素，是指制度执行和实施所处的政治、经济、社会以及文化环境，尤其是特定国家或地区的法治环境和文化环境。一般来说，良好的法治环境，是保障社会秩序稳定、减少政府执行活动外在干扰的重要前提。这就要求政府在建立并逐步完善法律法规体系的基础上，加强社会执法力度和对民众的法治教育，逐步在广大公众中形成一个遵法守法的广泛共识，增强对政府执行的监督意识和法治意识。良好的执行文化环境，有利于提高制度执行力。一个讲究工作效率和强调一丝不苟的执行精神的社会，会比一个懒散的、不讲效率的社会更有利于促进制度的执行力。就中国目前情况来说，制约制度执行力提高的主要环境因素在于权力本位的文化传统和重视人情与关系的社会习惯。中国封建社会建立在遵循严格等级秩序的血缘宗法关系基础上。家族以家长为核心，家长拥有绝对的权威，成员要服从家长，晚辈要服从长辈。这种家族内的等级秩序也被放大到国家政治生活中。君主作为政治统治者，是全国最高的家长；其他社会民众都是他的臣民，都要对君主尽忠。这种家国一体的政治制度造就了官有级、人有等，上下贵贱有别的等级秩序观念。等级观念和官本位思想不仅否认了个人权利和义务，使民众沦为君主政治的驯服臣民，也影响到法律和制度的权威。不难想象，虽然国家宪法和法律明文规定“公民在法律面前一律平等”，但如果在现实的权力与法律的较量中，权力总是取得最终的胜利，这只能促使人们想方设法进入仕途，期望“一人得道，鸡犬升天”；或至少攀高结贵，找到合适的靠山，而不会自觉遵行法律与制度。另外，在这种所谓“差序格局”社会中，人们的思维方式会融入大量情感因素，处世方式也是在“情理法”之间寻求平衡，这与西方的理性思维和法治习惯明显不同，同样会影响到制度执行力。

第三节　制度执行不力的现实表现

处于转型时期的中国社会中，存在较为普遍的“有令不行、有禁不止”“上有政策、下有对策”“约束有效、监督乏力”等制度执行不力的问题，制度执行效果与制度预期存在差距，这就需要我们通过观察制度执行不力的现实表现，挖掘造成这些问题的根本原因。

从性质上看，制度可以分为禁止性制度和倡导性制度。禁止性制度一般是为了防止公众行为对社会的危害性或对他人的影响而采取的命令性指导，具有很强的约束性。倡导性制度鼓励或者督促公众从事某种对社会有利的行为，其强制性和惩罚力度较弱。在制度执行过程中，制度执行不力通常表现为禁止性制度屡禁不止、倡导性制度引导性弱的特点，在政府部门和社会公众等方面表现明显。

政府各部门的协调配合，各项事务的有序处理，公务人员的行政行为都离不开良好制度的保证。然而在实际制度执行过程中，有法不依、执法不严、违法不究的现象仍普遍存在。(1) 有法不依。如今，法治型政府的建设目标已非常明确，中国的社会主义法律体系也已基本完备，并出台了大量具体的改进公共服务和社会管理的制度安排，但这些制度在各地落实的情况千差万别，“中央的红头不如地方的黑头，地方的黑头不如领导的口头”的现象仍然存在，中央的决策敌不过地方的利益，正式的规则不如盛行的潜规则，严重影响了制度的权威性与公信力。(2) 执法不严。与不断变化的社会形势相比，制度永远会处于供给不足和不尽完善的状态。虽有法律法规的指导和约束，执法人员也依然会有较大的自由裁量空间。因此，任何人都无法期望制度可以根本杜绝执法者的选择性执行、附加性执行等执行异化现象。(3) 违法不究。防治不正之风、反腐倡廉工作一直以来就是党风廉政建设的重点。但现实情况是，一方面打击力度不断加强，另一方面潜规则盛行，腐败案件频发。原本是“高压线”的刚性禁令被潜规则柔化，演变成贪污腐败安全的“低压线”，以躲避法律的制裁。例如《中华人民共和国刑法》规定，贪污受贿满5000元应当立案并追究当事者刑事责任。但在实际操作中，很多地方以法律法规不适应当地实际情况为借口将硬性规定降为可供参考的依据，在内部大幅度提高立案的标准，使大批贪腐者逃脱了法律的惩罚。

公民是制度规范作用最直接、最广泛的受众群体。制度执行不力主要表现为公民对倡导性规范置之不理，禁止性规范屡禁不止。倡导性规范与每个公民个人的生活息息相关，比如，要爱护公共设施和花草树木，要自觉排队乘车，要在公共交通工具上为老弱病孕人士让座，等等。倡导性规定一般具有正外部性，起着引领社会风气的作用，但对于每个行为者来说不会获得明显的、直接的收益，这就会造成“集体行动的困境”，难以避免“搭便车”和“随大流”的普遍社会心理，造成人们不愿意自觉遵守倡导性制度规定。禁止性规范在社会日常生活中也十分普遍，比如，在公众场合禁止吸烟，禁止闯红（黄）灯，禁止翻越机动车行车道中央的护栏等。禁止性规定的宗旨同样是维护公共秩序和公共利益，但对于那些有意或无意违反禁止性规定的人们来说，这是在要求他们做出与自我意图和行为习惯相反的行为，在既缺少良好的社会氛围，也缺少足够的外部监督的情况下，要求人们主动、自觉地改变思维和行为习惯是极其困难的，这正是大量违法违规行为存在的重要原因。

第四节　制度执行不力的现实危害

法律规范有令不行，制度约束有禁不止，行政管理有行无果，势必降低制度执行的有效性。从纵向上看，制度执行不力的影响既波及国家和社会的宏观层面，也影响到组织与个人的微观层面；从横向上看，制度执行不力对中国的政治、经济、社会、文化等方面都已造成严重的现实危害和不良影响。

从政治方面看，制度执行不力阻碍法治国家建设和依法行政进程。在宏观层面上，制度执行不力阻碍了依法治国建设。法治大于人治，这是保证国家事务有序运转的根本前提，而制度执行不力的一个重要表现就是人治超越法治，人情大于法律。改革开放以来，在中央向地方、上级向下级放权过程中，地方和基层部门获得更多的财政自主权和自由裁量权，却使一些地方政府和部门谋求地方利益和“灰色收入”有机可乘，甚至演化成制度性和集团性的腐败，严重地动摇了依法治国的根基。在微观层面上，制度执行不力制约依法行政风气的形成。法律法规是依法行政的前提，是否依法行政更影响着各项制度的初始效果。在实践中，制度执行大打折扣，束之高阁，无形中助长了人们漠视规则、注重关系的办事风气。既得利益者不愿意改变，新入职的人也无力改变，当正式制度沦为摆设，潜规则却成为指导行政行为的通则，其长期的社会危害性不容忽视。

从经济方面看，制度执行不力会制约经济发展和制度约束力的形成。在宏观层面上，制度执行不力影响了中国经济软环境的构建。经济的发展不仅需要人才、资金和技术等生产要素的集聚，也需要良好的软环境支持。如果一个地方法律和制度执行不到位，经济法律法规无法贯彻落实，就会滋生大量不规范的管制行为和恶意的寻租行为，扭曲市场主体的交易行为，使不讲诚信成为普遍风气，无法形成良好的经济发展软环境。在微观层面上，制度执行不力会使个体经济行为缺乏有力约束。制度和体制是经济秩序建立的可靠保证，这种保证既是给经济发展以政策养分，同时也规范市场秩序，约束每个交易主体的经济行为。制度执行过程中一旦存在偏差，便会成为市场无序行为的“第一扇破窗”，制度对个体经济行为的约束力也会随之降低，甚至会威胁到整个“经济大厦”。

从社会方面看，制度执行不力对社会资本、社会交易成本都有重要影响。国际交流、政府服务、企业管理、个人生活等社会活动的方方面面都离不开制度的引导和约束。在宏观层面上，制度执行不力会阻碍社会资本的形成和发展。社会资本是个体或团体之间的关联，是由主体在社会结构中所处的位置而带来的资源，并通过人与人之间的合作来提高社会效率和资源整合度。较低的制度执行力会阻碍通过合作方式建立社会网络，增加达成互惠性规范和成员间信任的难度，使社会资本的形成和发展受到严重影响。在微观层面上，制度执行不力会增加社会个体之间的交易成本。人与人之间的交流和交往都离不开信任，而信任不但要依靠人们内心的道德自律，同时也依赖于制度的外在约束。制度执行不力会破坏人与人之间的相互信任，甚至造成信任危机，长此以往，整个社会都会为此付出更高昂的社会交易成本。另外，由于个人不遵守制度带来的惩罚性支出，也会增加个体及社会的交易成本。

从文化方面看，制度执行不力会破坏价值共识，降低个人信用度。在宏观层面上，制度执行不力造成价值共识的缺乏。中国文化自古深受儒家思想的影响，追求“和合”与“中庸”之道，但缺乏建立在人权和自由基础上的法治观念。随着市场经济的蓬勃发展，人们在极大地释放出个人潜能的同时，价值观也趋于多元化。较低的制度执行力水平则意味着公众对基本的社会规则缺乏共识，对基本的社会行为规范也难以认同，社会中难以形成明确的价值共识。在微观层面上，制度执行不力使人与人之间的信任度降低。信任是人们在从事各项生产生活活动中对他人给予的心理期望。一旦规范和约束不能得到很好遵守，违规行为得不到及时纠正，其后果不仅使人们对既有制度产生怀疑，甚至对他人行为心理预期及信任度也大大降低。近年来，一些传统的美德和观念受到极大冲击和挑战。助人为乐、尊老爱幼、勤劳简朴等美德受到新生代的质疑，面对摔倒老人扶与不扶，看到路边求助者救与不救，成了社会公众热议的话题，这些相关的话题既反映出主流价值观所受到的冲击，也透视出制度执行不力所造成的后果。

第五节 制度执行力的提升路径

制度是对社会成员的行为约束，也是社会运行的基础条件。制度的生命力在于执行。好的制度不执行，等于没有制度；执行不力的制度，只能流于形式，成为摆设。近年来，中国各个层面和领域的制度不断建立健全，制度建设领域不断拓宽，制度建设体系不断完善，但“有令不行、有禁不止”“上有政策、下有对策”“约束有效、监督乏力”等制度执行不力的问题仍普遍存在。可以说，制度制定初衷与制度执行效果差距甚大，其根本原因就在于制度并未得到有效执行。无论是作为制度执行主体的各级官员，还是作为制度约束对象的普通民众，都责无旁贷。

与企业的战略执行过程一样，制度的执行也要求做到“三分制度，七分执行”。一项制定良好的制度是否能得到人们的认可，达到制度应有的效力，与制度选择的执行路径密切相关。为了提高制度执行力，发挥制度自身优势，我们可以立足制度执行力的影响因素来思考并提出制度执行力的提升路径。

一 建立完备的制度体系

制度能否得到严格执行和落实，首先决定于制度本身的设计。长期以来，各种制度设计往往存在两个方面的问题：一是制度内涵不明确、不清晰，表述上过于模糊、不够周密和严谨，执行者可从多个角度进行理解，最终导致各取所需、差异执行的后果。比如，政府年年都要发文件，三令五申“严禁公款吃喝”，但由于没有明确的金额和标准等方面的界定，制度执行的效果一直不尽如人意。二是制度建设往往存在重实体、轻程序，重形式、轻操作的倾向，以至于一些好的制度因缺乏科学、规范的程序而无法操作。当前有些制度从内部看，只是重在提醒和警告，没有具体的保障和客观的评估标准，也缺乏切实可行的奖惩机制；有些制度责任主体不明，使得责任得不到追究。因此，制度的设计既要有明确而清晰的内涵，又要具有可操作性、有利于执行到位。一般来说，制度应包括三个部分：（1）原则性条款。规定制定者希望制度对象做什么，不要做什么。（2）实施执行程序。这是针对原则性条款制定出具体的实施方法和标准，主要解决怎么做，如何执行的问题，使原则性条款转化为可操作的程序规定。（3）检查程序，包括谁检查，按什么程序检查，检查者要负什么责任，怎么约束、检查检查者。这三个部分相互依存、缺一不可。其中，检查程序是重中之重，其次是执行程序，原则性条款最轻。[①] 目前，建立健全制度体系应主要做好三个方面工作。

第一，增强制度原则性条款的科学性和透明度。清晰透明的制度原则性条款设计是制度高效执行的基础。一项自身存在缺陷和设计漏洞的制度难以产生较高的执行力和稳定的贯彻力，而一项科学、完备、透明的制度通常能够得到执行主体和对象的认同，产生良性的执行力度。首先，应科学设计制度的原则性条款

① 温德诚：《精细化管理实践手册》，第 101 ~ 102 页。

和具体要求，让制度执行对象清楚了解必须做的、禁止做的、可选择做的行为规范。原则性条款是制度设计者对制度受众体的要求和期望，每一条规范性原则都必须准确无误、明确而规范，才能真正指导制度执行主体及对象的行为。其次，要加强制度本身的透明度。制度透明要求规则的受众群体准确，约束内容明晰，公众知晓程度高。扩大制度的影响范围是增强制度透明度的前提，可通过扩大宣传面、增强程序透明性的办法，提高公众对制度的认同感，降低制度执行的阻力。

第二，提升制度实施执行程序的可操作性和合理性。制度实施执行过程是影响制度发挥效力的重要环节，也是提升制度执行力有效性的主要阶段。首先，应保证制度执行的可操作性。这要求制度执行的运作机制、执行方式、执行流程等方面，都要做到具体、明确、便于实施。其次，要注重资源、组织、环境之间的整合。人力、财力、物力、信息等资源是制度执行过程中的基础条件，而组织机构是制度实施的承载依托，外部环境是制度执行的外在条件，三个组成部分共同发挥作用，缺一不可。最后，要增强制度对外部环境的适应性，及时根据社会环境的变化和要求对制度做出调整和优化。当前中国社会正处于转型时期，社会环境的变化速度快，复杂程度高，致使很多领域的制度都无法跟上社会变化，更无法达到完善的程度，也难以为人们的行为提供稳定的预期，为此，要善于发现制度执行过程中存在的不足和问题，根据社会环境的变化及时改进和不断完善。

第三，完善制度检查程序的约束性和及时性。对制度设计进行反思和检查，对制度执行进行实时监督和管理，这是保证制度科学合理和良性运转的重中之重。首先，制度监督和检查应贯穿于制度之始终。在制度设计之初，就要设计并配备相应的监管体系，使制度的产生合理合法；在制度实施阶段，制度监管程序应明确检查政策执行过程中主体构成、职责分工、检查程序、自我约束等方面的问题，以求职责明确，监督有序；在新旧制度交替时，要监督旧制度的更迭和新制度的落实，以保证在制度脆弱时期各项体制、机制能够有条不紊地运转。其次，要增强检查程序的技术手段与核实能力。监控力度强，核实主体行为的技术水平高，会增强制度检查监督的约束力。例如，借助监控摄像的监督，交通参与者闯红灯的现象会趋于减少，逐渐形成行为自觉。

二　转变人的观念与态度

第一，提高制度执行者的能力和意愿，保证制度执行行为。制度离不开执行主体的制定和执行，既包括高层领导者对制度的充分重视和躬身垂范，也包括基层执行者对制度的坚决贯彻和依法执行。对于领导干部来说，加强自身的领导能力和执行能力，针对存在的问题果断决策，提高落实制度的热情，能够影响基层人员的执行力，产生表率和榜样作用。对于基层执法者来说，制度执行存在的问题与其执行意愿的强弱有直接关系。因此，保证制度执行力，除了通过任务约束、利益刺激、竞争机制、晋升机制等手段对执行者进行激励和约束之外，还应建立并疏通执行者参与制度制定过程的渠道，增强其对制度的心理认同和价值共识。但是，应注意到人自身的趋利性会使人打破已有的规则制度，追求个人利益的最大化。已有经验证明，单纯依靠利益刺激或职务晋升会诱发执行者的异化行为，诸如寻租设租、跑官买官等。因此，针对制度执行过程中较为普遍的腐败行为和不正之风，还必须建立有效的监督体系和机制。比如，建立健全责任机制，细化各级职责权限；充分发挥各级党委和政府、专门的监督机关、各种社会组织和广大社会公众的监督作用等。

第二，开发并提高制度执行资源的利用度和有效性。制度执行的资源是制度执行过程中不可缺少的重要保障。物质准备是否充分、资金财力是否充足、信息渠道是否通畅、技术条件是否成熟，这方方面面的资源条件都会对制度执行力产生直接影响。首先，物质基础要牢固。在制度执行的过程中，要提高执行人员素质，保证物力资源的充足。同时，在资金方面，要拓宽融资的渠道，最大化地开发资源利用率，为制度的实施提供雄厚的财力基础。其次，信息资源获取要及时，渠道要通畅。在高度信息化的当今时代，及时捕获关键信息，有助于了解制度执行情况，把握制度执行问题，改进制度执行方式和手段，提高制度的执行效力。最后，技术条件要完备。技术条件成熟、可操作性强、创新性强，能够为制度执行提供较好的技术手段的支撑。

第三，改变制度执行对象的从众心理和行为惯性。制度执行对象是制度执行力影响最为直接的客体。法治习惯的欠缺，对正式制度的漠视，从众违规心理的存在，都削弱了制度执行对象对既有制度的认同和遵守。因此，要改变人的固有的行为习惯和惯性思维，首先要增加受众对法治的认知程度。通过扩大法治的宣传力度，进行大规模的普法教育，为制度执行奠定法治基础。其次，要加大违法违规成本，建立健全监管机制。无论是制度执行主体，还是普通公众，都可能由于责任追究机制的不完善而导致违法违规行为。如果一项制度自身足够完备，无漏洞可钻，并且制度执行到位，使违规者无处遁形，人们的违规行为势必大幅减少，因为他们违规成本极高。当务之急依然是要通过建立健全监管机制和责任追究机制，使制度执行对象充分意识到自身所承担的责任。

三　塑造制度执行文化

塑造制度执行文化，必须将培养规则意识和塑造执行文化结合起来。一方面，要培养制度观念和规则意识；另一方面，要加强组织执行文化建设。

第一，扩大法治文化影响力，完善法律制度体系。“制度是认识的产物，是由人类构造并传播的。”[①] 在中国，依靠血缘、宗亲、家族等因素形成的人情社会虽然能够形成稳定的社会网络，但比当下主流的契约型或法治型社会需要更多的交易成本。“地缘是从商业里发展出来的社会关系。血缘是身份社会的基础，而地缘却是契约社会的基础。”[②] 以契约为基础的“地缘”社会必然要求完备的法律体系做保证，法治文化亟须在人情社会中得到重视和肯定。但是法治社会的形成不能依靠单纯的国家强制推行，法治理念必须不断渗透，才能逐渐为广大社会成员所了解并逐渐认可；法治文化必须融入人情社会当中，才能推动人情社会向契约型社会逐渐转变。为此，必须从三个方面着手：(1) 完备的法律体系是制度执行效力的有力保障。法治的前提是要有法可依，使国家的各项体制都能够寻找到法律支撑，才能杜绝钻法律空子的现象。(2) 必须坚决推进政府部门依法行政。行政部门是法律的直接执行者，社会成员对法治的直接感知往往都来源于行政部门的执法情况。因此，政府首先应对法治体系要有准确把握，才能对社会成员产生良好的示范效应。(3) 应在全社会范围内进行“制度观”教育，使制度理念逐步渗透到人们的价值观念、道德标准、行为准则以及思维方式、思维习惯之中，努力在全社会形成以遵守制度为荣、以违反制度为耻的良好氛围。社会公众是各项制度执行的最普遍对象，公众对制度的接受程度直接关乎制度执行力状况。重点在于：强化制度权威意

① 〔美〕詹姆斯·N. 罗西瑙：《没有政府的治理：世界政治中的秩序与变革》，第212页。

② 费孝通：《乡土中国》，北京出版社，2011，第111页。

识。制度一旦形成，就具有很强的权威性，应当培养全社会的“制度畏惧感”，形成人人敬畏制度、个个严守制度的良好氛围。强化制度平等意识。在制度面前人人平等，不管什么人，都必须自觉遵守制度；不管什么人，只要违反了制度，就要受到应有的处罚。强化制度的自觉执行意识。贯彻执行制度贵在自觉，要认真学习、准确理解各项制度，尤其是要把制度上升为自觉的观念、内化为一种素质，把维护和执行制度视为自己的基本职责，形成不折不扣地执行制度的习惯。

第二，平衡人情与法理的关系，实现人性化与法治化的有机融合。在国人视野中，一个单纯依法而治的社会并不是理想的社会，也未必是和谐的社会。在中国社会生活中，制度也好，法律也罢，永远要与人情和人性统筹兼顾，只有顺应了人情与人性，法律和制度才能顺畅运行。为此，一方面，要立足社会传统和人文关怀来制定法律与制度。人的行为习惯和情感轨迹都是经过时间的沉淀而形成的，思维与行为惯性不会轻易改变，过于超前地设计制度或移植别国法律都会造成制度的水土不服，也难以在现实社会环境中扎根并取得成效。因此，在制度制定过程中就要考虑到社会文化传统，顾及人的情感因素与接受程度，使制度既符合人性需要又能起到积极的引导作用。比如一些地方在烟花爆竹管制方面经历了从“禁放”到“限放”的转变，就体现出制度与人情、法理与习俗的平衡。另一方面，一旦法律和制度颁布实施，必须明确并坚持其主导地位。法律与制度是社会良性运行的基本保证，不能因为个别人的需要或多数人的声音就朝令夕改，损害法治权威。即便正式制度存在一定缺陷，也应经过规定程序才能修改，切不可因制度本身的不完善而否定其应有的权威性。

第三，塑造政府组织的执行力文化。一个拥有良好执行力文化的政府组织，强调效率和一丝不苟的执行精神，执行者会全力以赴执行各种任务，讲究执行的速度、质量、效益和纪律，各项制度会比较容易得到彻底的贯彻执行。塑造执行力文化，一要培养关于“执行”的价值观念、信念和行为规范。通过会议、演讲、培训等方式大力倡导和宣传执行力理念，培养政府公务人员求真务实、认真负责以及迅速执行等信念，使其逐渐成为政府部门的行为规范和价值观念。二是领导干部要带头执行制度。领导者在组织中往往具有较强的影响力和示范效果。通过层层传递的关系，上一级领导者的行为规范和信念将成为下一级领导者效仿的对象，最终成为整个组织的行为规范与信念。只有各级领导干部具有强烈的执行意识和执行意志，不折不扣地落实各项制度，才能带动和影响更多的组织成员，进而将执行文化逐渐渗透至整个组织中。三要建立良好的互动沟通机制，持之以恒地实践“执行”的行为和信念，只有这样才能使领导者的信念、行为和对话模式流传到整个组织当中。这一互动沟通机制应当是稳定的、顺畅的，它为组织提供了一种具有高度一致性的框架，并以此规定组织成员思考和行为的方式。久而久之，这些思考和行为方式就会融入组织文化之中。

第十二章　制度执行力分析*

——以新形势下纠风工作模式创新为例

从1990年开始，特别是进入21世纪以来，在党中央和国务院的领导下，纠风工作作为中国政府廉政建设的一项重要内容，在不断研究新问题，应对新挑战，解决新热点上下功夫，为全面贯彻落实科学发展观，加强党的执政能力建设，促进法治政府和社会主义和谐社会建设发挥了不可低估的作用。随着全面建设小康社会进程的不断推进，不正之风也在展现新的特点和发展态势，只有根据社会经济环境和政府改革战略的变化特点，立足以往纠风工作取得的经验与成绩，创新纠风工作理念与工作模式，才能全面提升纠风工作的总体水平，顺应经济增长方式转变和社会公平正义的要求，切实维护广大人民群众的切身利益。为此，课题组针对纠风工作模式创新问题开展了三个月的调研，着重从以下几个方面加以总结和分析。

第一节　不正之风的根源、类型与发展态势

所谓“不正之风”，一般指部门和行业的不正之风、损害群

---

* 本章是吉林省2011年度软科学项目的阶段性成果，由笔者与任晓春、董晓倩、魏依娜、马晓杰共同撰写完成，在调研过程中得到了吉林省纪委纠风室曹广成主任及全体工作人员的大力支持，在此致以诚挚谢意。

众利益的不正之风。进一步分析，不正之风指包括政府职能部门和公共事业单位在内的公共服务部门，凭借手中的权力，为本单位、小团体及个人谋取私利的不良风气和生、冷、硬、顶、横等不良作风，泛指使群众权益受损的不良行为。

任何社会现象的产生都有其特定的根源。大量存在的不正之风也有着深厚的社会背景，是各种复杂因素共同作用的结果。从宏观社会背景来看，中国正处于社会转型时期，社会转型导致政府管理中存在一些漏洞，使各种各样的不正之风有了滋生的环境。从微观层面来看，不正之风的产生有思想、利益和制度等根源。(1) 传统的“官本位”文化与现代多元价值观的碰撞，导致一些行业和部门工作人员权力观、价值观和利益观出现倾斜，权为民所用、利为民所谋、情为民所系的为民服务的宗旨被淡化或抛弃。因而，公共服务者服务态度不好、服务质量差与群众要求保障其公民权利的呼声形成对照。这是行业不正之风屡禁不止的思想根源。(2) 随着市场化进程的发展，社会利益格局不断变化，社会分化为不同的阶层。原来共同的社会利益团体不断地分化为多个社会利益群体，而政府及其成员受利益驱动的影响也成为这些利益群体中一个非常特殊的集团。为此，部分服务对象为了自身的生存，给行业主管部门“烧香、进贡”；部分政府职能部门或行业主管单位，为了自身利益运用“权力”进行“寻租”“权钱交易”。(3) 在政府管理和公共服务供给过程中，体制机制的障碍、制度程序的不健全与激励手段的不科学碰撞，导致政府管理行为呈现人治的色彩。法制机制的不健全，常使权力处于“失监”或“虚监”状态，使权力的行使容易发生异化。激励手段的不科学，常使科学发展观和正确的政绩观发生扭曲，出现“官出数字”现象，产生“以政绩定升迁”的激励方式。此外，一些政府职能部门对其监管的公共服务单位存在的损害群众利益的行为或视而不见，或见而不抓，或抓而不力，进而可能产生不依法办事、执法不严、执法不公等现象。

对于不正之风，可以从诸多角度进行分类。从主体角度看，不正之风可分为部门不正之风和行业不正之风。从产生根源角度看，不正之风又可以分别从利益/驱动、制度/执行、道德/自律三个维度进行分类（见图 12 －1）。任何主体的行为都受到主体内外两个方面的因素影响，制度是行为人的外在约束力量，道德是行为人的内在约束力量，利益是行为人的内在驱动力量。制度的作用在于从制度规范和制度执行两个方面约束行政行为和公共服务行为。从制度的维度看，不正之风表现为各种偏离制度约束的行为，具体可以分为三种不同的情况：无制度无法执行、制度缺陷（打架、漏洞等）无法执行、制度健全但执行不力。道德的作用在于从内在的角度约束行为主体的行政行为和公共服务行为。在道德的内在约束下，行为主体的行为结果表现为道德自律。相应地，从道德/自律的维度看，不正之风就表现为无道德不自律、道德摇摆无法自律、道德坚定自律差三种情况。从不正之风的本质看，它是凭借本部门、本行业的权力和利用工作之便以权谋私，即不正之风的行为动机在主观上都是利己的。但行为后果不一定与行为动机一致。因而，从行为对利益分配后果的维度，可区分为损人损己、损人利己、利人损己、利人利己四种情况。这里的“人”指的是行政相对人，而非其他社会群众。因此，某些利人不利己的行为（如官员基于预期收益的行为）也可能损害社会公共利益，但目前这类行为难以形成不正之风。这样，我们把不正之风分为三类：一是损人不利己的不正之风，可称为无意型不正之风，即官员损己的行为后果是无意造成的；二是损人利己的不正之风，可称为趋利型不正之风；三是利人利己不正之风，可称为合谋型不正之风，即当事人双方都会从中获益。

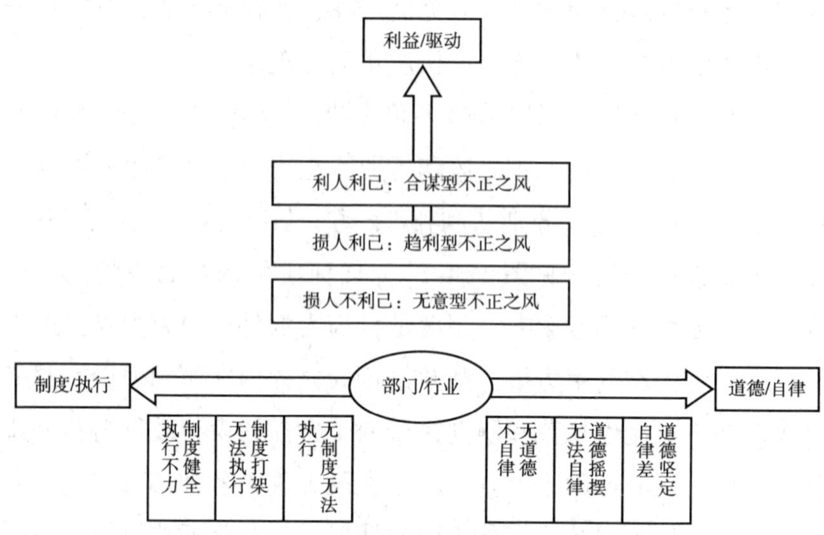

图 12－1 不正之风的类型划分

从不正之风的外在约束、内在约束和利益驱动的角度将不正之风类型化、明确化，将有助于对不正之风的有效治理。然而，自 1990 年对不正之风的治理工作开展以来，一些行业和部门的不正之风不仅没有被消除，反而有愈演愈烈的趋势。在信息化、市场化和国际化的新形势下，又会不断地出现新的社会问题。新旧问题的交织使不正之风的发展呈现普遍性与多样性并存、复杂性与隐蔽性并存、顽固性与再生性并存的特点。

普遍性与多样性并存。随着社会多种经济形式和各领域的发展，不正之风蔓延到各个领域，范围越来越广。不正之风不仅存在于部门和行业，而且拓展到了整个社会领域。各种各样的问题，不仅有民众一直关注的如教育、医疗、食品、环保、就业等老问题，还有如征地拆迁、保障房建设、庆典、研讨会、论坛等新问题；不同的管理层级，上到中央部委，下到自治的居民委员会甚至村民小组都存在人情和权力滥用的现象。

复杂性与隐蔽性并存。不正之风的复杂性不仅表现在其范围的普遍性上，而且体现在其形态的隐蔽性上。例如以“合法”形式掩盖非法目的。通过采取拍卖、投资、赠送、赞助、奖励等手段获取个人或部门利益；通过非法的高科技违法或犯罪，如技术处理各种政务公开数据、互联网系统攻击；通过欺骗的手段将污染企业都转移到农村或承包农民的土地侵害其利益。当然，还有一些隐形化的不正之风也是屡禁不止，如预期受贿、感情投资、秘书腐败以及与国外不法分子共同勾结将非法所得向国外转移等。

顽固性与再生性并存。在新的形势下，不正之风通过各种方式和手段渗透到社会领域，从经济的交换领域渗透到社会的沟通领域，庸俗关系与人情交换不断地得到社会认同。许多不正之风，由于利益链条的连锁反应，顽固地存在着。一些不正之风，经过有些领导的团体利益考虑，经常是愈刮愈烈，屡禁不止；一些消灭了的不正之风一遇适当气候和条件又经常会死灰复燃，甚至发展蔓延。

邓小平同志曾指出：“开放、搞活政策延续多久，端正党风的工作就得干多久，纠正不正之风、打击犯罪活动就得干多久。”① 因此，要建设中国特色社会主义，必须持之以恒地做好纠正和防止不正之风的工作。一方面，一种风气一旦形成以后，就会比较持久地存在，在短时间内是很难扭转或消除的。因而，纠正不正之风成为一项长期的工作任务。另一方面，中国当前处在由生存型社会向发展型社会的转型期，社会需求结构、经济结构、社会结构和制度结构正在发生变化。面对变化，不正之风的防治必然作为一项重要的工作任务而长期存在。

---

① 《邓小平文选》第3卷，人民出版社，1993，第164页。

第二节　纠风工作的发展、现状与成效评价

时至今日，纠风工作已经走过了20多个年头。1990年12月，国务院纠正行业不正之风办公室（简称国务院纠风办）成立，正式启动了全国纠风工作。国务院纠正行业不正之风办公室设在中央纪委监察部，由中央纪委监察部纠风室承担日常工作。目前，全国省、市、县三级普遍在纪检监察机关内部设立了纠风室，国务院和省级政府各部门、行业大多数成立了纠风机构，在同级党委、政府的领导下开展工作。

20多年间，纠风工作经历了四个阶段：第一阶段，探索阶段（1990~1993年上半年），主要是通过自查自纠的方式，各地区各部门根据自身存在的不正之风确定纠风工作的目标和任务；第二阶段，确立工作领域阶段（1993年7月至1997年上半年），主要在经济领域统一开展专项治理，将纠风工作纳入反腐斗争整体规划；第三阶段，创新工作方法阶段（1997年下半年至2002年下半年），纠风工作从以纠为主、着重治标，逐步转到标本兼治、纠建并举的轨道上来；第四阶段，纠风领域拓展阶段（2003年至今），党中央、国务院坚持以人为本、关注民生，对纠风工作更加重视，将纠风工作界定为“纠正损害群众利益的不正之风”，纠风工作的外延进一步扩大，内涵进一步丰富，涉及损害群众利益的方方面面。新形势下，纠风工作不再仅仅是各行业自查自纠，不再仅仅是政府部门的反腐倡廉，不再仅仅是医疗、教育等热点问题的应对之策，而应该将纠风工作面向全社会，并纳入维护社会稳定这个大局中去把握，明确纠风工作的战略定位，充分发挥纠风工作“保驾护航”的作用。

回顾历史，全国纠风机构及相关部门在实践中不断积极探

索、开拓进取，逐步加深对纠风工作特点和规律的认识，为加强党风廉政建设，促进社会风气根本好转做出了积极贡献。总体上看，纠风工作所取得的成就主要表现在以下三个方面。

第一，对纠风工作的认识不断深化。纠风工作起初是为了纠正行业不正之风，随着纠风工作的开展，纠风机构及相关部门越来越认识到纠风应该纠正侵害人民群众利益的不正之风。纠风工作应该坚持“以人为本”“群众利益无小事”的理念，从人民群众最关心、最直接、最现实的利益出发，把实现好、维护好、发展好人民群众的根本利益作为纠风工作的出发点和落脚点，认真解决人民群众反映强烈的突出问题，比如，治理教育乱收费现象，着手解决“上学难、上学贵”问题；治理公路“三乱”，清理交通车辆行政性收费，还利于民；等等。

第二，纠风工作机制不断完善。目前，纠风工作已经形成了条块结合、齐抓共管的工作机制，即由党委统一领导，政府总体部署，部门各负其责，纠风办组织协调和监督检查，人民群众积极参与的领导体制和工作机制。（1）初步建立起监督制约机制。近年来，各纠风部门按照构建教育、制度、监督并重的惩治和预防腐败体系要求，通过聘请社会监督员、政风行风测评员和开办电视热线等方式，强化监督作用，初步建立起全方位防范不正之风的监督网络体系。（2）建立了纠风工作目标管理责任制考核办法，切实落实纠风工作责任制。实行“一岗双责”“谁主管谁负责”“管行业必须管行风”的原则，将责任落实到个人，把纠风工作的成效与领导班子和领导干部的绩效、奖惩结合起来，促进纠风工作的深入进行。（3）建立纠风工作的惩戒机制。实践证明，落实工作责任是保证，发挥惩戒作用是关键。纠风工作要贯彻警示提醒、诫勉督导、责令纠错的惩戒机制，对侵害群众利益不正之风的行为要坚决查处，相关责任人必须严肃处理，增加乱搞不正之风的成本，靠威慑作用树立纠风工作的权威。

第三，纠风工作方法逐步体系化。纠风工作在实践中探索，在创新中发展，着力在标本兼治、综合治理上下功夫，走出了一条纠正、建设、评议相互结合、相互促进的路子，形成了体系化的纠风工作方法。（1）突出重点与全面推进的统一。在选题立项上，坚持把群众意见比较大、党和政府高度关注的不正之风作为重点；在治理对象上，注意区别对待行政执法机关、经济管理部门和公共服务行业，坚持分类指导、各有侧重地解决不同部门和行业的问题；在地域选择上，以具有一定经济基础和具备解决问题条件的地区为重点，试点先行，以点带面、整体推进。（2）总体部署与分步实施的统一。坚持把纠风专项治理的长远目标与阶段性任务有机结合起来，在搞好总体部署的同时，坚持从具体事情、具体问题入手，一步一步地抓起，一个问题一个问题地解决，通过不断取得阶段性成效，积小胜为大胜，最终实现专项治理的总体目标。其中，专项治理是纠风工作最基本的工作方式之一，纠风专项治理工作能集中力量重点解决人民群众反映强烈的问题，很容易就能抓住纠风工作的大头。

上述工作成就的取得，是在党中央、国务院领导下，各地区各部门特别是全体纠风办的一线工作人员不懈努力的结果。成就增强纠风工作的信心，反思鞭策纠风工作前行。在取得上述成就的同时，纠风工作中也呈现以下五个方面的不足。

第一，前瞻性不足。纠风工作是一项系统工程，涉及社会各个领域，需要全局统筹、系统思考。而且，不正之风具有隐蔽性，在萌芽之初很难发现，恰恰这时候纠正不正之风相对简单容易。然而，现在纠风工作的重点大多放在人民群众反映强烈的焦点问题上，“民不举、官不究”，哪些地方出现了问题，就组建专项治理小组，去查去纠。相对而言，站在全局的战略高度去把握纠风工作的大趋势，主动做好超前性、预见性、枢纽性的工作不足。实际工作中还是以纠为主，缺少制度运行前或政策落实前的防范措施，忽略了即将发展成为不正之风的不良现象，很容易形成“按下葫芦浮起瓢”的工作局面。

第二，长效性不足。不正之风是不良的社会风气，直接影响着社会习惯和社会行为。纠风工作就是要净化社会风气，约束人们的行为，形成良好的社会习惯。然而，社会习惯的形成是一个漫长的过程，想要彻底打败不正之风就要求纠风工作具有一定的长效性。从中国纠风工作的实际情况来看，纠风工作并没有形成一套系统的长效机制，尽管纠风工作取得了一定成效，但纠而复生，纠旧生新的现象仍普遍存在，一些不正之风有所收敛或得到遏制，主要还是依靠实施高压态势反复抓的结果，稍有放松就会反弹。

第三，参与性不足。随着中国民主化水平的提高和人民群众对自身权利的重视，群众的参与性在公共管理领域不断地凸显出来，成为民主治理的一种有效形式。然而，在目前的纠风工作中，公民主要是被动参与，主动性不足，主动进行制度化参与及平等协商性对话的情况较少；对纠风工作的参与过程主要体现在评议阶段，而在建设、改革过程中的公民参与很少；公民参与的渠道单一，没有充分发挥媒体、网络等高科技途径的作用，无法充分表达其利益诉求；由于看不到参与所带来的实际效果，公民参与“走过场”现象在一定范围内存在。

第四，层次性不足。纠风工作是一个由预防、监督、纠查、惩处、教育、改革等要素构成的系统流程，然而，现有纠风工作存在着层次不足、要素缺失和流程不畅等问题。例如，众所周知，彻底纠正或防止不正之风，需要从源头上扼杀不正之风，从根本上治理不正之风。只有这样，才能防止不正之风的“燎原之势”的蔓延和“春风吹又生”的再生性特点。大量的事实说明，不正之风的再发与蔓延，与一些国家公职人员素质不高、价值取向扭曲直接相关。因而，要从根本上纠正或防止不正之风，应从价值观念的层面开展工作，突出风气或作风教育在纠风工作中的重要性。然而，目前的纠风工作主要还是停留在“治标”的层面上，只是以纠为主或纠建并举，没有从思想教育的治本逻辑中去寻找出路。

第五，整合性不足。纠风工作的内容具有“点多、面广、线长”的整体性特点，不同行业中的纠风工作主体又具有多元性的特点。因而，纠风工作不能单靠纠风办开展工作，而应该充分发挥各职能部门的作用，纠风部门扮演好协调者的角色，整合各部门的力量，形成系统化的工作模式。然而，目前纠风工作很难成为一盘棋，各个职能部门“各吹各的号，各有各的调”，部门之间互不通气，推诿责任的现象仍然存在，难以形成工作合力。另外，条块分割的体制因素和社会组织自身发展水平的局限，也造成了纠风工作主管部门、垂直管理部门和行业自律组织之间的协同性不够。

第三节 “系统化”纠风模式：目标、职责与工作机制

要适应新的经济社会发展形势，全面提升纠风工作水平，首先就要加强组织机构建设。而加强组织建设的前提是明确组织目标。组织目标包括组织使命和组织任务两个层面。组织使命回答“组织为什么存在”的问题，向社会公众表达组织宗旨和基本追求。就纠风办来说，其组织使命既要与纪委和监察部门的职责相一致，又要表现出部门工作性质与特征。总体上看，可以概括为

八个字："端本澄源，气正风清"。"端本澄源"指的是工作思路和方针，纠风工作要始终立足"根本"：一方面，纠风工作要以"制度"为本，标本兼治，纠建并举，以制度管人、管事、管权，以制度规范利益关系；另一方面，纠风工作要以"民"为本，关注民生、体察民情、反映民意，切实维护人民利益。"气正风清"指的是工作宗旨和理想状态，一方面，纠风工作不应局限于"纠正损害群众利益的不正之风"，而应拓展为"防治侵害群众利益的不正之风"，鲜明地体现出惩防并举、预防为主的工作原则，把不正之风的事前防治与事后惩处有机结合起来，同时把纠风工作的范围扩展到制度（政策）的制定、执行与反馈全过程；另一方面，纠风工作不应局限于政风和行风建设，还应承担起促进党风和社会风气好转的责任。因为，大量不正之风虽然发生在基层的行政执法、经济管理部门和公用事业单位，但根源往往在上层领导机关，同时也受社会风气的影响，只有以系统思维加以审视和综合治理，才能收到扎实而长久的成效。

组织任务回答"组织靠什么存在"的问题，也就是组织要解决的关键性社会需求和矛盾是什么。从根本上说，纠风工作的宗旨是一切依靠群众，一切为了群众。基于此，2004 年的中纪委第三次全会才把纠风工作由"纠正部门和行业不正之风"转而界定为"纠正损害群众利益的不正之风"。但是，明确了工作宗旨并不等于清楚了具体的工作任务和行动方向。就像所有的企业都知道只有赢利才能生存，但并非所有的企业都清楚如何才能赢利一样。就纠风办而言，其所以有存在的必要，前提是各级各类公共部门制度和政策执行不到位。因为制度和政策执行不到位，就会产生不正之风，有不正之风存在，就需要依靠专门机构予以防范和治理。为此，课题组把纠风办的工作任务界定为"提高制度执行力，保证国家政策和部门制度执行到位，保证国家机关各部门、公用事业单位及其工作人员正确履行职责”。制度执行力是一个较政府执行力更宽泛的概念，不仅指政府在贯彻执行法律法规、政策决策和组织战略中完成目标与任务的实际程度，也包括与人民群众日常生活密切相关的公用事业单位、社会中介组织等在制度实施和行业自律方面的实际表现。制度执行力既是政府工作的生命，关系到行政效率、政府职能的实现乃至政府存在的合法性，也是非政府公共部门服务理念、服务行为和服务质量的体现，直接关系到群众利益能否满足和是否满意。随着执行力建设纳入国家治理范畴，各级政府和公共部门都在加紧执行力建设，也取得了一定进展。但由于缺乏法治传统，体制机制障碍，制度建设匮乏，部门利益作祟，人员素质和能力缺欠，制度执行不力的问题还会长期存在。各级纠风办应以严格执行制度，提升制度执行力，维护制度严肃性为工作任务重心，这样才能切中要害，切实改进纠风工作的总体成效。

提升纠风工作水平，不仅要明确组织使命与任务，还要明确并细化各级纠风办的工作职责。根据国务院纠正行业不正之风办公室主要职责规定和当前社会形势发展的要求，课题组认为，各级纠风机构应扮演好五种“角色”：(1) 群众的传声筒。这是一项目前没有明确赋予纠风办的职责，但事实上，各地纠风办不仅在实践中开辟出形式多样、切实可行的群众利益诉求的反映渠道，还创造了多种多样的服务群众的形式和方法，在改善党群、政群关系方面发挥了重要作用，应依法将纠风办在信息传导方面的职责予以明确。例如，为了方便民众咨询、投诉而开通的政风行风热线，将民众关心的问题、遇到的困难及时传送到相关单位，为政府行为指明方向。(2) 制度的促建者。开展调查研究，及时了解和掌握纠风工作中遇到的新情况、新问题，选择其中重要的社会问题上升为政策问题，独自或会同有关部门研究制定相应的政策规定。例如，在廉租房政策实施过程中，民众反映部分申请到廉政房的住户并不符合条件，有的是个体工商业者，有的甚至家有名车，相关部门就此情况制定了“六审两公示”制度，加强了对申请者的审查工作。（3）执行的监督者。这是各级纠风办的核心职责，也是需要依法加以强化的职责。各级纠风办作为行政监察机关的内设机构，负有依法行使部分行政监察机关所拥有的监察权，以纠正和查处不正之风。例如，在廉租房建设和管理过程中，纠风办对土地投标、住房建设、申请人资格审查等各环节中存在的不正之风都有检查权、调查权和处分权。（4）部门的协调者。这是各级纠风办的一项传统职责，即通过建立协调机制，加强与部门的联系和沟通，督促有关部门落实各自的纠风工作责任；协调共同承担纠风专项治理任务的各部门之间的工作关系，使其紧密配合、齐心协力地完成任务。例如，要严格完成廉住房申请者的审核工作，需要公安局户籍管理部门、民政部门、工商部门、交管部门等多个部门形成合力，纠风办要协调各部门对“骗租者”进行审查。（5）改革的咨询师。纠风办不仅要向同级政府和上级纠风办及时反映纠风工作的进展情况，更重要的是，要针对全局性、倾向性和苗头性的重大问题，及时向同级政府和上级纠风办提出对策和建议；各级纠风办所应提出的对策和建议，不仅包括具体的制度化防范措施，更重要的是要在改革深层次的体制和机制障碍方面提出合理建议，这是一项各级纠风办应在原有职责基础上加以拓展的职责。

要将工作职责真正落到实处，就需要构建全新的系统化纠风模式。系统化纠风模式是一个有机的系统，包括参与、教育、科技和制度四个子系统。其中，参与是基础、教育是关键、科技是辅助、制度是主线，如图 12 - 2 所示。四者之中，参与、教育和科技构成三根支柱，制度则起到统揽全局的作用。（1）参与是基础。不正之风具有较强的危害性，社会公众是不正之风的直接受害者。社会公众对政府职能部门的服务态度、服务质量、服务水平有着最直接、最真切的感受，他们最有发言权。社会公众的参与不仅有利于不正之风的发现和对政策执行的监督，而且，社会公众参与的过程是其了解政府工作绩效的过程，在了解的基础上实现理解，在理解的基础上实现信任，在信任的基础上形成支持。在系统化纠风模式中，纠风办需要加强民众的参与意识、提高参与能力、扩展参与渠道、创新参与方法，通过民众参与为纠风工作注入活力。（2）教育是关键。作风很大程度上与个人观念密切相关，不正之风的实质是相关人员政治信仰蜕化、道德品质滑坡、价值取向错位、权钱私欲膨胀的产物。加强世界观、人生观、价值观和权力观教育，引导工作人员坚定理想信念和遵守职业道德规范，可以切实卡住不正之风滋生的主动脉。在系统化纠风模式中，纠风办要学会运用价值播种、舆论宣传、文化传导、说服教育、精神感召等多种能够作用于心的教育方式，弥补刚性惩处手段的成本高、持续性差、容易激发新的社会矛盾等不足。（3）科技是辅助。不正之风随着时代的发展会不断出现新的形式和特点，如隐蔽性。然而，科技是推动纠风工作的不竭动力，是减少纠风工作成本和有效预防不正之风的重要手段。很多地方已经认识到科技的重要性，逐步加大纠风工作中的科技含量，例如，运用摄像头进行服务现场监督，运用互联网进行意见收集和信息公布等，有必要总结各地的有效经验和做法并加以推广。（4）制度是主线。纠风工作内容庞杂，不仅要处理好纠风办与各级政府、不同行业和各种人群的关系，还要有效发挥教育、参与和科技的作用。“没有规矩，不成方圆”，将制度建设贯穿于整个纠风工作中，不仅有利于为行为主体提供行为依据，淡化机会主义行为，而且，为民众的有序参与、教育的规范化和科技运用的有效性提供保障，进而实现常态化纠风。纵向上，建立健全各项制度，不断提高制度执行力，使制度评议不断规范化；横向上，在纠风工作目标的指导下，将制度建设贯穿于纠风工作的每个环节，在不正之风的预防、控制、治理和消除过程中都要加强制度建设。

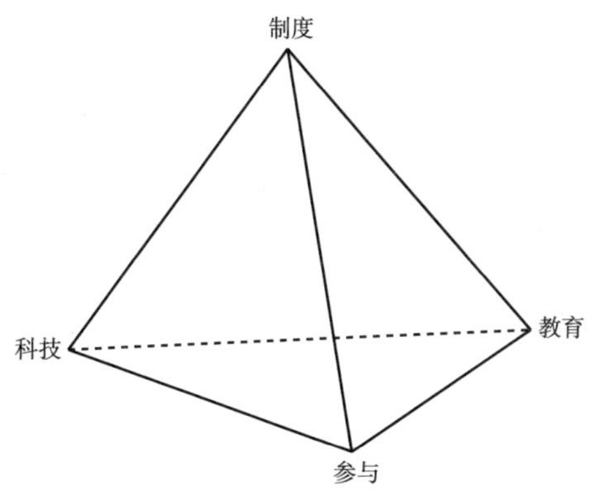

图 12－2　系统化纠风工作模式

在系统化纠风工作模式中，制度建设是主线，是抓手，也是根本特征。

首先，依托制度可以规范组织机构之间的关系，形成适应当前社会发展需要的制度化纠风工作格局，打开纠风工作的全新局面，如图 12－3 所示。在新的工作格局中，纠风办的五项职责将得以充分体现，其作为信息中心为信息流动疏导“交通”的作用将得以凸显，其作为制度建设促进者和制度执行监督者的功能也将得到增强。具体来看，纠风办与上级部门、职能部门和社会公众的关系也将进一步得到改善。（1）纠风办与上级部门的关系。纠风办是政府所属的行政执法监督机关，对同级政府负责，协同纪委、监察部门共同执行监督职能。一方面，根据上级部署

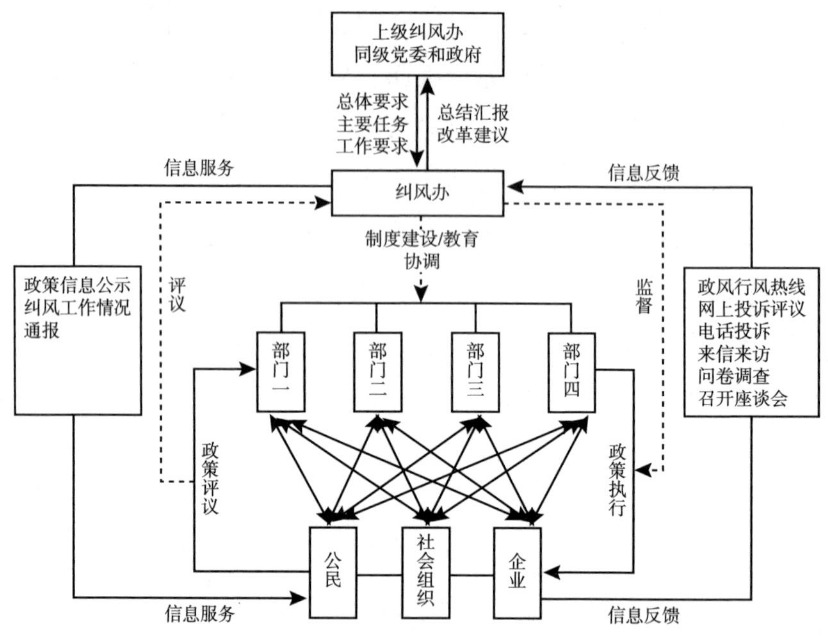

图 12－3　制度化纠风工作格局

和同级党委、政府和纪委的要求，研究制定本地区纠风工作实施意见，提出总体要求、具体任务和工作要求；另一方面，纠风办根据本地区纠风工作的进展情况，定期向上级纠风办和同级党委、政府和纪委汇报工作，及时反馈突出问题，并提出相应的改革意见，纠风办可以通过文本的形式将一定时间内所发现的社会问题按严重程度进行罗列和说明，并定期向上级部门汇报，作为上级部门政策制定的依据。（2）纠风办与职能部门的关系。总体上说，纠风工作涉及各行各业，再加上不正之风具有再生性、顽固性等特点，仅凭纠风办的力量很难完成对各行各业的有效监督。所以，纠风工作应坚持按照“谁主管谁负责，管行业必须管行风”的原则，明确各部门、各行业的责任主体地位，明确纠风办协调者的角色，注重发挥纠风办协调作用，保证职能部门协调配合，形成工作合力。在政策执行前，纠风办要确定专项治理牵头部门、参加部门；将任务逐一分解，明确责任分工；在主要步骤和关键环节上统一部署、统一要求、统一标准。在政策执行中，纠风办要对各职能部门公共权力的运行进行有力制约，严格监督职能部门的执行情况，例如建立纠风监测点。在政策评议中，纠风办要广泛听取民众个体、社会组织和企业的意见，通过各种渠道对群众反映的问题和诉求进行梳理。（3）纠风办与社会公众的关系。为民众服务、切实维护民众利益是纠风办的工作宗旨，纠风工作关系到民众衣、食、住、行、医疗、教育、就业等生产生活的方方面面，是确保人民群众的切身利益得到维护的重要防线。纠风办直接面向民众的服务主要是以信息为媒介，包括信息服务和信息反馈两部分。一方面，纠风办通过政风行风热线、电话投诉等方式广泛收集直接来自民众个人、社会组织和企业的意见信息；另一方面，纠风办要进行政策信息公示、纠风工作情况通报等工作，为民众个体、社会组织和企业自我权利维护提供依据，使其做到“心中有数”。

其次，制度是对行为的约束体系，制度建设是预防和惩处部门和行业不正之风的前提条件和基本依据，制度的预防作用是制度在不折不扣贯彻落实过程中实现的，制度的惩处作用是通过对违反制度规定行为的责任追究实现的，没有责任追究保障措施，再好的制度也无法持续，必将流于形式。无论是就纠风工作部门本身来看，还是就各职能部门和行业组织来看，都应着力采取四种措施来提高制度执行力：一是建立责任制。建立健全保障制度落实的工作机制，完善保障制度执行的程序性规定和违反制度的惩戒性规定，对制度落实的各项措施进行责任分解，明确责任部门、责任人，落实时限和阶段性要求，实现不同层次执行人员的责、权、利统一。领导干部特别是党政“一把手”要带头执行和维护制度，反对一切违反法律制度的现象，维护制度的严肃性和权威性。二是增强规则意识。让执行人员熟知制度内容、领会制度精神，不断增强法制意识和纪律意识，牢固树立严格按制度办事的观念，养成自觉执行制度的习惯，把制度转化为执行人员的行为准则和自觉行动。三是加强督促检查。“徒法不足以自行。”制度能否落实，关键在于监督检查。必须建立制度本身的监督执行机制，建立健全制度执行问责机制，每项制度都要明确监督执行的责任部门，使制度执行的监督责任无法推卸，对执行制度不力的坚决追究责任。四是加大查处力度。提高制度执行力，必须切实查处违反制度的行为，使制度真正成为不可触犯的“火炉”。

最后，制度建设也是纠风办和其他职能部门的有效工作方法，我们简单称为“五步制度落实法”（见图 12 –4）。具体来说，第一步：问题确认。不正之风有多种表现形式，而且很多不正之风具有重叠性，很多情况下可能是模糊不清的，需要我们进一步加以明确。确认问题需从不正之风问题本身是否属实、不正之风问题所属领域、问题的种类、问题产生的根源等方面着手考虑，及时了解与掌握组织管理运作制度的缺口和不尽如人意的地方。第二步：细化制度。科学完整的制度是一个可操作的、能保证执行到位的制度，应包括三个部分：（1）原则性条款，规定了制定者希望制度对象做什么，不要做什么。（2）实施执行程序，是针对原则性条款，制定具体的实施方法和标准，主要解决怎么做，如何执行的问题，使原则性条款转化为可操作的程序规定。(3) 检查程序，包括谁检查，按什么程序检查，检查者要负什么责任，怎么约束和检查受查者。这三个部分相互依存、缺一不可。其中，检查程序是重中之重，其次是执行程序，原则性条款最轻。第三步：制度宣传。充分利用网络、电视、电台、报纸等多种媒体，多层次、多层面进行解读和宣传。第四步：监督检查。在制度执行过程中，既要充分发挥内部职能部门的监督作用，还要注重广泛的外部监督，如群众监督、舆论监督等，建立双向运行的监督制约机制。第五步：制度完善。根据执行情况对制度进行客观的评估，对有缺陷或因工作任务的变化而需要改进的制度，及时进行修改、补充或重建，保持政府管理和公共服务工作正常、高效地开展。

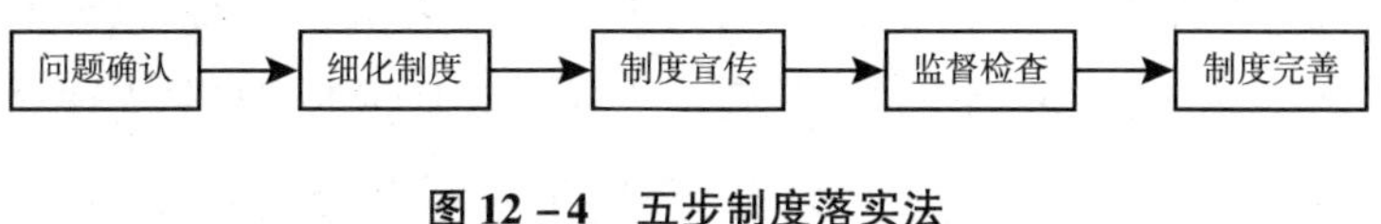

图 12－4　五步制度落实法

第四节　国际行业反腐经验借鉴：以教育反腐为例

纠风工作与服务型政府概念一样是社会主义中国所特有的。国外更多论及的是反腐，其中包括行政反腐、商业反腐等内容，在这里我们将其统称为行业反腐。由于行业的多样性，行业反腐的内容也纷繁复杂，由于吉林省是教育大省，在此以教育反腐为例，通过解剖麻雀的方法，使国外行业反腐的经验更为清晰地呈现。

世界各国都不同程度上存在教育腐败。在美国，法院中有关高等教育体系内腐败的案例包括教育贷款诈骗、教育项目质量或资质评估和鉴定、贪污等，“灰色领域”腐败问题也很多。在英国，家长为了让孩子申请到好学校，使出浑身解数，给学校捐款捐物。在俄罗斯，成绩被明码标价，分数被“兑换”成了现金。在乌克兰，高等学校内学生在考试期间向教师“赠送礼品”已是公开的秘密，学校变相索贿，如有的学校要学生交教研室装修用的壁纸费、涂料费，甚至交教研室购买电器的费用等。然而，世界各国也正在为防治教育腐败而不懈努力。

一　立法防治教育腐败

从国际经验来看，制定相关法律是一个国家反腐工作的基础。英国是世界上第一个制定反腐败法律的国家，1889 年就颁布了首部反腐败法——《公共机构腐败行为法》，之后的百余年当中又不断地修改和颁布了新的法律来完善反腐败法律体系。2003 年 3 月，布莱尔政府公布了新的《反腐败法》草案，它的生效取代了 1916 年颁布的《防止腐败法》，成为英国反腐第一法。在全球廉洁国家排名中，新加坡是唯一与西方国家一起名列前茅的亚洲国家。新加坡制定了《防止贪污法》《没收非法所得法》等重要法律文件。《防止贪污法》自 1960 年颁布以来先后进行了 7 次修改。该法对贿赂的内容和范围、受贿的形式及主题，尤其是对惩治贿赂的机构及其职权和调查程序都做了明确详细的规定，把肃贪倡廉的各项活动都纳入了法律调整的范围。

除了相关法律的规定，制定清楚的行动守则也是必需的，进而来确保教职员工遵纪守法。守则必须清楚描述什么构成腐败行为，特别是当一些职业行为和广为接受的社会规范不一致的时候。专业人员联合会或联盟是制定这些行动守则的合适来源，比如《职业道德宣言》，就是在 2001 年“教育国际化”会议中被教师联合会世界同盟制定的。

二　通过设置专门的部门机构防治教育腐败

设立独立的反腐机构，严厉打击腐败行为，对于保障包括教育系统清廉在内的社会清廉起到了关键作用。在腐败日益猖獗的情况下，许多国家和地区纷纷设立专门机构来惩治和预防腐败。其中既有像中国香港廉政公署、澳大利亚新南威尔士州廉政公署将惩处与预防合而为一，集调查、防范、教育三位于一体的反腐倡廉机构，也有像法国预防贪污腐败中心、美国联邦政府道德署、马来西亚国家反贪污局这样的监督预防专门机构。职能是进行廉政监督，侦办贪污受贿舞弊案件，防止贪污行为，指导高危部门防范腐败。韩国的反腐败委员会成立于2002年1月，由资深的政治家、法律专家和具有丰富的反腐败学识和经验的人士组成。反腐败委员会的职责是：研究制定防止腐败行为的政策，进行防止腐败的教育、宣传及国际合作，接受对公务人员腐败行为的举报，进行案件的调查等。中国台湾最近也成立独立的反腐机构“廉政署”，这是一个结合肃贪、防贪和反贪的专责机构。

从教育反腐来看，仅仅依靠教育系统内部的制度安排，并不能完全杜绝腐败行为的发生，很多国家和地区建立了独立的反腐机构，在教育系统之外加强对教育系统的监管。例如，新加坡将教师纳入了公务员系统，对教师以权谋私等有损教师形象的违法或不合理行为，实行的是“零容忍”做法。新加坡政府对教师兼职规定非常明确，不准教师对本校学生提供有偿课外辅导。这一做法既保证了教师将主要精力用于规定的教学活动，也有效地防止了教师利用自己的职业收取家长和学生的钱财，损害教师形象。又如，中国香港对于高等教育系统监管的一个重要措施是由法定的组织“大学拨款委员会”负责协调政府对大学拨款等方面的事务。大学拨款委员会不仅负责管理大学的拨款，还负责向政府提供关于高等教育发展所需经费支持等方面的咨询建议，并协助政府检查经费使用情况，确保款项和资源运用得当，提高院校内部资源分配和财务处理的效能。

三　通过制度建设防治教育腐败

国际上通过制度建设来防治腐败的经验有很多，人们熟知的如英国、美国等国家实行的财产申报制、新加坡的高薪养廉制度、德国的税收征管制度等。其在制度方面提供的可资借鉴的经验如下。

（一）完善学校运行机制

例如，在中国香港，政府只管理少量的公立学校。绝大多数学校通过政府资助，由各种形式的办学团体来管理，也就是所谓“校本管理”。校本，就是以学校为本体，学校相对教育行政部门而言是管理主体，具有自主性、独立性、创造性。“校本管理”是香港高校自主办学的机制保障，其实质就是要进一步加大学校在决策中的主体性，增强学校自主权，同时吸纳学生、学生家长及资助团体的参与。与此同时，问责制度加大了校长的施政责任，加强了对校长施政的内部监督。这种管理方式，压缩了香港教育行政部门利用公权力进行腐败的空间，同时也加强了学校内部对校长的制约，有效地遏制了学校内部腐败现象的滋生。

在学区的采购、食品供应、合同承包、工作安排中都存在孕育腐败的土壤。如洛杉矶联合学区，1999～2000 年的加班费达到预算的 228%。有的部门几乎达到预算的 3 倍。有些学校维修、清洁等人员，把正常工作时间内应该完成的任务故意拖延到下班时间做。为了清除这些痼疾，学区把很多类工作岗位私有化，用绩效控制这些人员，使腐败现象得到了很大程度的抑制。

（二）独立的外部监督机制

20 世纪 90 年代，美国几个大的学区如纽约市、洛杉矶、芝加哥、迈阿密等，相继建立了独立的监察长制。这些官员不向学校管理方负责，他们由专业审计人员和调查人员组成，并被赋予了独立的地位和诸如传讯等法律权力。改革后，每个学校首席监察长都要发布综合性的年度报告，详细汇报其发现的问题，并就应采取的惩戒措施、起诉和系统改革方案提出建议。学校首席监察长在大量揭露腐败问题的同时为了从根本上消除教育腐败，还及时转换角色，由学区管理人员的监督者变成学区发展的合作伙伴，共同减少学校的浪费和开支。学校首席监察长不只是发布命令，更重要的是在一种信任的氛围中为管理者提供一些更好的政策建议和支持，使学区的管理得到良好发展。

（三）民众参与机制

反腐败离不开家长、学生和社会的广泛参与，家长、学生和社会的共同监督有利于减少腐败的发生，另外他们还可以提一些好的关于反腐败的建议。让家长和社会参与学校事务，可以通过建立申诉通道和咨询机构，帮助学生、家长增加自信和更广泛地参与诸如教师晋升、工资提高等学校管理活动。这方面比较成功的例子是萨尔瓦多共和国，萨尔瓦多社区管理学校计划（EDUCO）项目强调增加社区参与，并在学校工作方面有了显著的效果。家长和教师联合会和社区集团在改变学校管理上扮演了一个重要的角色。另外，孟加拉国的卡片报告调查研究也值得借鉴，即公布教育部门各种腐败现象，组织各种群众喜闻乐见的教育廉政建设活动，以提高公众和相关人员的廉洁意识。

四　通过思想道德教育防治教育腐败

从国际反腐研究权威机构“透明国际”2009 年国家廉洁指数排名表中可以看到，排名前五位的国家分别是新西兰、丹麦、新加坡、瑞典和瑞士，其中北欧国家占了3个。排除制度和法律的外在约束作用，最主要的原因是北欧国家长期以来塑造的较高的公民道德水准和良好的社会风气，人们对通过旁门左道满足个人欲望的行为嗤之以鼻，认为只有通过自己的劳动所得到的财富才是合理的。整个民族的高道德水准与其完善的教育水平紧密相连，个人在成长过程中不断地受到家庭、学校和社会三个方面的道德教育，这个过程虽然漫长，成效也不能迅速体现，但是一旦廉洁光荣、贪污可耻的思想深深扎根在人们的心灵中，弥漫在社会的各个角落，那么滋生贪污腐败的土壤将会渐渐趋向贫瘠。一些国家和地区通过教育课程和活动来预防教育腐败。例如中国香港廉政公署教育委员会就充分利用学校正式和非正式课程以及整个校园环境开展反腐败教育，开发了5~22岁学生学习的教育课程，倡导学生树立核心价值观。巴拉圭设计了一个“教育价值”引导性项目，其目标是通过游戏和系统的社交活动给7~8岁的孩子灌输正确积极的价值观。

五　通过网络防治教育腐败

网上办公是借助计算机和网络技术而进行的行业活动，行业部门的办公自动化系统、电子口岸执法系统、网上招标投标、网上招聘、网上投诉均属此范畴。网上办公具有一定的非人格化特性，计算机在执行任务时总是严格遵循已有的程序设计，可以有效地屏蔽人为因素干扰。快速的信息传输直接减少了流通环节，有助于消除信息传输过程中的信息缺失现象，增强信息的透明度，使腐败行为无处藏匿。例如，英美等发达国家在电子政务系统的建设上均花费颇多；此外，中国香港廉政公署于2000年建立了一个网站，年轻人可以借此分享积极的价值观，以防止教育腐败的发生。

六　通过大众媒体防治教育腐败

预防与打击腐败的最佳途径，是加大舆论监督与媒体曝光力度，降低公众对腐败的容忍度，乃至确立“零容忍”的社会公共意识，让教育腐败行为无处藏身。媒体保证了群众的知情权，它敏锐的触角深入社会的各个角落。例如人事管理实行公示制度，学校基本建设竞标、招标、转包过程要让所有利益相关者有参与权、建议权和决策权。我们时常听到一些国家被媒体曝光的大大小小的教育腐败事件，从这个角度看大众媒体，它其实是充当了有着灵敏嗅觉和迅速反应力的“猎犬”的角色。例如，在韩国，通过舆论监督促进教育廉洁，最为人所熟知的案例就是2005年韩国媒体对素有“克隆之父”之称的黄禹锡论文造假行为的曝光。事后，黄禹锡被所在大学辞退，韩国政府也取消了其“最高科学家”称号，并免去其一切公职。随后，韩国司法机关对黄禹锡论文造假事件进行调查，确认了原首席科学家黄禹锡一手导演的人体干细胞造假案，并最终以欺诈、挪用公款及违反生命伦理法等罪名对黄禹锡提起诉讼。

第五节　初步结论与政策建议

聚沙成塔，集腋成裘。创建系统化纠风模式，是一个长远的建设目标，也是一个艰难的转型过程，需要党和政府的正确领导，各部门的协同配合，全体纠风人的共同努力，社会力量的积极参与，也必须立足现实条件，立足回应现实需要，立足解决现实问题。当前阶段，各地各级纠风部门应着眼于以下几项工作，不断创新工作机制与方法。

一是健全基层组织机构，建立健全纠风网络。目前，从全国范围来看，在基层政府层面上，纪检监察机关内部基本上都设有纠风室，具体负责督促、检查、指导本地区和各部门的工作，承担汇总和分析有关情况，向上级提出报告等任务。近年来，乡镇（街道）体制改革强镇扩权以后，基层站所作用越来越重要，群众对党和政府的满意度在很大程度上取决于基层站所的作风建设。面对基层中不断出现的损害群众利益的不正之风，如垄断行业利用资源优势为自身谋私利，执法不公、不严、不力现象，行政不作为、效率低下，部门之间互相推诿、扯皮，主动服务意识不够，对待企业群众工作方式简单等问题，应积极探索将纠风工作向基层延伸的办法。一些地方构建“县有纠风办、镇有纠风工作组、村有纠风监督员”三级纠风网络的做法就很有借鉴价值。

二是按照权责一致原则，继续健全党风廉政建设责任制，健全条块结合、齐抓共管的纠风工作机制。实践证明，“党委统一领导、党政齐抓共管、部门各负其责、纠风办组织协调”的工作机制有利于形成整体合力，进行综合治理。今后，各级纠风办应继续通过联席会议的组织载体，搞好任务分解，明确责任主体，严格责任考核和责任追究，特别要突出对垂直管理单位党风、政风、行风建设的监督工作，切实解决“看得见的管不着，管得着的看不见”的问题。通过政策指导、典型引路、信访督办和案件查处等多种措施，确保各部门将中央政策和制度落到实处。各级纠风办要切实肩负起对部门落实纠风工作责任制情况进行定期和不定期检查考核的责任，及时督促、纠正存在的问题。

三是纠风工作要突出部门、行业和地域特色，坚持分类指导、分步推进。纠风工作涉及面广，任务复杂而繁重，如果不分主次，不分轻重缓急，不分对象特点，期望“毕其功于一役”，则难以收到良好效果。因此，在纠风治理中，必须坚持突出重点、分类指导、整体部署、分步实施的原则。在治理对象上，注意区别对待行政执法机关、经济管理部门和公共服务行业，坚持分类指导、各有侧重地解决不同部门和行业的问题；在地域选择上，以具有一定经济基础和具备解决问题条件的地区为重点，试点先行，以点带面，整体推进。

四是纠风工作要坚持以制度建设为主线。既要强化本部门的反腐倡廉制度建设，还要督促各行业主管部门加强自身的制度建设，督促各部门各行业做到守土有责，管好自己的人，看好自己的门。在制度制定过程中，防止照抄照搬，脱离实际，缺乏细则，没有依托，要按照科学的思路和方法来推进，不断提高制度建设的针对性、可操作性和实效性。制度制定之后，要加强制度宣传、学习和考察，让制度在执法和服务人员心中扎根，最终变成自觉行为。在完善和宣传制度的同时，还要严格执行制度，加强对制度执行情况的监督检查，切实查处违反制度的行为。

五是纠风工作要以各级领导干部为监督重点。制度能否发挥作用，很大程度上取决于各级领导干部的执行力。当前，一些地方和部门贯彻执行制度不到位或不彻底，与少数领导干部原则性不强、素质不高、缺乏责任约束有密切关系。为此，要加强法规制度教育与培训，提高各级党员干部的法治意识、规则意识；增强对各项相关法规制度的了解和掌握，通过严格问责、纠正和追究不执行或不正确执行制度的行为，切实提高制度的执行力。

六是关口前移，建立预警纠错机制。不正之风并非偶然而至，而是在决策和制度建设环节防范不力的源头中滋生，在监管机构监督不到位和治理不彻底的缺口中生长成风的。要争取和保持纠风工作的主动权，治理的关口就要前移。关口越靠前，防范的成功指数就越高，治理的主动性就越强。这就是所谓“源头治理”，既要在制度设计和决策环节，对可能影响经济、社会和谐发展的因素，对可能损害群众里的行为实施同步预测、预防和预警，并就信息处置、制约措施等情况统筹部署；也要运用科技手段建立领导干部廉政评估预警管理系统，建立信息、监督、评估预警管理和数据统计分析等平台，做到对领导班子和领导干部“早教育”“早监督”“早提醒”，增强“他律”与“自律”的实效。

七是建立健全部门协调机制。在新的形势下，各级纠风办必须准确定位，注意加强与执纪执法机关、组织人事部门、干部教育与培训机构、行业主管部门和机构的协调与配合，既要加强对查办案件工作的组织协调，又要加强对预防腐败工作的组织协调；既要对有关部门履行防治不正之风制度建设情况开展检查监督，又要充分发挥其主管主抓的主体性功能。需要由纠风办牵头的事，要当仁不让，当好“主角”，积极负责，并搞好任务分解；需要由纠风办参与配合的工作，要当好“配角”，但始终要以人民群众利益为重，发挥优势，搞好协调，通过自身努力破解部门利益驱动的障碍。

八是注重开展调查和研究工作，适时提出体制机制改革建议。随着新的改革措施不断出台，一些曾经风行的不正之风趋于消失，同时，在新的社会经济形势下，部门和行业不正之风也进一步呈现出越来越触及体制机制的特征。这表明，要从根本上消除不正之风，关键在改革，必须以改革的思路抓纠风，借改革的政策抓纠风。纠风办应发挥自身信息优势，紧密结合纠风专项治理实践，协同专家、学者一道，认真搞好对贯彻中央改革措施中遇到的新情况、新问题的调查研究，向本级政府和上级机关提出合理化建议，探索从源头上解决不正之风问题的对策；要针对专项治理中遇到的体制机制性问题，认真搞好加强权力制约、堵塞管理漏洞方面的调查研究，积极推进制度创新，不给不正之风以可乘之机；还要针对不正之风易发多发的部位和环节，认真搞好对重点单位、重点人员监督管理的调查研究，建立和完善监督制约机制，使管人与管事相互促进、协调统一。

九是将现代科技手段充分运用于纠风工作各个领域，注重运用科技手段防治损害群众利益的不正之风。比如，运用电子政务和电子监察系统平台，通过计算机语言把各项相关的政策、规定和制度嵌入行政审批、政府采购、公共资源交易、群众服务窗口等重点领域和关键环节，用无情的电脑管住有情的人脑，把制度的监督与技术的监督有机结合起来，规范权力运作，防止制度走形。运用廉政风险防范控制平台，整合信访举报、案件监管、干部信息、房产登记、个人信用等信息资源，创建信息共享平台，及时发现和防范不正之风。运用互联网平台，加大网络问政力度，通过互联网广泛了解社情民意，加强不正之风的信息收集、研判和处置工作。

十是注重群众参与，加大综合治理力度。充分依靠群众是纠风工作必须坚持的一项重要原则，纠风工作成效如何，很大程度上取决于群众的知情权、参与权、表达权和监督权的落实情况。当前阶段，还应坚持深入开展民主评议政风行风活动，继续探索新闻舆论监督的有效形式，充分发挥信访举报的作用，让社会监督更具实效。在开展制度纠风过程中，特别是在制度制定过程中，要坚持开门建制度，广泛吸收社会各界力量参与制度制定过程，包括制度听证、立规调研、执行过程监督、落实结果信息反馈等，提升公开透明度，使制度更能反映社会各界的呼声。同时，调动社会力量参与制度评估监督，适时引入人大、政协、舆论媒体等第三方介入，开展制度完整性、操作性、公平性评估，提升制度执行效力。开展制度评价评比活动，以廉洁性、实效性为标准，扩大制度影响力。

参考文献

中文文献

《毛泽东选集》第1卷，人民出版社，1991。

《邓小平文选》第3卷，人民出版社，1993。

曹堂哲：《公共行政执行的中层理论——政府执行力研究》，光明日报出版社，2010。

陈延平主编《多维审视下的组织理论》，清华大学出版社、北京交通大学出版社，2007。

陈振明：《公共管理学》（第2版），中国人民大学出版社，2003。

丁煌：《政策执行阻滞机制及其防治对策——一项基于行为和制度的分析》，人民出版社，2002。

费孝通：《乡土中国》，北京出版社，2005。

何俊志：《结构、历史与行为——历史制度主义对政治科学的重构》，复旦大学出版社，2004。

胡伟：《政府过程》，浙江人民出版社，1998。

金东日：《现代组织理论与管理》，天津大学出版社，2003。

金东日：《现代组织理论与管理》（第2版），天津大学出版社，2010。

金太军、钱再见、张方华、李雪卿：《公共政策执行梗阻与消解》，广东人民出版社，2005。

李辽宁：《执政软权力研究》，中国社会科学出版社，2011。

李猛编《韦伯：法律与价值》，上海人民出版社，2001。

李楠：《淄博市张店区节能减排的困境与出路研究》，山东大学，2011。

李允杰、丘昌泰：《政策执行与评估》，北京大学出版社，2008。

连云尧：《实战执行力》，鹭江出版社，2009。

麻宝斌：《公共利益与政府职能》，吉林人民出版社，2003。

莫勇波：《公共政策执行中的政府执行力问题研究》，中国社会科学出版社，2007。

曲格平：《环境保护知识读本》，红旗出版社，1999。

唐兴霖：《公共行政组织原理：体系与范围》，中山大学出版社，2002。

陶学荣、崔运武：《公共政策分析》，华中科技大学出版社，2008。

余世维：《赢在执行》，中国社会科学出版社，2005。

王梦奎：《和谐社会的治理之道：领导者的讲述》（续集），中国发展出版社，2007。

温德诚：《精细化管理实践手册》，新华出版社，2009。

夏书章：《行政管理学》，高等教育出版社、中山大学出版社，2003。

徐珂：《政府执行力》，新华出版社，2007。

张创新、马虹主编《中国帝王文化名著》，延边大学出版社，1995。

张国庆：《公共政策分析》，复旦大学出版社，2004。

郑玉歆、马纲：《在中国征收碳税、实行 CO_2 减排对国民经济的影响：一个静态 CGE 分析》，社会科学文献出版社，2001。

朱光磊：《当代中国政府过程》，天津人民出版社，1997。

[英] 戴维·毕瑟姆：《官僚制》（第 2 版），韩志明等译，吉林人民出版社，2005。

[英] 伯特兰·罗素：《权力论——一个新的社会分析》，靳建国译，东方出版社，1988。

[法] 皮埃尔·卡蓝默：《破碎的民主——试论治理的革命》，高凌瀚译，三联书店，2005。

[美] 托斯丹·邦德·凡勃伦：《有闲阶级论》，蔡受百译，商务印书馆，1982。

[美] 丹尼斯·米都斯：《增长的极限》，于树生译，商务印书馆，1984。

[美] 英格尔斯：《人的现代化》，殷陆君译，四川人民出版社，1986。

[美] 彼得·圣吉：《第五项修炼——学习型组织的艺术与实务》，郭进隆译，上海三联书店，1998。

[美] E. 博登海默：《法理学：法律哲学与法律方法》，邓正来译，中国政法大学出版社，1999。

[美] 丹尼斯·朗：《权力论》，陆震纶、郑明哲译，中国社会科学出版社，2001。

[美] 詹姆斯·N. 罗西瑙：《没有政府的治理：世界政治中的秩序与变革》，张胜军、刘小林等译，江西人民出版社，2001。

[美] E. S. 萨瓦斯：《民营化与公私部门的伙伴关系》，周志忍等译，中国人民大学出版社，2002。

[美] 彼得·德鲁克：《组织的管理》，王伯言等译，上海财

经大学出版社，2003。

[美] 理查德·H. 霍尔：《组织：结构、过程及结果》（第8版），张友星、刘五一、沈勇译，上海财经大学出版社，2003。

[美] 史蒂芬·迪夫：《领导力》，常桦译，延边人民出版社，2003。

[美] 约瑟夫·奈：《硬权力与软权力》，门洪华译，北京大学出版社，2005。

[美] 安东尼·唐斯：《官僚制内幕》，郭小聪等译，中国人民大学出版社，2006。

[美] 亚伯拉罕·马斯洛：《动机与人格》，许金声等译，中国人民大学出版社，2007。

[美] 蕾切尔·卡逊：《寂静的春天》，吕瑞兰译，科技出版社，2008。

[美] 斯蒂芬·P. 罗宾斯、蒂莫西·A. 贾奇：《组织行为学》（第12版），李原、孙健敏译，中国人民大学出版社，2008。

[美] 理查德·D. 宾厄姆，克莱尔·L. 菲尔宾格：《项目与政策评估——方法与应用》（第2版），朱春奎、杨国庆等译，复旦大学出版社，2008。

[美] 菲利普·科特勒等：《科特勒谈政府部门如何做营销：提升绩效之路》，王永贵译，中国人民大学出版社，2009。

[美] 弗里德里克·赫茨伯格：《赫茨伯格的双因素理论》，张湛译，中国人民大学出版社，2009。

[美] 道格拉斯·C. 诺思：《制度、制度变迁与经济绩效》，杭行译，格致出版社，2011。

[美] 罗伯特·B. 登哈特：《公共组织理论》（第5版），项龙、刘俊生译，中国人民大学出版社，2011。

［美］哈罗德·J. 伯尔曼：《法律与宗教》，梁治平译，商务印书馆，2012。

曹堂哲：《政策执行研究三十年回顾——缘起、线索、途径和模型》，《云南行政学院学报》2005 年第 3 期。

陈朝宗：《关于提升政府执行力的思考》，《东南学术》2006 年第 6 期。

陈朝宗：《论制度设计的科学性与完美性——兼谈我国制度设计的缺陷》，《中国行政管理》2007 年第 4 期。

陈满雄：《提高制度执行力》，《中国行政管理》2007 年第 11 期。

陈奇星、赵勇：《技术因素：提升政府执行力的重要环节》，《中国行政管理》2008 年第 7 期。

陈振明：《西方政策执行研究运动的兴起》，《江苏社会科学》2001 年第 6 期。

程守艳、兰定松、唐明永：《贵州乡镇政府执行力提升的战略研究》，《贵州大学学报》（社会科学版）2009 年第 5 期。

丁煌：《传统的“人情面子”观念及其对当前政策执行的影响》，《行政与法》1997 年第 3 期。

丁煌：《监督“虚脱”：妨碍政策有效执行的重要因素》，《武汉大学学报》（哲学社会科学版）2002 年第 2 期。

董田甜：《服务型政府建设的关键：政府执行力》，《唯实》2007 年第 12 期。

冯栋、刘文政：《公共政策执行力评价指标体系的构建》，《黑龙江教育学院学报》2008 年第 4 期。

傅广宛：《非线性视角中的公共政策执行过程》，《中国行政管理》2003 年第 5 期。

高小平：《深入研究行政问责制　切实提高政府执行力》，

《中国行政管理》2007 年第 8 期。

顾杰:《论政府执行力建设的深层影响因素》,《中国行政管理》2008 年第 11 期。

郭海涛:《节能减排:严峻形势与应对方略》,《环境保护》2008 年第 9 期。

韩洁:《论作为组织过程的政策执行过程——从组织理论角度分析政策执行阻滞现象》,《湖北行政学院学报》2007 年第 2 期。

韩兆柱:《我国政府执行力理论研究述评》,《燕山大学学报》(哲学社会科学版)2009 年第 4 期。

胡平仁:《政策评估的标准》,《湘潭大学学报》(哲学社会科学版)2002 年第 3 期。

敬乂嘉:《政府扁平化:通向后科层制的改革与挑战》,《中国行政管理》2010 年第 10 期。

雷明:《中国资源——能源——经济——环境综合投入产出表及绿色税费核算分析》,《东南学术》2001 年第 4 期。

李杰、陈伟国:《政府执行力的经济学分析》,《西南民族大学学报》(人文社科版)2007 年第 2 期。

李燕:《和谐社会与政府执行力》,《党政干部论坛》2007 年第 S1 期。

林琳:《印染行业节能减排现状及重点任务》,《印染》2008 年第 2 期。

蔺全录:《关于提高政府执行力的一些思考》,《中国行政管理》2006 年第 8 期。

刘昌明、王飞:《房地产调控政策执行力探究》,《长江大学学报》(社会科学版)2009 年第 1 期。

刘军:《淮河水污染治理政策执行评估》,《环境研究与检测》2008 年第 2 期。

刘伟、鞠美庭、李智、黄娟、邵超峰：《区域（城市）环境—经济系统能流分析研究》，《中国人口、资源与环境》2008 年第 5 期。

刘伟忠：《现代西方政策执行研究的路径与意义》，《江海学刊》2006 年第 4 期。

刘智勇、黄鹏：《我国地方政府部门执行力提升研究》，《中国行政管理》2007 年第 12 期。

陆茜：《论法治政府建设中公务员法治理念的提升》，《中共珠海市委党校珠海市行政学院学报》2009 年第 1 期。

吕成：《“中国式管理”研究领域的四类研究方法——基于研究维度的分析》，《东方企业文化》2010 年第 8 期。

麻宝斌、丁晨：《政府执行力的多维分析》，《学习论坛》2011 年第 4 期。

麻宝斌、董晓倩：《从法治到心治——政府社会管理中的软执行力》，《天津社会科学》2012 年第 3 期。

毛劲歌、彭国甫、潘信林：《毛泽东政策执行思想对提高政府执行力的启示》，《当代世界与社会主义》2009 年第 3 期。

门中敬：《行政软权力的特征和价值与功能》，《法学论坛》2009 年第 10 期。

孟岩：《吉林省节能降耗的形势与对策》，《经济纵横》2007 年第 15 期。

莫勇波：《行政体制与政府执行力：逻辑、难题与求解》，《探索》2008 年第 5 期。

莫勇波：《政府执行能力与政府执行力的逻辑关系分析》，《领导科学》2009 年第 11 期。

莫勇波、张定安：《制度执行力：概念辨析及构建要素》，

《中国行政管理》2011 年第 11 期。

莫勇波：《政府执行力：当前公共行政研究的新课题》，《中山大学学报》（社会科学版）2005 年第 1 期。

宁国良、刘辉：《成本—效益分析：公共政策执行力研究的新视角》，《中国行政管理》2010 年第 6 期。

单保国：《管理层次与授权分析》，《中国石油大学胜利学院学报》2006 年第 2 期。

尚金成：《电力节能减排的理论体系与技术支撑体系》，《电力系统自动化》2009 年第 6 期。

申喜连：《论公共政策的执行力：问题与对策》，《中国行政管理》2009 年第 11 期。

沈瞿和：《政府执行力的法律标准》，《开放潮》2006 年第 3 期。

《世界著名公害事件》，《中国减灾》2007 年第 3 期。

孙晓敏、薛刚：《自我管理研究回顾与展望》，《心理科学进展》2008 年第 1 期。

孙增武、刘大中、高艳：《我国政府执行力的模式分析与途径选择》，《国家行政学院学报》2006 年第 4 期。

汤法远：《政府公共政策执行力弱化的原因及其强化对策——基于执行人员视角的分析》，《毕节学院学报》（综合版）2006 年第 6 期。

唐仕军：《政府执行力探微》，《中国行政管理》2007 年第 7 期。

唐铁汉：《努力提高行政执行力》，《中国行政管理》2007 年第 10 期。

陶学荣、吕华：《政府政策执行力与公信政府的构建》，《江西社会科学》2007 年第 9 期。

王春福:《公共精神与政府执行力》,《理论探讨》2007 年第 1 期。

王俐:《企业深入开展节能减排工作的途径》,《有色冶金节能》2008 年第 4 期。

王晓丽:《政策评估的标准、方法、主体》,《福建论坛》(人文社会科学版) 2008 年第 9 期。

王学杰:《政治忠诚:政府执行力研究的一个视角》,《学习论坛》2007 年第 10 期。

王学杰:《对政策执行力涵义的再思考》,《学习论坛》2010 年第 8 期。

王学力:《我国公务员工资的现状、问题与对策建议》,《经济研究参考》2006 年第 32 期。

吴江:《服务型政府与公务员能力建设》,《中国行政管理》2004 年第 11 期。

吴泽斌、刘卫东:《耕地保护政策执行力的测度与评析》,《中国土地科学》2009 年第 12 期。

吴振芳、郭纪阳、王洪臣:《政策执行中存在的主要问题及对策》,《中国行政管理》2002 年第 2 期。

吴志彪:《我国南方沿海地区建筑节能减排初探》,《建筑节能》2008 年第 12 期。

肖元真、黄如进、谢连弟:《结构调整、产业升级与节能减排战略的导向》,《学习与实践》2008 年第 3 期。

谢庆奎、陶庆:《政府执行力探索》,《中国行政管理》2007 年第 11 期。

徐春锦:《走可持续发展之路——中国国际建筑节能研讨会综述》,《钢铁技术》2002 年第 2 期。

许才明:《民族乡政府执行力的意蕴与纠偏》,《行政论坛》

2010 年第 5 期。

颜佳华、王升平:《影响政府执行力提升的负面行政文化分析》,《学习论坛》2007 年第 11 期。

严俊:《影响政策执行的主要因素探析》,《成都行政学院学报》(哲学社会科学) 2002 年第 6 期。

杨淑霞:《浅谈公务员精神与政府执行力》,《科技信息》(科学教研) 2007 年第 33 期。

杨兴林、敖运波:《干部年轻化实践再审视》,《探索》2009 年第 1 期。

杨勇、曹睿:《美国节能减排的主要做法》,《中国能源》2010 年第 4 期。

姚震寰:《吉林省节能减排面临的主要问题及对策》,《经营管理者》2011 年第 1 期。

易正春:《浅论政府执行力研究的意义》,《学校党建与思想教育》2007 年第 4 期。

尹华、常蕾:《谈行政文化视域下政府执行力的提升》,《行政与法》2010 年第 6 期。

张宝凤:《行政文化对政府执行力的制约》,《中共山西省直机关党校学报》2008 年第 2 期。

张成福:《责任政府论》,《中国人民大学学报》2000 年第 2 期。

张创新、韩艳丽:《服务型政府视阈下政府执行力提升新探》,《中国行政管理》2010 年第 10 期。

张静:《中国 GDP 与煤炭消费量的相关性研究》,《科技创新与生产力》2010 年第 9 期。

张康之:《面向后工业社会的德制构想》,《学海》2013 年第 3 期。

张通：《英国政府推行节能减排的主要特点及对我国的启示》，《中共中央党校学报》2008 年第 1 期。

张炜、樊瑛：《德国节能减排的经验及启示》，《国际经济合作》2008 年第3 期。

张文：《构建节能减排的长效机制——基于税收视角的分析》，《山东大学学报》（哲学社会科学版）2009 年第 5 期。

周光辉：《从管制转向服务：中国政府的管理革命——中国行政管理改革 30 年》，《吉林大学社会科学学报》2008 年第 3 期。

周国雄：《论公共政策执行力》，《探索与争鸣》2007 年第 6 期。

周金荣：《促进节能减排的税收政策研究》，《税务与经济》2009 年第 3 期。

周亚越：《公务员激励机制对行政效能的影响及其完善》，《宁波大学学报》（人文科学版）2004 年第 4 期。

周志忍：《当代政府管理的新理念》，《北京大学学报》（哲学社会科学版）2005 年第 3 期。

朱立言、胡晓东：《我国政府公务员之工作倦怠研究》，《中国行政管理》2008 年第 10 期。

竹立家：《政府改革步入强化执行力阶段》，《中国改革》2006 年第 10 期。

英文文献

Anderson, James E. 1984. *Public Policy-Making.* Holt Rinehart and Winston, Inc.

Berman, Paul. 1978. "The Study of Macro – and Micro – Implementation." *Public Policy*, Vol. 26, No. 2.

Jones, C. O. 1977. *An Introduction to the Study of Public Policy* (*2nd ed*). Duxbury Press.

Linde, Steplen H., and B. Guy Peter. 1987. "A Design Prospective on Policy Implementation." *Policy Studies Review*, Vol. 6, No. 3.

Marsh, David. 1998. *Comparing Policy Network*. Open University Press.

Mcnicholds, Tomas J. 1983. *Policy Making and Executive Actor* (*6th ed*). McGraw – Hill.

Montjoy, R. S., and L. J. Toole, Jr. 1979. "Toward a Theory of Public Policy Implementation." *Public Administration Review*, No. 7.

O'Brien, Kevin J., and Liangjiang Li. 1999. "Selective Implementation in Rural China." *Comparative Politics*, Vol. 31, No. 1.

Pressman, Jeff L., and Aaron B. Wildavsky. 1984. *Implementation* (*3rd ed*). University of California Press.

Sabatier, P., and D. Mazmanian. 1979 – 1980. "The Implementation of Public Policy: A Framework of Analysis." *Policy Studies Journal*, Vol. 8, No. 4.

Smith, Thomas B. 1973. "The Policy Implementation Process." *Policy Sciences*, Vol. 4, No. 2.

Williams, Walter. 1980. *The Implementation Perspective*. University of California Press.

索　　引

关键词

H

J

L

M

Q

R

S

X

Y

Z

人 名

B

C

D

F

G

H

J

K

L

M

N

S

T

W

X

Y

Z

后　　记

本书是我于2010年承担的中国机构编制管理研究会项目“中国政府执行力的多维分析”的结项成果。从2010年7月该项目开题到2012年6月提交结项成果，项目研究持续了两年时间。在此期间，课题组成员通力合作，一次次的讨论交流，一回回的深度访谈，一个个的数字核实，一遍遍的修改完善……可见，这无疑是我们研究团队集体合作的一项成果。此后，我又在前期研究的基础上不断加以修改和补充，才最终形成了目前的成果。

本书由我设计总体写作计划，具体组织实施并统一定稿，同时，董晓倩、郭蕊、丁晨、马文飞、杨宇、卞菲、段易含、陈希聪等同学参与了部分章节的撰写工作。另外，钟震、郑统、陈希聪、钱花花、杨宇、于丽春等同学参与了课题讨论和书稿修改工作。在项目调研过程中，课题组得到了吉林省纪委纠风室曹广成、杜志岩、王岩等同志，吉林省住房和城乡建设厅孙贵生、李瑞千等同志，辉南县人民政府张继顺、辉南县朝阳镇和辉南镇各位领导同志的大力支持。在此向所有为完成本项目付出努力的朋友表示最真诚的谢意！

在项目结项答辩过程中，高小平、于宁、左然、岳云龙、王冬雪等评审专家对课题组的工作给予了充分肯定，也提出了中肯的修改建议，这些建议为本书的修改完善指明了方向。

项目执行过程中，我们得到了中国机构编制管理研究会、吉林大学社会科学处、财务处的热心关怀和悉心指导，对此，我们表示由衷的谢意。

部分研究成果先期已经发表在《天津社会科学》《理论探讨》《学习论坛》等学术期刊上，感谢这些刊物的编辑朋友欣然同意我们以新的形式再次呈现这些研究成果。

本书的出版得益于吉林大学哲学社会科学青年学术领袖培育计划项目的鼎力支持，同时也得到了“国家治理协同创新中心”各位同人的关心与支持。我还要特别感谢社会科学文献出版社袁卫华编辑的辛勤工作，他的敬业精神与睿智的建议令本书增色不少。

政府执行力的研究意义深远、道路漫长，目前的研究成果还只能算作研究的起点，而且，仅仅依靠我们这个小学术群体的力量，势必难以取得令人满意的研究成果，书中难免存在不足之处，我们诚挚地欢迎各位学界同人和读者批评指正。

麻宝斌
2015 年 1 月于吉林大学

图书在版编目(CIP)数据

政府执行力/麻宝斌著. —北京：社会科学文献出版社，2015.8（2019.1 重印）
（公共治理与公共政策丛书）
ISBN 978 - 7 - 5097 - 5953 - 0

Ⅰ. ①政… Ⅱ. ①麻… Ⅲ. ①国家行政机关 - 行政管理 - 研究 Ⅳ. ①D035

中国版本图书馆 CIP 数据核字（2014）第 078164 号

· 公共治理与公共政策丛书 ·
政府执行力

著　　者 / 麻宝斌

出 版 人 / 谢寿光
项目统筹 / 袁卫华
责任编辑 / 袁卫华

出　　版 / 社会科学文献出版社 · 人文分社（010）59367215
地址：北京市北三环中路甲 29 号院华龙大厦　邮编：100029
网址：www. ssap. com. cn
发　　行 / 市场营销中心（010）59367081　59367083
印　　装 / 三河市龙林印务有限公司

规　　格 / 开 本：787mm × 1092mm　1/16
印 张：19.5　字 数：245 千字
版　　次 / 2015 年 8 月第 1 版　2019 年 1 月第 7 次印刷
书　　号 / ISBN 978 - 7 - 5097 - 5953 - 0
定　　价 / 89.00 元

本书如有印装质量问题，请与读者服务中心（010 - 59367028）联系